书山有路勤为径,优质资源伴你行
注册世纪波学院会员,享精品图书增值服务

王可 韩静 著

课程开发
项目管理

CURRICULUMS DEVELOPMENT
PROJECT MANAGEMENT

电子工业出版社
Publishing House of Electronics Industry
北京·BEIJING

未经许可，不得以任何方式复制或抄袭本书之部分或全部内容。

版权所有，侵权必究。

图书在版编目（CIP）数据

课程开发项目管理 / 王可，韩静著. —北京：电子工业出版社，2023.3（2025.9 重印）
ISBN 978-7-121-45123-2

Ⅰ.①课… Ⅱ.①王… ②韩… Ⅲ.①企业管理－职工培训 Ⅳ.①F272.921

中国国家版本馆 CIP 数据核字（2023）第 033184 号

责任编辑：吴亚芬　　特约编辑：王　璐
印　　刷：北京七彩京通数码快印有限公司
装　　订：北京七彩京通数码快印有限公司
出版发行：电子工业出版社
　　　　　北京市海淀区万寿路 173 信箱　邮编：100036
开　　本：720×1 000　1/16　印张：20.25　字数：364 千字
版　　次：2023 年 3 月第 1 版
印　　次：2025 年 9 月第 5 次印刷
定　　价：98.00 元

凡所购买电子工业出版社图书有缺损问题，请向购买书店调换。若书店售缺，请与本社发行部联系，联系及邮购电话：（010）88254888，88258888。

质量投诉请发邮件至 zlts@phei.com.cn，盗版侵权举报请发邮件至 dbqq@phei.com.cn。

本书咨询和投稿联系方式：（010）88254199，sjb@phei.com.cn。

推荐序一

让项目创造商业价值

最早认识王可老师，是在 2011 年，当时他在中国广核集团有限公司（以下简称"中广核"）长湾领导力发展中心担任培训管理者。我想对中广核引进的一个大型领导力课程开发项目情况进行采访——这一项目在业内影响很大，对企业培训管理者开发内部课程有很好的参考价值，而他正好是这个项目的主要负责人之一，所以我找到了他。我们两人从此结缘。

后来，我在各类课程开发专业论坛和培训课上经常能看到王可老师好学的身影。例如，在我们组织的李文德老师主讲的"课程设计与开发"、朱春雷老师主讲的"课程开发导师"认证培训中，我就看出他有意在课程开发领域深耕。

最近几年和王可老师的交集是在我们组织的中国人才发展社群（Chinese Society for Talent Development，CSTD）全国学习设计大赛上，有几个获奖项目就是他参与设计和交付的。例如，顺丰科技的"极课"项目、达能的课程开发导师项目等，这些项目都是课程开发和内训师培养方面的精品。

当我收到他和韩静老师撰写的书稿时，并不意外！这本书，正是王可老师十几年来，凭着对课程开发的深情挚爱，孜孜不倦地深入学习，兢兢业业地实践的结晶。而我作为一名培训行业的观察者，因能见证王可老师快速成长为国内课程开发领域的专家而倍感欣慰。

课程是企业培训与人才发展的核心资源，课程开发是企业培训部门的关键职能。近年来，随着企业培训内生机制的建立和完善，内部课程开发成为培训工作的重中之重。然而，无论是定制课程开发，还是引导课程开发，都面临诸多挑战。

- 课程开发的理论方法太繁杂，业务专家难以掌握；
- 课程目标没有紧贴业务，没有真正萃取组织经验；
- 内容东拼西凑，知识无序堆砌，逻辑结构不清晰；
- 教学活动单一，缺乏体验感设计，难以吸引学员；
- 课件不标准，验证不科学，课程难以管理和转训，等等。

以上这些挑战并不都是专业和技术方面的问题，而是关于企业培训本质的问题：如何以终为始，学以致用。这要求企业培训部门明确课程开发的真正目的，不在乎课程内容和形式有多专业，重要的是让课程发挥最终的价值——为企业人才培养和业务赋能。这就需要对课程开发进行项目化管理。

王可和韩静两位老师撰写的这本书，正是从课程开发项目管理的角度，以价值为导向，通过对课程开发的项目规划、启动、执行、监控和收尾的翔实解析，让课程开发过程更高效，让开发出的课程能得到有效的推广应用。无论是对培训管理者来说还是对讲师顾问来说，这本书都值得细心品读。

项目是企业实现战略目标的手段。通过学习项目设计与运营，推动企业培训迅速落地，是 CSTD 创办以来的使命。无论是开设学习设计师认证项目，还是举办全国学习设计大赛，都是为了提升培训从业人员在项目管理方面的专业水平，促进企业培训项目化管理的经验交流。在这一点上，CSTD 的使命和这本书的理念是一致的。

如何成为企业培训领域的项目高手呢？我认为需要具有以下几个方面的能力素质。

一要具有产品思维。能基于用户或客户需求，提供合适的产品或人才学习解决方案。不能只围绕课程和师资，而应该从需求出发，以价值为导向，判断、分析企业战略和业务是否有需求，在技术方面是否可以实现，在商业方面是否具有可行性。

二要具有专业应用能力。随着学习场景的多样化，学习不仅发生在传统教室里，也可借助技术工具发生在更多元的空间里。无论是课程开发还是学习设计，都需要理解和掌握各种学习技术应用的场景，并对各种专业学习技术进行整合应用。

三要具有资源整合能力。开展项目需要拥有必要的资源支持，并能对这些资源进行整合、管理和评估。在培训中可使用和调动的资源包括培训制度与经费、学习环境与教学资源等。

四要具有项目运营能力。能对项目进行计划、组织、实施和控制，对项目需求进行评估分析，跟踪项目进度，协调项目各方共同按计划实现目标。

现在是信息爆炸时代，能快速、有效地获取和使用信息并将其转化为自己的技能，成为人们当下的不二选择，做培训也是如此。每个人都希望成为能帮助别人成长的人。要实现这一点，首先要自我成长，不断迭代更新自己的知识体系，并在实践中不断总结反思。

希望大家通过阅读这本书，不仅对课程开发有更高层次的认知，也能跟着书中的项目管理思路，更好地以问题和结果为导向，解决企业培训落地难的问题。也期待王可和韩静两位老师再出佳作，为中国企业培训的快速发展添砖加瓦。

熊俊彬
CSTD 首席运营官

推荐序二

日就月将：如何夯实课程开发的能力

相识于专业和认真

第一次与王可老师合作，是和他讨论奥托立夫全球的管理能力发展系列课程的本地化项目。在与我们的培训负责人几次交流后，王可老师在电话那头向我侃侃而谈，介绍他的项目计划书。他用专业的外部视角，非常快地梳理了一套项目框架和流程，马上得到了我的全力支持，继而全面推进项目实施。他用咨询的方式来做培训项目，前期调研和分析做得非常深入，深得参与调研的同事们的赞扬。他用"为客户的成功而战"的理念，陪伴我们的内部讲师，从课程设计到课程的后期落地和效果转化，每个细节都不断精进，赋能整个内部讲师团队，帮助他们打开了另一片天空。

本地化后的奥托立夫全球的管理能力发展系列课程在中国推出后，每个奥托立夫中国的管理人员既传承了奥托立夫全球的管理能力模型中所需要掌握的行为和技能，又因为本地化项目的前期输入而拥有了应对中国市场特殊挑战的能力，也融合了中国员工特有的管理实践，实现了所谓的"中西合璧"。在年末评估中，参加该系列课程的人员的管理能力整体明显提高了，员工的保留率和敬业度也提升了。企业培训被真正转化成了组织能力的提高，从而给业务带来了价值。

第二次与王可老师合作，是和他一起参与全球采购学院的采购专项课程优化项目。因为在第一次合作中，我们看到王可老师可以快速地整合中西方不同视角下的知识体系，所以我们再次邀请他参与采购专项课程优化项目。

王可老师考虑到对项目交付质量的保障，特别找来了供应链领域的知识专家一起来做项目设计和执行，新知识案例的补充、教学设计的创新，都让课程更贴合中国学员的需求，让课程和内部讲师都有了突破性的变化。在整个项目过程中，王可老师充分体现了他在这本书中所说的专家所应该有的专业协同精神。该项目不仅得到了我们采购部门的认同，也使所有参与项目的内部讲师的业务能力得到了提高，并在讲故事、讲案例、用数据和听众思维方面有了很大提升。

王可老师谦虚、爱学习、性格温和，善于倾听客户，这些特点是我们这两次精诚合作的基础。

相知于王可老师和奥托立夫的同频

首先，奥托立夫一直有培养内部人才的机制和文化。在奥托立夫，如何保持知识内容升级的新鲜度和特有的传承性？我们其实都是通过引入外部咨询力量，成功迭代培训课程和内容的路径来实现的。这样做的同时也能带动内部讲师队伍的个人成长和管理干部的能力提升。

其次，基于奥托立夫"成就他人"的文化，我们所有的管理人员都有帮助和发展他人的"利他"属性。通过王可老师与奥托立夫中国的内外合作项目培养，奥托立夫中国的管理人员可以成为更优秀的讲师或引导师，成为帮助他人成功的非常重要的支撑。

借助外部力量和资源，不仅可以使奥托立夫中国的管理人员的学习内容能够不断地更新迭代，还可以使敏捷和创新的文化进一步在内部形成。

最后，我们也在构建人力资源从业者的共享平台，开放地分享经验，各取所长，互通有无，建立一个更开放、更跨界的生态学习环境，这也是奥托立夫中国的一项实践。

相信于这本书给大家带来的价值

其一，这本书在写法上很有特色，是按照项目管理架构来构建逻辑的，免去了读者将通用项目管理知识向专项培训项目管理知识迁移转换的麻烦，这是向读者提供的最贴心的服务。

其二，基于两位作者大量的实践经验，这本书中有很多经验总结和流程表格，非常有实战性、接地气，甚至可以在工作中直接拿来使用，这其实为读者大大节省了时间。

其三，这本书把日常很多难以言说的商业经验萃取成了显性内容，大大提升了甲乙双方之间的沟通与协作效率。这足以体现作者的用心和日常大量的项目经验积累。

其四，这本书内容比较系统，同时又有一定的前瞻性，甲方和乙方都适合借鉴和学习。除了阅读这本书，读者还可以与王可老师持续互动，获取全套表格，听取更多案例解读。

数字化时代，人力资源领域已经发生了空前的变化，流程、体系、技术等都在因势而动。作为人力资源从业者，唯一不变的使命是为企业持续提供价值，让培训和学习能够迅速为业务增值，并在机器（人）、自动化、用数字来预测和决策成为主流的场景下，让每个个体散发更耀眼的光芒。

最后，感谢两位作者，让我们在这个领域看到了非常好的沉淀和总结，让我们的业务和学习一起共生共长。

赵　亚

奥托立夫（上海）管理有限公司人力资源副总裁

推荐序三

知识的现在，学习的未来

收到王可的书稿，以及让我写推荐序的邀请，我一点也不意外，也让我再一次回忆起当年与他及一群青春洋溢的培训人共事的岁月。

不意外是因为王可给我的最初印象就是踏实、肯学、肯干，还善于总结反思。同时，他还是一个"有心人"，习惯把职场中的学习资料和工作资料、项目文档留存下来，在关键时刻进行学习对标和实践检验。因此，我认为他出书是水到渠成之事。

王可是我当年在安利（中国）培训中心（Amway China Training Institute，ACTI）初创时招聘的早期员工，面试当天他的"历险记"让我记忆犹新。当时ACTI位于广州萝岗科学城一个依山傍水的地方，环境很优美，就是出入不太方便，需要乘坐公司的班车。因此，王可来面试也需要乘坐ACTI的班车进入培训中心。当天他一上车，我就发现这个"生面孔"穿了条"开衩"的西裤。当时我在想：这位一定是来面试的，可他的穿着怎么这么有"特色"？后来面试时才知道，原来王可在上班车之前，遭到了一伙摩托车"飞贼"的打劫，飞贼以为当时他手里提着的电脑包里装的是电脑，就一把夺走了。抢夺间王可被拽倒，裤子也开了衩。但其实电脑包里并没有电脑，全是他过往的一些培训资料和项目成果的图片。虽然遭遇了这场惊险，可他面试的时候依然表现得镇定自若。正是他的这份镇定和沉着打动了我，让我们开启了在ACTI的同事缘分。我们一起经历了很多项目，这本书中提及的"焦头烂额的项目经理小K"就是其中非常有代表性的一个项目。后来，ACTI搬到了上海，因为家人都在广州，王可没有与我们一起迁往上海，也因此离开了ACTI。翻开这本书，书中的很多细节都能让我回忆起他当年激情洋溢的培训工作。也正是这段经历和好学肯干的个性，以及踏踏实实、一步一个脚印的经验积累，为他的这本书奠定了坚实的理论和实践基础。

提及这本书，我个人认为它对大型企业和走向正规化的企业来说，是非常有用的；对搭建企业的课程体系或推动企业大学的运营来说，也是一本很好的工具书。当然，对快速发展的企业来说，这本书更是一种借鉴和提醒。企业在发展过程中，需要适时停下来思考如何沉淀组织经验，从而更好地培养人才和聚集人才的力量。所以说，这本书对企业的培训管理者或企业大学的专业工作者来说，有很好的借鉴作用，特别是可以帮助课程开发的项目经理少走很多弯路。

谈到课程开发工作的价值，让我想到了前些年我亲自操盘的一个项目。这个项目针对的是安利公司业务人员的展业培训。提及业务培训，大家想到的可能是产品培训、公司业务政策与规则的培训，还有销售技巧的培训。然而，市场上的销售技巧培训产品都比较通用，很难契合安利公司业务线条的需求，更无法涵盖直销行业分享事业机会、寻找合作伙伴的展业特点。于是我们历经两年时间，在市场中深度调研，访谈了一批在安利公司从事了20多年营销工作的营销人员，把他们在产品销售、事业推荐、沟通影响方面摸索出的规律和经典的实战技巧提炼出来，结合经典的销售及人际影响理论，开发了一套包含三大篇章的"营之有道"课程：销售篇——如何挖掘客户需求，推荐产品和解决方案；推荐篇——如何深度了解潜在合作伙伴的创业/职业发展需求，在要、信、能3个维度展开有效影响，推荐安利公司的事业机会；沟通篇——针对营销人员在沟通中容易犯的急、满、瞎三大错误，给予针对性的技巧培训和场景训练。这套课程可以说是对安利公司在中国20多年来营销经验的系统梳理和沉淀，推出后被视为经典，有力地支撑了营销人员展业能力的提升，带动了销售和事业机会的发展。这套课程的开发过程——从需求挖掘、组织经验萃取、课程设计到完成开发等一系列动作，都是王可在这本书中所提及的关键流程。所以说，课程开发工作价值的大小与项目目标的制定息息相关。课程开发者要思考：这套课程的开发究竟解决了企业战略中对人才要求的哪个问题？是否能与业务发展的场景和需求密切配合？

我认为以上谈到的内容都可以称为"知识的现在"。随着近几年电商、移动互联网、新型冠状病毒疫情等的冲击，当然这些冲击不仅对安利公司，也对很多企业和行业造成了很大的影响，企业培训工作也因此受到了很大的挑战。之前形成的课程体系确实很系统、很全面，只是营销人员所在的商业环境和客户的需求不断变化，甚至轮番被颠覆。以安利公司为例，从2014年起，中国进入电商高速发展的时期，电商开始和传统零售渠道争夺消费者人群。后来微商在事业机会上又与传统直销企业正面交锋，抢夺创业者。中间还伴随着本土营养品牌和海外购的崛起对市场份额的蚕食……可以说，过往直销的销售模式、品牌形象需要全面升级，营销人员面临的问题更多的是如何在社交媒体上创建个人IP，如何用美好的生活方式来有效吸引客户和事业伙伴，等等。因此，不仅企业的数字化基础设施（如线上购物平台、物流配送等）需要升级，营销伙伴的观念和能力也需要与时俱进，不断更新和提升。

提到"学习的未来"，肯定离不开大数据、数字化及与时俱进的转型。从2021年开始，我的职业主战场从企业大学回到了安利公司的全国业务部，目前担任安利（中国）全国战略导航总监。这个职位的主要工作内容，就是通过大数据、专业的内部顾问服务及合理高效的工作流程设计，引导企业战略在广大营销队伍中有效落地。战略导航工作的关键点之一是大数据，可以从大数据中分析洞察营销人员的业务表现，发现其短板，看到其市场机会点。再通过专业的顾问服务，与营销人员建立信任，进行深度面谈，了解问题的根因，针对分析出的问题点和机会点共商改进计划，共识并实施解决方案，制定行动的思路和方法。解决方案一定是全方位、综合性的。例如，针对能力提升问题，会匹配课程培训和学习；针对其他问题和需求，则会匹配其他提升措施和激励方案。最后通过合理的工作流程，集中跟踪众多营销人员解决方案的实施效果，评估成效，及时复盘和改进。

在大数据分析和深度推动转型的过程中，我发现，在这个快速变化的时代，传统企业要成功转型，不仅要求人人学会使用数字化工具，把营销场景搬到社交媒体上（大家都知道，社交媒体、手机等只是工具，是业务推进工具库中的一种，企业即使实现了工具数字化，也只是更新了基础设施），更重要的是企业的营销人员和其他员工、系统的组织观念和能力也要配套提升。经过几年的摸索，我总结了一些心得与大家共勉，也是我对未来培训行业发展的一种期待和祝福！

第一，必须用系统性思维来思考新的增长模式。在当下这个时代，任何短期激励、小修小补、局部调整和单点创新都是无法从根本上解决问题的，必须用全局性眼光和系统性思维来构建企业的第二曲线，打造新的增长模式。这个增长模式既包括产品与销售模式的创新、营运制度的创新，也包括企业基础设施的数字化升级，以及全新组织能力的构建和提升。而这些创新和升级又要与企业原有的核心优势深度融合，必须让我们有能力对接中国消费市场和消费升级的巨大潜力，能够帮助我们吸引新一代创业者。

第二，用户思维精准赋能，力出一孔。不管是业务模块、职能部门还是企业大学项目负责人，都要紧紧围绕用户思维，即想清楚"谁是你的用户""用户要什么""你能为用户提供什么""企业目标如何连接用户需求"。一般来说，业务及市场部的用户是B（合作伙伴）和C（顾客与消费者），企业大学的用户是企业营销/销售人员和其他员工，IT及财务部门的用户是内部员工。每个部门的用户都是不同的，但企业的最终目标一致，以用户为中心的原则一致。每个部门都要以终为始，认准战略方向，清楚自己的"一线"在哪里，既要分兵把守，又要力出一孔。作为企业大学的项目负责人，要成为企业和学员的桥梁与纽带，协同、匹配、满足双方的需求。在用户思维下，对用户需求的挖掘和分析要考虑企业的战略，前瞻性地看问题。作为课程开发者，更要懂得引领学员的需求，做到精准赋能。一切判断都要基于用户，分析用户的接受度和认可度。

第三，关联业务，灵活匹配资源。例如，安利公司确定了聚焦大健康赛道的战略方向。为了帮助广大营销人员以专业的姿态快速迈入这个赛道，营销人员需要提升大健康相关的知识。但这部分知识需要企业自主开发吗？不需要，安利公司与中国营养学会合作，举办公共营养师的认证活动，从而提升营销人员的专业素质和能力。安利公司还建立了专业的线上内容平台，根据不同的需求和业务场景梳理了不同的资料包、内容包，为营销人员提供众多内容资源，方便他们利用社群营销的方式"养群"，有效连接自己的顾客。这些内容资源也可以借鉴丰富的外部专业资源。转型和变革没有现成的经验可循，搭建最佳实践的交流平台，设计快速更新迭代的有效机制，营造鼓励小步快跑、复盘总结的文化，让大家在做中学、向先行者学，快速总结经验和教训，不断优化和完善，是与这个时代匹配的学习之道。王可和韩静两位老师在这本书中提到，最高的管理境界是"匹配"，而不是"最好"，优秀的培训管理者既能看清未来发展的方向，又能辨识自己所处的位置，为企业筛选好资源，做到"最好的匹配"，这就能让他们抓住培训管理和项目管理的精髓。

最后，感谢两位作者向安利公司清晰地描述了"知识的现在"，让安利公司的课程开发工作更加彰显价值，让企业的培训管理工作更加专业化，同时也期待两位作者能持续积累，在咨询培训领域继续奋进，集聚更多优秀企业的学习项目实践经验，共筑企业培训与学习的美好未来。

魏颖

安利（中国）全国战略导航总监

安利（中国）培训中心培训总监

前　言

我和韩静老师是老同事了。我是在企业大学工作 8 年后才转战企业咨询圈的，至今已有 11 年。韩静老师参加工作后就一直奋战在企业咨询圈，至今已有 13 年。她曾在华南区最大的企业培训集团公司及国内知名人力资源咨询公司任职。我们两个人在过往的合作中一直有个期望，那就是把自己的项目经验进行总结，集结成一本书，也不枉我们实施了那么多项目，积累了那么多反复研讨、思考和总结出来的项目经验。但因为种种事情，这个心愿一直未能实现。直到 2020 年，受新型冠状病毒疫情影响，我们不得不居家办公。我们发现这是一个很好的静心研究和潜心写作的机会，所以我们开始逐步突破写作和创作的起步难点，通过远程探讨和监督，花了一年多的时间，最终完成了这本书的写作。

这本书的一大写作难点在于，从实践上看，课程开发项目管理领域的专业化程度远没有成熟到可以实现以下 4 点：标准化的项目流程、程序化的过程控制、具体化的指导文件、明晰化的责任分工。从理论上看，课程开发项目管理领域并没有很多成熟的著作可以参考。国外有很多课程开发相关的理论，但在"课程开发"和"项目管理"这两个学术领域的交集上，并没有太多可参考的理论。因此，我们愿意先跨出半步，把我们的一些实践和思考拿出来，带领大家共同在这个领域开垦出一片土地，与企业培训管理的小伙伴们一起耕耘，一起收获。书中讲述的内容也可以让人家在课程开发项目中少一些糟心的经历，多一些耀眼的成就，并为自己迎来更美好的职业前景。

这本书比较适合 4 类人阅读：企业的培训管理者、培训机构的顾问、TTT[1]培训师及希望转型进入学习发展专业领域的人士。特别是一些拥有课程开发项目经历的人，在完成项目后可以借助这本书的知识框架做项目复盘。同时也提醒所有的培训管理者、培训机构的顾问、TTT 培训师（特别是课程开发的讲师），在项目开展过程中，甲乙方的界限逐渐模糊甚至消失，大家需要共同面对的是用户——课程开发者和业务部门的领导。大家需要使用共同的知识框架，携手做

---

[1] TTT：英文全称为 Training the Trainer to Train，中文是指培训培训师的培训。

好这种带有明显成果导向特征的培训项目。

在过往采访很多培训管理者时我们发现，他们共同的痛点是"企业对培训不重视"。如果把这一痛点延伸到课程开发培训项目中，就可以拆解成以下5个典型痛点问题。

痛点问题1：如何让组织识别出课程开发项目需求（怎样才能使高层领导决定做这个项目）？

痛点问题2：如何让各部门领导支持项目（怎样才能让各部门负责人推荐部门骨干来参加项目）？

痛点问题3：如何激励和影响课程开发者的投入与产出（怎样才能让被推荐的人投入到项目工作中）？

痛点问题4：如何让项目在组织内产生影响（怎样让开发出来的课件得到更好的推广应用）？

痛点问题5：如何让项目持续和创新升级（怎样才能让项目延续，并且有创新点）？

在本书中，我们将通过7章的内容来逐个破解以上痛点，让课程开发项目科学规范、深入人心。第7章为课程开发项目经理升级知识地图和管理能力提供了参考建议。同时，我们也要提醒大家，在实际的项目实施过程中，不要过于追求项目管理理论在实践中的完美呈现，而要让项目保持一定的灵活性，使之可以顺利地按期完成，同时产出成果，让未来的课程学员满意，让主题专家满意，让一线领导满意，让人力资源部负责人感觉这个项目是有影响力、有专业力、有成果力的。这才是让规范性的理论知识持续散发光芒的依托点。

阅读本书时，为了提升你的阅读效率，请关注以下阅读顺序。

> 如果你需要在项目启动前做全项目规划，则可以从第2章开始阅读。
> 如果你在项目中遇到了问题，则可以从各章的案例中寻找问题点，获取相应的知识工具表单。
> 如果你做过课程开发项目，需要做复盘提升，则可以从第1章开始读起，甚至应该细读前言。

对于复盘反思和精读提升的培训管理者，还可以借助人力资源管理大师尤里奇的理论，来识别自己通过课程开发项目所切入的人力资源领域的各种角色位置。尤里奇提出的人力资源管理者的4种角色如图0-1所示。课程开发项目专业人士所处的位置如图 0-2 所示。

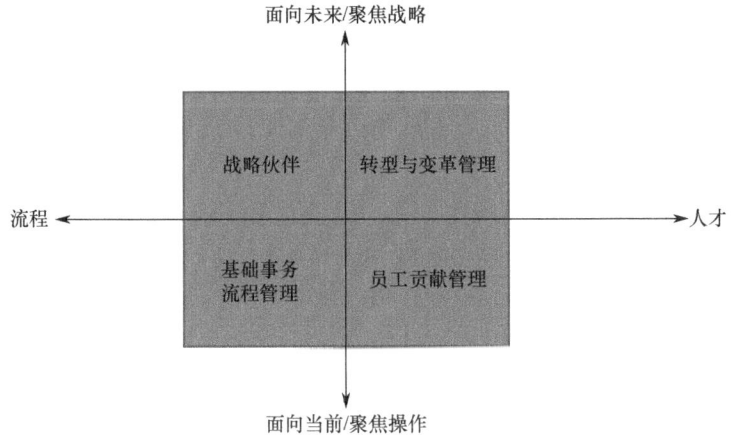

图 0-1　尤里奇提出的人力资源管理者的 4 种角色

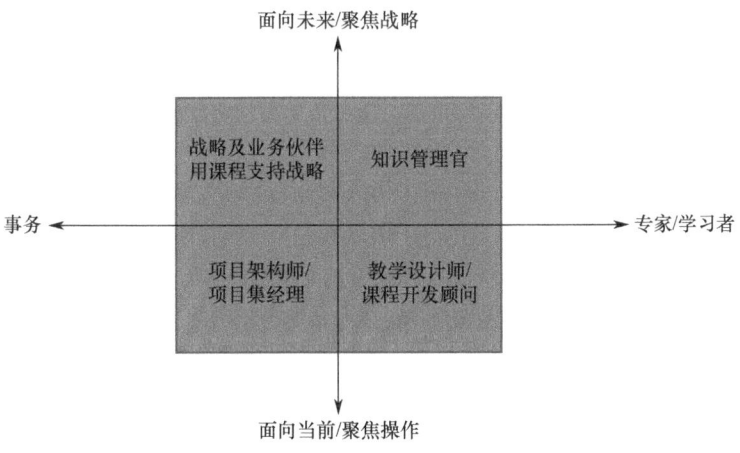

图 0-2　课程开发项目专业人士所处的位置

在图 0-2 的 4 个象限中，培训管理者将转换到比较专业的角色，特别是在第二象限，培训管理者将带着课程开发项目和项目成果，成为业务人员的伙伴，甚至成为人力资源管理者团队内的支持伙伴。培训管理者可以通过对企业的知识创造和知识管理的过程来为企业的战略与业务提供强大的后援支持。

最后，我们想说，因为本书比较前沿，所以很多内容都在探索中，对于书中的不足之处，恳请各位读者谅解和及时指正，这也是对我们最大的包容和鼓励。

真实地体验了写书的全过程后，我才发现写书真是一件很不容易的事，只有写过书的人才能体会到那种反复琢磨的痛苦。特别感谢我的太太，在疫情防控期间，她变着花样地为我们做一日三餐，辅导孩子上网课。感谢即将进入青春期的女儿，她以一个人听广播和画画的方式默默地支持我的写作。感谢我的妈妈，她用一生的美好期待让我持续感受到不断向前的人生动力。我和韩静老师也要感谢彼此，感谢我们始终没有放弃本书的写作。未来的路还很长，让我们一起把热爱的培训事业干到 80 岁！

王　可

目　　录

第1章　课程开发与项目管理 ··· 1

1.1　课程开发的相关概念 ··· 1
1.2　课程开发的前世今生 ··· 2
1.2.1　前世：课程开发的发展史 ··································· 3
1.2.2　今生：现代企业课程开发 ··································· 6
1.2.3　中国企业常见的课程开发项目类型 ························· 10
1.2.4　中国企业课程开发项目的特点 ····························· 10
1.3　项目管理知识助力课程开发 ····································· 11
1.3.1　项目管理对课程开发的贡献 ······························· 11
1.3.2　项目经理的成功特征与能力标准 ··························· 12
1.3.3　课程开发组织能力的4类要素 ····························· 16
1.3.4　群课程开发项目管理的5步流程 ··························· 19
1.3.5　群课程开发项目的5个价值 ······························· 20

第2章　规划 ·· 23

2.1　澄清项目需求 ·· 23
2.1.1　课程开发项目需求的定义 ································· 23
2.1.2　课程开发项目需求的分类 ································· 25
2.1.3　课程开发项目需求的3个层次 ····························· 27
2.1.4　明确性需求的获取和澄清 ································· 31
2.1.5　渐进式信任的需求澄清方式 ······························· 35
2.1.6　信任进程提速的2个策略 ································· 35
2.2　选择课程开发模式 ·· 38
2.2.1　课程开发的4种模式 ····································· 38
2.2.2　课程开发模式的选择依据 ································· 39
2.3　明确项目目标 ·· 40
2.3.1　课程开发项目的3个目标 ································· 40

2.3.2 设定项目目标的6个误区 ·· 42
2.3.3 4步设定项目目标 ·· 43
2.4 甄选供应商 ·· 50
2.4.1 供应商参与项目的优劣势分析 ······································ 50
2.4.2 甄选供应商的4步法 ·· 52
2.4.3 甄选供应商的3个原则 ·· 60
2.4.4 鉴别专业性的5维空间 ·· 62
2.4.5 评估供应商的5个要素 ·· 66
2.5 设计项目方案 ·· 68
2.5.1 设计项目方案的3个关键阶段 ······································ 68
2.5.2 项目方案应包含的8个模块及具体内容 ························· 68
2.5.3 阅读项目方案的2个步骤 ··· 69
2.5.4 撰写项目汇报方案的2种模式、4个关注点、9个原则 ····· 70
2.5.5 项目品牌构想与运营的5个原则 ··································· 72
2.5.6 项目品牌的4个核心要素 ··· 73
2.5.7 项目品牌受众的3个层面 ··· 77
2.5.8 项目品牌的5个注意事项 ··· 78
2.6 拟定项目预算 ·· 80
2.6.1 项目预算的来源 ·· 81
2.6.2 项目预算的构成 ·· 82
2.6.3 项目经理的资源整合能力 ·· 84

第3章 启动 ··· 88
3.1 通过项目审批 ·· 88
3.1.1 向上汇报方案 ·· 88
3.1.2 配合发起招标投标 ··· 93
3.1.3 送审商务合同 ··· 101
3.2 管理项目相关方 ··· 106
3.2.1 理解项目相关方 ··· 106
3.2.2 识别项目相关方 ··· 108
3.2.3 分析项目相关方 ··· 108
3.2.4 制定项目相关方管理策略 ·· 109

3.3 组建项目团队 114
3.3.1 课程开发项目团队的层次 114
3.3.2 课程开发项目团队的角色与分工 116

3.4 预测项目风险 120
3.4.1 项目风险的属性 120
3.4.2 课程开发项目中的风险 121
3.4.3 风险识别及管理预案制定 128

3.5 制定激励机制 132
3.5.1 理解配套机制 132
3.5.2 构建激励机制的6个原则 134
3.5.3 课程开发项目激励机制的设计挑战 135
3.5.4 课程开发项目的综合激励模型 136
3.5.5 课程开发项目的长线激励设计 141
3.5.6 课程开发项目运营团队的自我激励 142

3.6 细化项目计划 144
3.6.1 项目计划的内容 144
3.6.2 项目阶段的划分 149
3.6.3 项目阶段的规划 149
3.6.4 项目的设计与剪裁 156
3.6.5 细分工作计划 159

第4章 执行 166

4.1 开展项目全面调研 167
4.1.1 调研的作用与4步流程 167
4.1.2 形成项目调研报告 173

4.2 选择开发课题及团队 174
4.2.1 选题选人的重要性 174
4.2.2 课程开发选题的5个雷区 175
4.2.3 课程开发选题的4个原则 175
4.2.4 课程开发选题的3种思路 176
4.2.5 课程开发人员的选拔流程 177
4.2.6 准内训师面试选拔标准 178

4.3 做好项目启动会与课程开发准备 179
4.3.1 项目启动会的意义 179
4.3.2 线下启动会 180
4.3.3 线上启动会 182
4.3.4 课程开发准备之课题调研 184
4.3.5 课程开发准备之素材收集 185
4.3.6 素材收集的步骤 187

4.4 组织课程开发工作坊与课件迭代辅导 187
4.4.1 课程开发工作坊组织的常见问题 188
4.4.2 课程开发工作坊组织的5个关键点 188
4.4.3 课件开发师的工作效能 193
4.4.4 课件迭代辅导 194
4.4.5 跟催课题成果的社群运营技能 195
4.4.6 说课辅导的流程 200

4.5 组织专项TTT工作坊 201
4.5.1 专项TTT与传统TTT的区别 201
4.5.2 组织专项TTT工作坊的4个关键点 202
4.5.3 专项TTT试讲辅导流程 203

4.6 组织课程验收与讲师认证 204
4.6.1 验收认证环节易错点 204
4.6.2 验收认证环节的4个关键点 205
4.6.3 验收认证的流程及标准 205
4.6.4 关注各环节仪式感的设计 210

第5章 监控 212

5.1 项目监控的必要性 212
5.1.1 项目管理管的就是变化 212
5.1.2 项目管理要管"质"和"值" 213

5.2 项目监控的角色和总则 214
5.2.1 项目监控的3个角色 214
5.2.2 项目监控的3个原则 214

5.3 项目价值的监控点 215

5.4 课程质量的监控点 ... 216
5.4.1 课程名称审核的"三一"标准 ... 217
5.4.2 课程定位表的审核要点 ... 217
5.4.3 课程知识图谱的审核要点 ... 218
5.4.4 授课PPT的审核要点 ... 219
5.4.5 PPT页面的审核要点 ... 220
5.4.6 课程大纲的审核要点 ... 221
5.4.7 课程质量与培训质量的关系 ... 221

5.5 项目过程的监控点 ... 223
5.5.1 监控的手段和方法 ... 224
5.5.2 课程开发者的状态干预 ... 228
5.5.3 偏差影响分析 ... 233
5.5.4 需求变更的应对策略 ... 236

第6章 收尾 ... 241

6.1 项目收尾的常见误区与最佳时机 ... 242
6.1.1 项目收尾的常见误区 ... 242
6.1.2 项目收尾的最佳时机 ... 243

6.2 项目收尾的4件要事 ... 243
6.2.1 编辑视觉型项目回顾材料 ... 243
6.2.2 撰写项目总结报告 ... 245
6.2.3 完成规范的合同收尾 ... 246
6.2.4 做好项目复盘和后续行动规划 ... 248

6.3 成果宣传及后续应用推广 ... 249
6.3.1 成果宣传及后续推广的2个目的 ... 249
6.3.2 成果宣传及后续推广的5W1H要素 ... 249

6.4 持续优化和升级策略 ... 253
6.4.1 体系建设的持续升级 ... 253
6.4.2 内容深度及版本迭代 ... 254
6.4.3 讲师技能及角色升级 ... 256
6.4.4 开发模式的多样选择 ... 260
6.4.5 软件技术与平台应用 ... 262

| 6.4.6 配套机制的优化升级 ·· 264
        6.4.7 学习理念的更新升级 ·· 266
第 7 章 角色 ··· 276
  7.1 课程开发项目经理的 5 力模型 ·· 276
        7.1.1 设计规划力 ··· 278
        7.1.2 组织协调力 ··· 278
        7.1.3 监控追踪力 ··· 279
        7.1.4 沟通影响力 ··· 279
        7.1.5 坚韧适应力 ··· 280
  7.2 课程开发项目经理的成长建议 ·· 283
        7.2.1 课程开发团队的成长路径 ·· 284
        7.2.2 项目集经理的成长路径 ·· 284
  7.3 让课程开发成为组织习惯 ··· 291
        7.3.1 学习型组织的呈现形式 ·· 291
        7.3.2 在组织变革前就进入角色 ·· 293
参考文献 ··· 294
后记 ··· 296

第1章 课程开发与项目管理

项目管理能力已经成为职业经理人的关键能力之一。但过去项目管理知识主要应用在工程建设和软件开发领域，很少应用在课程开发领域。

未来的企业培训管理者或主管、培训咨询机构的培训项目专业人员可以借助本书提到的课程开发项目管理知识框架来运行整个课程开发项目，协调各方参与，更严密地把控项目的目标、范围，确保产出有价值的项目成果。

本章主要内容有以下几项。
1. 课程开发的相关概念。
2. 课程开发的前世今生。
3. 项目管理知识助力课程开发。

1.1 课程开发的相关概念

在开启正式的课程开发项目之前，或者在成为专业的培训管理者之前，不仅需要从专业的从业者角度对"课程""课程开发""课程开发项目"这3个概念进行分析，还需要对过往的专业理论进行探索。这样才有助于大家抓住事物的本质，也有助于大家在理论框架的指导下快速提升专业能力，甚至还有助于大家将课程开发项目管理的经验和理论快速迁移至其他人才发展项目与变革型人力资源管理项目实践中。

英国教育家赫伯特·斯宾塞（Herbert Spencer）在其著作《教育论》（*Education*）中的第一章"什么知识最有价值"，首先提出了"课程"（Curriculum）这一术语，并将之概念化为"教育内容的系统组织"。后来这一概念被西方教育者广泛使用，也让大家对"课程"这个含义非常广泛的概念有了逐步共识的可能性。

在古今的相关论述中，"课程"有以下几个定义。

定义1：课程即教学科目。课程是把有价值的知识系统化，形成一定的科目或学科。

定义2：课程即学习结果或目标。课程应该直接关注预期的学习结果或目标，要把重点从手段转向目的，因而教育目标的选择和制定成为核心任务。

定义3：课程即计划。这一计划包含教育的目标、内容、活动和评价，甚至把教学设计和教学方法等都组合到"课程"中去。

定义4：课程即经验。这种观点强调了学习者的兴趣、爱好、需求和个性，重视学习者与环境的相互作用，重视教育环境的设计与组织，兼顾课程的过程与结果，以及预期的与未预期的经验。

总结以上定义，再结合企业培训的特点，可以给"课程"这样下定义。

课程：按照一定的培训目的，在讲师有计划、有组织的指导下，学员通过与教学情境的相互作用而获得知识技能并转变态度的全部教学内容。

根据这个定义，还可以延伸出以下两个概念。

课程开发：按照预定的培训目标，挖掘和分析相关主题内容，整合成为一种适合现场教学或网络学习的知识载体，并付诸实施、评价和持续迭代完善的过程。

群课程开发项目管理：企业培训管理人员协调各种角色和资源，实现多个课程同时开发并达到预期项目目标的过程。

综上所述，可以发现评判课程质量的核心要素有4个，分别为：有价值的、结构化的知识，课程目标，教学设计（教学的策略与方法），知识载体（软件和硬件）。这4个核心要素将成为课程开发项目中每个课题项目组重点发力的地方，也是项目集经理调动各类资源促成课程开发项目小组达成目标的资源配置点。

1.2 课程开发的前世今生

课程开发的相关理论主要源自学校教育领域，且过往的课程开发应用项目大多数发生在学校的教育课程开发领域。因此，将这些相关理论应用到企业的课程开发中，必然会出现诸多差异（见表1-1）。

表1-1　学校教育领域的课程开发与企业的课程开发之间的差异

差异项	学校教育领域的课程开发	企业的课程开发
开发者	专业的教学设计理论研究者	企业内部专家/内训师
项目性质	系统咨询项目，由教学设计专家主导开发	培训项目（以工作坊组合的形式），由企业内部专家开发

续表

差异项	学校教育领域的课程开发	企业的课程开发
项目目的	开发专业教育课程	在培养主题专家课程开发能力的同时获得课程开发成果
成果形式	正式印刷的教材	课件包（含小规模印刷版学员手册）
成果应用	大范围内的学生群体使用，常年使用	相关学员群体，迅速应用，快速迭代
课程知识类型	比较稳定和显性的学科知识	比较灵活多变的企业商务场景知识
开发周期	前期调研分析与后期开发的周期都长	整体项目周期短，而且时间和精力主要集中在开发过程上
教学目标掌控	清晰度高，准确性高	清晰度与准确性适中，对课程开发初学者的要求有所降低

可见，企业的课程开发质量要求没有学校教育领域的课程开发质量要求高，允许在长周期内持续提升质量，而不是一定要在一个周期内开发出精品课程。

西方学术界将课程开发的相关知识统称为"教学设计"。"教学设计"这个词相当于中国教学界的"课程教研"。然而，考虑到中国人的习惯理解和中国企业培训领域的习惯称谓，本书选用"课程开发"一词，因为"课程开发"这一称谓更加突出成果，表达得更直白，也更容易被人们理解和传播。

接下来将从课程开发相关理论的发展历史来帮助大家了解课程开发的发展历程，这样也有助于大家从理论的源流中找到课程开发的本质和各类知识之间的内在关联。

1.2.1 前世：课程开发的发展史

追溯课程开发的历史，我们发现，在学术领域，课程开发分为"课程论"和"教学论"两大学派，这两大学派至今还在持续地进行相关领域的研究。课程的发展与研究有着丰富而漫长的历史，它作为一个相对独立的研究领域从教育学中分离出来，是 20 世纪初的事情。1918 年，美国著名教育学家约翰·富兰克林·博比特（John Franklin Bobbitt）出版的《课程》（*The Curriculum*）一书，被认为是第一本专门讨论课程的著作，这是课程成为一个独立研究领域的标志。之后，从事课程专门研究的课程论专家及专著相继出版。20 世纪 30—40 年代，美国著名教育学家、课程理论专家拉尔夫·泰勒（Ralph W.Tyler）集科学化课程研究理论之大成，成为现代课程理论的重要奠基者和里程碑式人物。他凭借对教育评价理论、课程理论的卓越贡献，被业界誉为"现代课程理论之父""当代教育评价之父"。泰勒在《课程与教学的基本原理》（*Basic Principles of Curriculum and Instruction*）一书中指出，开发任何课程和教学计划都必须回答以下 4 个基本问题，即"泰勒原理"。

（1）学校应该试图达到什么教育目标？

（2）提供什么教育经验最有可能达到这些目标？

（3）怎样有效地组织这些教育经验？

（4）如何确定这些目标正在实现？

"泰勒原理"力图有效控制课程开发过程，使课程开发成为一种理性化、科学化且被普遍采用的模式程序，为人们提供了一个广为采用的课程研究范式，引起了人们对课程研究中的方法论的思考。

与课程论并行的另一个学派是教学论，教学论独立体系的形成是以约翰·弗里德里希·赫尔巴特（Johann Friedrich Herbart）1806 年出版的《普通教育学》（*Allgemeine Padagogik*）为标志的。赫尔巴特是德国著名哲学家、心理学家、教育学家。他在教育史上第一次建立了以心理学为基础的教学理论，并第一次把教学论作为教育学相对独立的组成部分，确立了西方近代教育史上的教育学、教学论体系。在他之后，特别是在第二次世界大战期间，大批富有经验的教育心理学家，包括罗伯特·米尔斯·加涅（Robert Mills Gagne）、莱斯利·布里格斯（Leslie Briggs）、约翰·弗拉纳根（John Flanagan）等被征集去指导与士兵和工人培训相关的教材研究及开发，这让课程和教学领域的研究开始与企业高度关联。20 世纪 40 年代末至 50 年代，心理学家开始将培训视作系统，试图开发包括一系列创新的分析、设计和评估流程在内的教学系统。20 世纪 60 年代，程序化教学运动的开展、行为主义目标的普及、标准参照测试运动及形成性评估的兴起，再加上加涅的学习理论（学习结果分类、教学事件、智慧技能的层级分析）的影响，教学设计逐渐形成。工作任务分析、目标设定、标准参照测试等领域出现的新概念互相关联，共同形成了用于系统地设计教学材料的流程或模型，加涅和罗伯特·格拉泽（Robert Glaser）等人使用了"教学设计""系统性开发""系统化教学""教学系统"等术语来描述他们所创建的模型，成为"教学系统设计"（Instructional System Design，ISD）的起点，教学设计基本形成了集系统工程学、传播学、学习心理学与技术为一体的教学系统设计理论，也成为部队、学校和企业在开发新课程时广泛运用的方法论。

ADDIE 模型

佛罗里达州立大学的加涅教授作为系统化教学设计领域的第一代领军人物，创立了著名的 ADDIE 模型（见图 1-1），这个经典模型已经成为国内培训管理者和培训师参加的各类专业考试的必考题目。

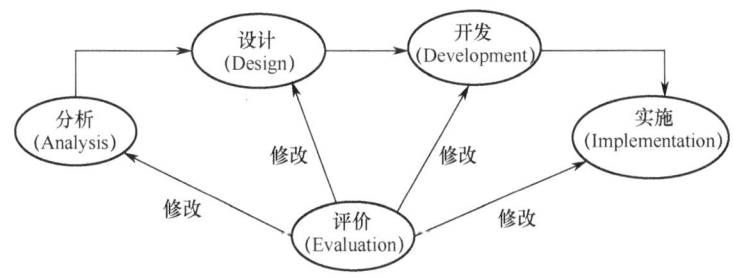

图 1-1 加涅的 ADDIE 模型

ADDIE 模型抓住了任何教学模型都需要回答的几个最本质的问题。

（1）教学设计的对象是谁？
（2）你想让学习者或受训者学会什么？
（3）学科内容和培训技能如何才能被最有效地学习？
（4）你如何确定学习效果达到的程度（评估过程）？

这些问题深深地影响了人们，不仅让课程开发保持了应有的针对性和专业性，还让课程开发者意识到，课程开发的过程既是一门艺术，也是一门科学。

有些遗憾的是，为了保持极强的适应力，ADDIE 模型只保留了比较简单的原则性内容。企业在应用时，还需要根据该模型开发出适合本企业的情境化模型，并配上相应的工具模板，这样才能更好地支持课程开发者更快地开发出专业课程。

20 世纪 80 年代，个人计算机的使用进一步促进了人们对教学设计技术的拓展。人们开始在教学和培训环境中使用计算机，这引起了教学设计和开发人员的注意，他们开始设计以计算机为基础的、有效且可以重复的教学过程。与此同时，认知心理学的发展成果也开始补充到教学设计领域，并且逐渐取代早期以行为科学为基础的教学设计策略和实践。20 世纪 90 年代，教学设计领域受到建构主义学者的猛烈抨击，建构主义的理论、信条和实践跨越了两个世纪，继续影响着教学设计。情境学习、认知学习、建构主义、后现代主义等继续推动设计者研究教学设计的策略和实践，以便将教育心理学的新观点引入教学设计之中。总之，课程开发的相关理论在"课程论"与"教学论"两派学者的不断努力下，融合了心理学和计算机技术的发展成就，不断演进，成就了学校和企业，同时也成就了自己。

2002年，作为教学设计领域的第二代领军人物，戴维·梅里尔（David Merrill）出版了《首要教学原理》（*First Principles of Instruction*）一书。书中列出了梅里尔在梳理和检视了全球300多个教学设计的理论模型后，重新整合而成的新的教学模型，以及波纹环装教学设计框架、基于任务的教学设计策略、五星教学的评价量表等理论方法。这些理论方法在美国企业界成功应用的同时，也逐步渗入中国的教育界和企业培训界，由中国企业研发的在线课程开发软件将梅里尔的知识分类方法有效地结合应用其中。

到了21世纪，课程开发与企业管理理论有了更多的融合，其中一个标志性事件是迈克尔·艾伦（Michael Allen）博士与理查德·赛茨（Richard Sites）博士2013年出版了《SAM课程设计与开发》（*Leaving ADDIE for SAM*）一书，该书成为人才发展协会与亚马逊2012—2013年度畅销书。该书提出的"Leave ADDIE for SAM"观点，极大地冲击了系统化教学设计领域专业工作者的思维，在中美两国的教学设计领域引发了巨大的争议和讨论。在大辩论的同时，"敏捷"（Agile）这个发源于日本的精益生产的管理理论概念，在被引入软件开发领域后，又正式迁移到了课程开发领域，为课程开发的一线工作者们解决了不少困惑，也为企业快速开发课程的项目管理模式提供了很多理论支持。

总之，课程开发的理论发展是一个不断融合和前进的过程，在学科领域不断细分，同时又与其他学科不断融合。课程开发的理论逐步从教育学领域走出来，融入了很多心理学知识和企业管理知识，逐渐强大，并随着全球各类企业的发展需求不断变化。2007年，佛罗里达州立大学的罗伯特·瑞泽（Robert A. Reiser）教授在《教学设计和技术的趋势与问题》一书中，提到课程开发领域未来的十大发展趋势：绩效改进、知识管理、电子绩效支持、E-learning、学习对象、非正式学习、建构主义、学习科学、整体化教学设计和测量与评价。如今，十几年过去了，课程开发在这十大发展趋势上进展甚微。中国企业在课程开发领域的实践，随着中国企业培训市场的不断扩大而逐步加快脚步，亟待大量具有中国本土实践基础的课程开发理论来解释正在发生的一切。

1.2.2 今生：现代企业课程开发

企业培训与企业成熟度之间的关系

课程开发萌生于学校教育，成熟于企业应用。企业在发展壮大的过程中，随着人力资源管理水平的提升和企业进一步自我复制扩张需求的增加，必然需要通过培训来复制人才。如果实施培训，势必要启动课程开发项目。作为企业的培训管理者，在发起课程开发项目时，需要关注课程开发项目与企业成熟度之间的关系，顺势而为，才能成就彼此。而课程开发项目与企业培训的发展过程一一对应。

几乎所有企业的培训发展过程都经历了 5 个阶段（见图 1-2）。

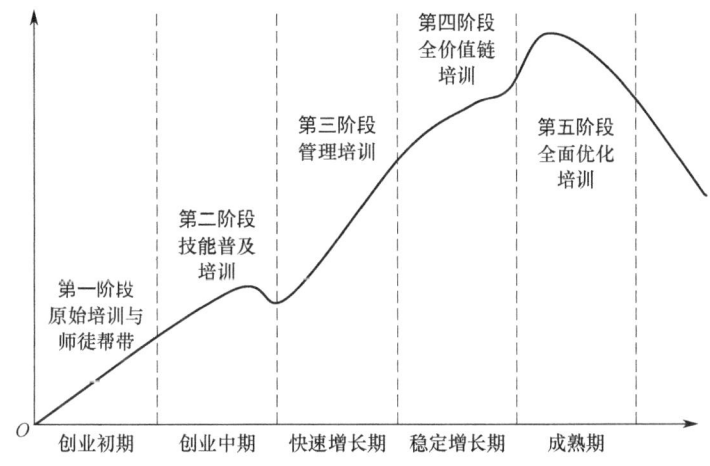

图 1-2　企业培训与企业成熟度之间的关系

创业初期：企业可能只有几名或几十名员工，这时的企业培训处于初级阶段，由熟悉技术的人帮带新员工。员工在工作中学习，没有培训组织，也没有培训规划，只有岗位的角色学习。这时培训师的角色是"师傅"，学生的角色则是"徒弟"。

创业中期：企业规模迅速扩大，员工人数迅速增加，原始培训与师徒帮带已经无法满足企业发展的需要，这时企业就会建立培训组织。培训的组织机构可能是人力资源部下属的培训部，也可能是培训中心，甚至只是一名专职培训人员。这一阶段的培训精力主要集中在一线员工的技能普及培训方面，或者是简单的新员工培训。这个阶段的培训存在很多缺陷。

（1）培训属于"救火式"。

（2）培训没有针对每位培训对象的特点来设计，无针对性的培训方案。

（3）内容不系统，没有针对不同层级、不同专业的员工设计不同的培训课程。

（4）局限在企业内部，没有对企业生存和发展的生态系统中的上下游进行培训。

（5）没有建立在企业核心战略能力和核心价值观基础上，前瞻性不够。

（6）培训资源分散，企业内部各个部门、各个分/子公司甚至各个车间都有自己的培训计划，有自己的培训人员，各部门之间没有做到资源共享。

（7）培训形式比较单一，没有将各种培训手段综合使用。

快速增长期：企业一般都是先开展技能培训，等技能培训发展到一定阶段，发现管理能力成为企业进一步发展的瓶颈，需要在内部复制和提拔大量的管理人才，这时才会开始对管理人员进行培训。有些企业还会成立企业商学院或领导力发展中心。

稳定增长期：企业规模进一步扩大，企业认识到，在市场竞争中的生存和发展不仅取决于企业内部因素，而且受企业外部因素的制约越来越大。特别是企业上游的供应商和下游的客户，都会对企业的竞争力产生重要影响。对上游供应商的培训，可以提高供应链的运作效率和工作质量，达到协同商务的效果。对客户及潜在客户的培训，则有利于企业战略性市场的开拓。在这一阶段，企业可以考虑建立比较综合的企业大学。

成熟期：在建立了以企业大学为核心的培训体系后，随着企业的发展、企业知识资产的积累，企业可以从容地优化自己的培训项目，不断推出新培训项目，对原有培训项目进行更新。由此可见，在企业发展的第二～第四阶段，培训都发挥着重要的作用，企业的课程开发对培训的发展起着重要的支撑作用。企业的培训管理者应该理解企业在每个发展阶段的瓶颈和盲点，主动规划课程开发项目和培训项目，引领企业向更加成熟的阶段转型。

课程开发与企业成熟度的匹配

1987年9月，卡耐基·梅隆大学软件工程研究所应美国联邦政府的要求，在Mitre公司的协助下，开发了一套软件能力成熟度框架和一套软件成熟度问卷，用来评估软件供应商的能力。这就是最早用于探索软件过程成熟度的一个工具——成熟度模型（Capability Maturity Model，CMM）。随着相关研究的不断深入，其他学科也结合本学科系统的特点，陆续推出了各自的CMM模型，如项目管理成熟度模型、人力资源能力成熟度模型、系统工程能力成熟度模型、顾客资源管理成熟度模型等。

在人力资源能力成熟度模型中，细分了企业培训成熟度的评价依据。企业培训管理成熟度模型的一个用途是旨在评估企业当前阶段的培训管理情况，指出企业培训体系（含课程体系）目前所处的阶段，找到影响企业培训管理能力提高的最大障碍和薄弱环节，设置关键域和关键域目标，指导企业下一步应努力达到的目标和当前应做好的工作，有针对性地、循序渐进地提升企业培训管理能力。企业培训管理成熟度模型的另一个用途是定期评估培训管理成熟度情况，以便企业时刻反省，找出问题，提高培训管理成熟度，这个过程本身也会推动课程开发项目的开展。

结合企业培训成熟度模型，通用电气公司制定了内部讲师的选拔、任用、反馈、发展评价标准，如表 1-2 所示。

表 1-2　通用电气应用企业培训成熟度模型管理企业内部讲师

内容	1级（很少/没有）	2级（基础）	3级（中等）	4级（高级）
选拔内部讲师	没有正确的内部讲师选拔标准	选拔标准清晰，讲师通常具备主题专家背景或相关领域的经验	内部讲师胜任标准建立在能力素质模型的基础上，包括专业知识、培训技能、实践经验	有正规的专业知识、培训技能和实践经验评估流程，还具备把学习或培训内容与企业业务需求联系起来的能力
向内部讲师提供反馈	没有针对讲师的反馈，部分讲师会征求学员的非正式反馈	直线经理或培训管理者随机地、偶尔地提供反馈，一些反馈来自学员的课后评价	直线经理或培训管理者常规性地提供反馈，对学员课后评估进行分析和总结	能力素质通过课后评估得到常规性评估，直线经理现场观摩，并作为绩效评估流程的一个步骤；运用正式反馈和趋势分析工具，并提出发展计划
讲师担任多种角色	主题专家自己开发课程	采购外部课程，认证内部讲师	内部讲师经过课程设计与开发培训，负责开发指定的课程	内部讲师担任变革促进者、内部咨询师、课程开发师的角色，并负责设计和更新内部课程
维护课程	没有系统的课程维护，讲师经常用技术资料代替学员手册和讲师手册	指定一名主题专家维护一门从外部采购的课程，内部课程参考外部的精品课程，没有或很少客户化	核心的主题专家/内部讲师负责课程维护	核心的主题专家/内部讲师经过调查、趋势分析和征求内部客户的意见后维护课程
开发讲师手册	没有课程检查表或讲师手册	讲师手册由外部供应商提供	内部以大纲的形式开发讲师手册	在持续的评估和反馈的基础上，不断提升讲师手册质量，讲师手册覆盖主题内容和授课技巧

在这个标准中，可以看到课程与讲师的协同发展进程，企业在提升讲师管理水平的同时，也让内部讲师不断介入课程开发的过程，不断提升课程管理的成熟

度，以更加完善、严密的方式管理课程，不断提升课程质量，为企业的战略落地贡献力量。

1.2.3 中国企业常见的课程开发项目类型

改革开放以来，中国企业的管理水平不断提高，而且在 21 世纪展现出了百花齐放的景象。中国的培训管理者在西方先进的教学设计理论和管理理论的基础上做了很多项目尝试和技术创新。

按照成果形式的不同来区分，中国流行的课程开发项目包括岗位经验萃取、课程开发、案例、微课（H5、视频微课）、精品课程、绩效改进、S-OJT[1]在岗辅导材料、领导力课程二次开发等各种形式。

从企业的经费来源看，原先投入 TTT 培训领域的费用，逐步转向课程开发技术引入和课程开发工作坊实施领域。根据《培训杂志》发布的 2018—2019 年度《中国企业培训产业报告》的调研数据，课程设计与开发/学习项目设计的培训投入进入培训费用支出领域前 10 位（见图 1-3），而且企业正在通过策略性地引入课程开发培训，自主开发领导力、专业技术课程，以替代外部课程的采购。

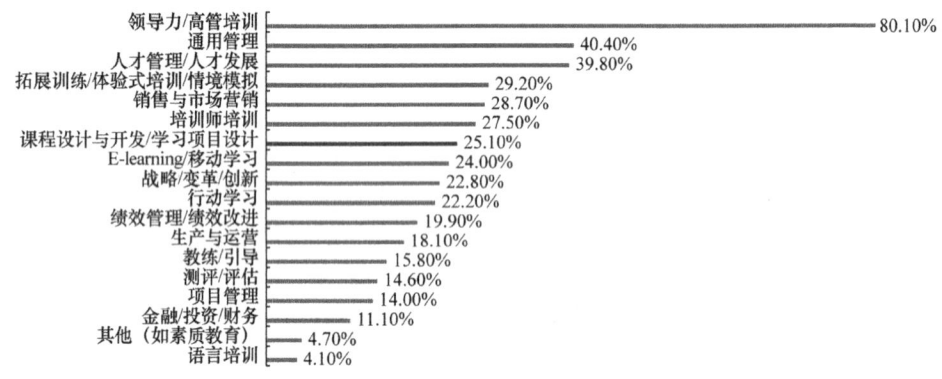

图 1-3　中国企业培训费用支出的主要领域

1.2.4 中国企业课程开发项目的特点

在为中国企业服务的十多年中，我们逐渐熟悉了中国企业的课程开发项目采购模式。中国企业课程开发项目在采购和执行上展现出如下显著特点。

特点 1：追求高性价比。很多中国企业期望在一次课程开发项目中开发多门课程，让项目集约化操作，大幅降低每门课程的开发成本。

特点 2：期望赋能人才。很多中国企业期望通过培训的方式赋能企业内部专

---

[1] S-OJT：英文全称为 Structured On-the Job Training，中文是指结构化在岗培训。

家和内训师，而不仅是邀请外部课程开发专家直接代为开发课程。

特点 3：允许以量博质。以京东为代表的互联网企业采用广撒网的微课开发模式，通过培训、比赛或活动促成大量微课的开发，在巨量的课程中寻找知识价值高的精品课件。

特点 4：多元成果产出。很多中国企业期望课程开发项目除了产出课件包，还能产出课程体系图、工具手册、讲师管理制度等多元成果。

特点 5：分阶段产出成果。很多中国企业期望开发者能够在项目的每个阶段都有具体的成果产出。例如，第一阶段是课程大纲，第二阶段是授课PPT，第三阶段是讲师手册，第四阶段是学员手册和配套工具包（注：分析文档不被视为项目成果），直至课程包中的所有内容全部开发完毕。

特点 6：流程专家兼任主题专家。很多中国企业期望乙方的课程开发讲师同时兼任待开发课程的主题专家，这样可以给予课程内容更多的反馈和支持。因此，企业在项目前期会多次确认课程开发讲师是否拥有行业案例和相关开发课题的成功案例。

特点 7：避开复杂的理论。很多中国企业期望在所开发课程的授课内容中尽可能避开过于理论化和细节的教学设计理论，为开发者的学习减负，更倡导"短平快"的项目流程和即学即用的课程开发工具。

特点 8：融合本土新技术。近些年产生了大量本土的经验萃取理论，很多中国企业期望将它们充分融入到课程开发项目中，帮助主题专家更好地挖掘和呈现本领域的专业知识。

简单地讲，中国企业一直追求实现**多、快、好、省**！

这些特点都是中国企业课程开发项目的诉求，已经成为课程开发项目在采购和规划时的项目需求基本输入点。这些特点也逐步汇聚成为中国特色课程开发项目模式。

1.3 项目管理知识助力课程开发

1.3.1 项目管理对课程开发的贡献

前面提及的课程开发理论支撑是"课程论"与"教学论"，但在课程开发项目管理上，还需要关注项目管理的理论知识。项目管理理论起源于第二次世界大战期间，在20世纪最后30年逐步成熟。项目管理能力已经成为职业经理人的关键能力之一。但过往的项目管理知识主要应用在工程建设与软件开发领域，很少应用在课程开发领域。在加涅时代，课程开发遵循的是比较严密的开发理论，所以需要交付很多设计文档，开发过程中也有严密的合同和资金保障，所以课程开发时间比较长，交付的课程开发资料也非常专业、非常多。

现代企业的课程开发项目背景与加涅时代所倡导的课程开发项目是不一样的，无论是在个人经验下还是完全在乙方咨询机构的经验支持下，培训管理者进行项目管理时都有很大的弹性和灵活性，对专业度的要求并没有那么苛刻。未来的企业培训管理者可以借助本书提及的标准知识框架来运行整个课程开发项目，协调各方参与，更严密地把控项目的目标、范围，确保成果产出，这不仅能保证项目的良好执行，也能保障甲乙双方的利益，更重要的是能展现培训管理者的项目管理能力，在企业内赢得良好的职业声誉。

现有的项目管理理论对课程开发的贡献主要体现在以下 4 个领域。

（1）项目集管理（多个课程同时开发，等于同时管理多个项目）。

（2）对相关方的分析与影响（深入分析企业中高管对课程开发项目的影响力）。

（3）项目的风险管理（关注课程开发中遇到的风险，对其进行合理管控）。

（4）项目经理的能力框架（培训管理者在能力框架下持续提升自己）。

1.3.2 项目经理的成功特征与能力标准

项目管理专家 J. 戴维森·弗雷姆（J. Davidson Frame）对上百位项目经理进行非正式调查后，揭示了项目经理的成功特征。根据弗雷姆的观点，成功的项目经理应具备如下特征。

- 对项目目标有全面的了解。
- 能够理解成员的需求。
- 有很好的头脑来处理细节。
- 对项目有强烈的使命感。
- 能够应对挫折和失望。
- 具备良好的谈判技巧。
- 是结果导向和务实的。
- 具有成本意识和基本的商业技能。
- 讲究政治技巧，知道该做什么和不该做什么。
- 对不确定性有高容忍度。

由培训主管担任的项目经理，在《项目经理能力发展框架（第 3 版）》的定义中，属于"项目集经理"的概念。在一个项目集过程中会启动多个项目，项目集经理监督并指导多个课题经理（也就是我们所说的课程开发项目小组的组长/课题经理）。项目集经理协调项目之间的工作，对接企业内外部的不同人员（见图 1-4），但通常不会直接管理单个课题的项目集组件。最基本的项目集管理责任包括以下几项。

第1章 课程开发与项目管理

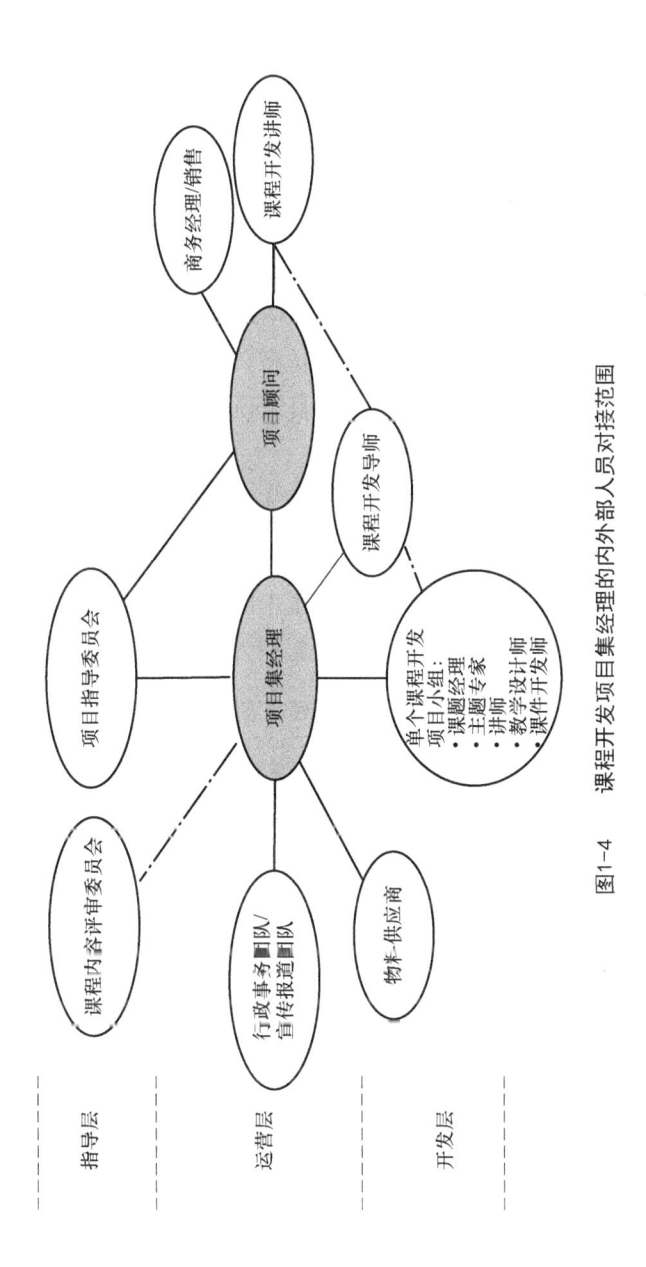

图1-4 课程开发项目集经理的内外部人员对接范围

- 规划项目集。
- 识别并规划效益的实现和维持。
- 识别并控制项目之间的依赖关系。
- 解决项目集中的项目升级问题。
- 追踪每个项目或非项目工作对项目集整体效益的贡献。

项目经理的项目目标一般是提供一个产品或服务，而项目集经理的项目目标往往是增值或打造某种组织能力。

一名好的课程开发项目集经理，不一定必须有单个课程开发项目的项目经理经验，但如果其有完整地带领一个课程开发团队成功开发一门课程的课件包的经验，将有助于在未来担任项目集经理时，对各个课程项目进行风险识别和协调管控，同时也能对单个课程开发项目的项目经理（课题经理/课程开发小组组长）和主题专家有更多的同理心与支持力。

从表 1-3 可以看出，课程开发项目的项目集工作与工程/软件开发项目的项目集工作相比，操作难度总体偏低。但由于课程开发项目集经理在组织授权上有所不足，因此会在各项问题的解决上面临更大的挑战。例如，在追踪每个项目（课题）或非项目工作时，由于个人的职权影响力低，会显得特别难。

表 1-3 项目集经理工作难度对比

对比项	工程/软件项目集经理工作难度	课程开发项目集经理工作难度
规划项目集	高	中（可与咨询公司协同规划）
识别并规划效益的实现和维持	高	中
识别并控制项目之间的依赖关系	高	低（项目之间的依赖关系几乎为0）
解决项目集中的项目升级问题	高	低（可依赖供应商解决或选择放弃该课题项目）
追踪每个项目或非项目工作对项目集整体效益的贡献	中	中

如何评估自己是不是一名优秀的课程开发项目集经理呢？可以使用如表 1-4 所示的课程开发项目管理能力自评表进行自评。

表1-4 课程开发项目管理能力自评表　　　　　　　　　　　　单位：分

序号	具体的行为描述	从不	偶尔	经常	一向如此	表现卓越
	课程开发项目管理能力自评表					
1	我会花时间通过各种途径了解项目各方的需求和困难	1	2	3	4	5
2	我会给自己的课程开发项目设定明确且可衡量的目标	1	2	3	4	5
3	我会按照适合的标准选择供应商加入项目并提供解决方案	1	2	3	4	5
4	我会在课程开发项目开始之前，花时间做好项目计划	1	2	3	4	5
5	我会充分了解自己为了达到项目目标将面临的困难和风险	1	2	3	4	5
6	我会找出自己所需要的内外部资源，并了解它们对项目的贡献点	1	2	3	4	5
7	我会经常性地与各利益相关方沟通，了解他们的想法和建议	1	2	3	4	5
8	我会采用正式或非正式的方式让各利益相关方明确自己的职责	1	2	3	4	5
9	我会确认每个阶段的成果并与利益相关方达成共识	1	2	3	4	5
10	我会及时与财务部门沟通项目的预算、花费进度、标准与报账流程	1	2	3	4	5
11	我会定期根据各方需求更新和通报项目的进度	1	2	3	4	5
12	我会对项目中所有的风险都准备好应对计划	1	2	3	4	5
13	我会思考如何让课程开发者愿意更投入地工作	1	2	3	4	5

续表

单位：分

序号	具体的行为描述	从不	偶尔	经常	一向如此	表现卓越
课程开发项目管理能力自评表							
14	我会努力为项目发起人和课程开发者创造项目节点的关键体验	1	2	3	4	5
15	我会授权与培养项目团队中的新人和临时参与者	1	2	3	4	5
16	我会建立相应的数据系统和沟通网络，以便随时了解课程开发的进度	1	2	3	4	5
17	我会请公司领导和业务领导来帮助我激励团队	1	2	3	4	5
18	我会关注项目集中的各课题项目进度，并持续地沟通与追踪	1	2	3	4	5
19	我会邀请相关人士参加研讨会议和评审会议	1	2	3	4	5
20	我会记录并通知相关人员项目的阶段性预期结果	1	2	3	4	5
总　分						

注：总分为60分以下，说明你在运营项目时存在典型的技能差距和项目运营风险。

总分为60～75分，说明你已经具备基本的项目管理能力，但仍需要避免管理行为的缺失风险。

总分为75～85分，说明你可以比较熟练地驾驭课程开发项目，确保项目的持续成功。

总分为85分以上，说明你有独特的方法，可以在保障项目顺利实现目标的同时，有更创新和卓越的表现。

1.3.3　课程开发组织能力的4类要素

课程开发组织能力是指一个组织能在相应的管理机制的保障下，调用专业角色，按照既定的流程和工具，有规模地开发各类课程的能力。

一家企业除了要有一名胜任的项目集经理，还要有相应的课程开发组织能力，包括科学的项目流程、配套的激励机制、胜任的团队角色和成熟的过程工具组合，如图1-5所示。只有这样，才能保证课程开发项目持续进行，并让企业随着课程开发组织能力的提升，逐步走向自主开发课程的阶段，不仅不再依赖外部咨询公司的资源，还可以逐级向分子公司赋能。

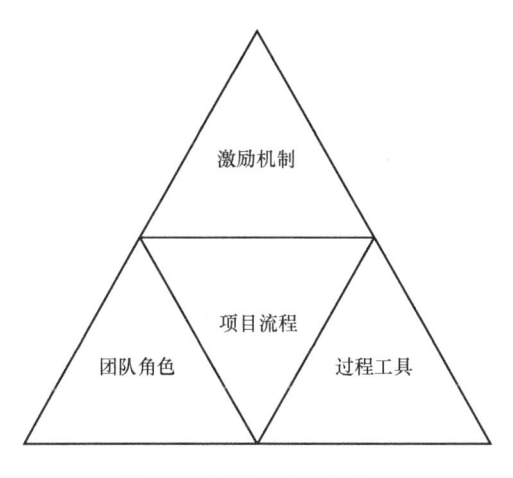

图 1-5 课程开发组织能力

项目流程：项目管理的全过程，包括对项目规划、启动、执行、监控、收尾各个阶段的管理。

激励机制：促成课程开发项目运营团队与课程开发团队高效运作的公司制度和项目管理办法（在本书第 3 章有详细阐述）。

团队角色：参与课程开发项目的工作人员在整个项目集或单个课程开发团队中所承担的角色（在本书第 7 章有详细阐述）。

过程工具：服务于项目管理和课程开发的相关工具、素材、模板、范例（见图 1-6）。

（注：图 1-6 是本书中经验和技术沉淀非常密集的一处内容，欢迎读者通过参加公开课和认证课来与我们详细交流，并获得相应的参考资料。）

此外，学习项目中通用的项目管理与运营工具也很多，包括平台型学习工具，如 UMU、小鹅通、钉钉；直播工具；如腾讯会议、Zoom；共创型工具，如腾讯文档、石墨文档、飞书、群相册；互动型工具，如打卡小程序；实用工具，如微词云、创客贴、群接龙、腾讯投票；等等。这些工具更新得很快，需要在平时用心探索和积累，在项目中适时引用，会给项目管理带来很多方便。

工具类

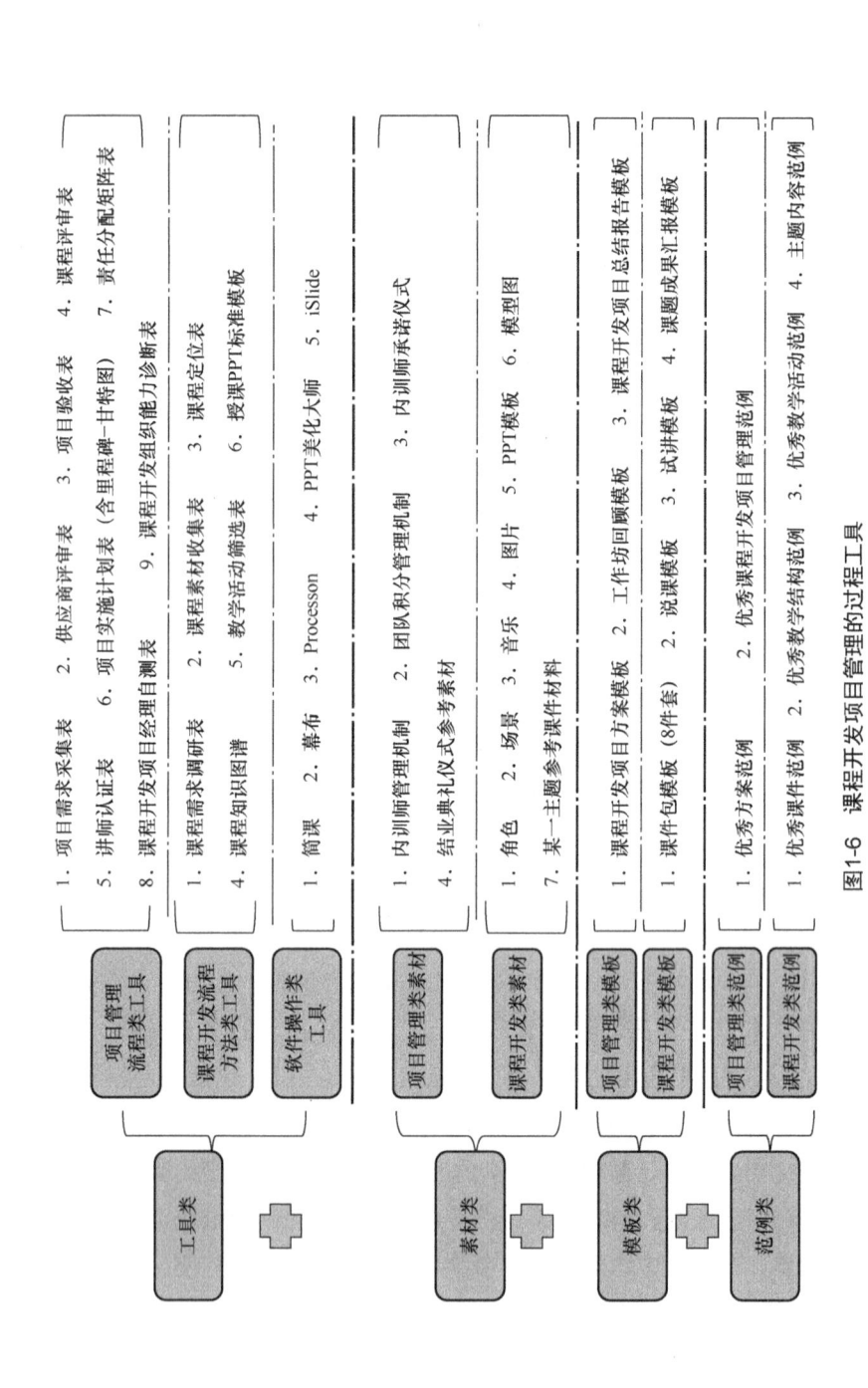

项目管理类工具
1. 项目需求采集表
2. 供应商评审表
3. 项目验收表
4. 课程评审表
5. 讲师认证表
6. 项目实施计划表（含里程碑—甘特图）
7. 责任分配矩阵表
8. 课程开发项目经理自测表
9. 课程开发组织能力诊断表

课程开发流程方法类工具
1. 课程需求调研表
2. 课程素材收集表
3. 课程定位表
4. 课程知识图谱
5. 教学活动筛选表
6. 授课PPT标准模板

软件操作类工具
1. 简课
2. 幕布
3. Processon
4. PPT美化大师
5. iSlide

素材类

项目管理素材
1. 内训师管理机制
2. 团队积分管理机制
3. 内训师承诺仪式
4. 结业典礼仪式参考素材

课程开发素材
1. 角色
2. 场景
3. 音乐
4. 图片
5. PPT模板
6. 模型图
7. 某一主题参考课件材料

模板类

项目管理类模板
1. 课程开发项目方案模板
2. 工作坊回顾模板
3. 课程开发项目总结报告模板

课程开发类模板
1. 课件包模板（8件套）
2. 说讲模板
3. 试讲模板
4. 课题成果汇报模板

范例类

项目管理类范例
1. 优秀方案范例
2. 优秀课程开发项目管理范例
3. 优秀课程开发项目结构范例

课程开发类范例
1. 优秀课件范例
2. 优秀教学活动范例
3. 优秀教学活动范例
4. 主题内容范例

图1-6 课程开发项目管理的过程工具

1.3.4 群课程开发项目管理的 5 步流程

本书所展现的群课程开发项目管理的 5 步流程（见图 1-7）抽取并整合了项目管理协会（Project Management Institute，PMI）项目管理理论中的项目生命周期、项目阶段和过程组 3 个概念的关键特征，同时结合了 PDCA[1]戴明环的闭环管理理念，标注了每个项目阶段之间的关联关系。整个流程中的 5 个步骤呈瀑布式分布，按时序衔接。其中"监控"这一步的工作有一部分是在"执行"这一步开始后启动的，同时"监控"本身也指向整个项目的各个环节，平均分布于整个项目的各个步骤。本书后续几章将按此流程依序展开详细介绍。

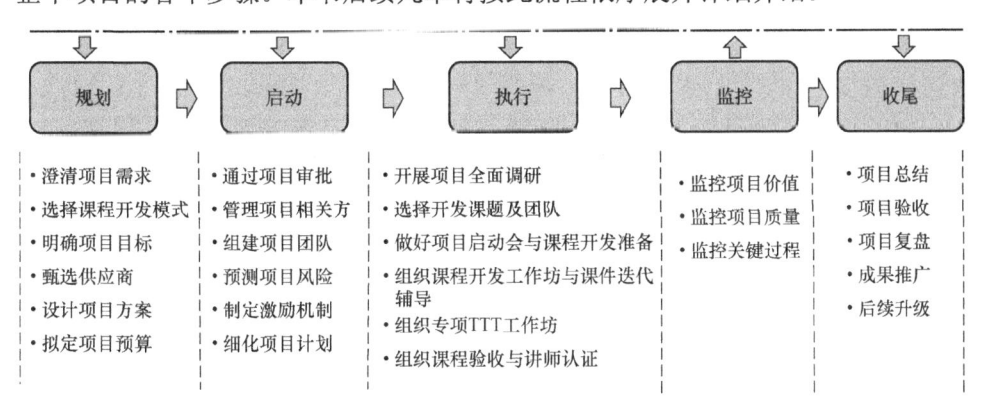

规划	启动	执行	监控	收尾
·澄清项目需求 ·选择课程开发模式 ·明确项目目标 ·甄选供应商 ·设计项目方案 ·拟定项目预算	·通过项目审批 ·管理项目相关方 ·组建项目团队 ·预测项目风险 ·制定激励机制 ·细化项目计划	·开展项目全面调研 ·选择开发课题及团队 ·做好项目启动会与课程开发准备 ·组织课程开发工作坊与课件迭代辅导 ·组织专项TTT工作坊 ·组织课程验收与讲师认证	·监控项目价值 ·监控项目质量 ·监控关键过程	·项目总结 ·项目验收 ·项目复盘 ·成果推广 ·后续升级

图 1-7　群课程开发项目管理的 5 步流程

群课程开发项目中各步骤的划分与 PMI 项目管理理论中的"启动过程组""规划过程组""执行过程组""监控过程组""收尾过程组"有相似之处。这 5 个过程组可能在同一过程组内或跨不同过程组相互作用，如图 1-8 所示。这 5 步流程与项目管理理论中的几个过程组之间一个很重要的区别是"启动"和"规划"的位置。在 PMI 项目管理理论中，先"启动"再"规划"，即只要有了明确的项目发起人、项目说明书、商业论证和协议，项目团队成员都确定了，就"启动"。但是，在群课程开发项目中，前期需要花大量的时间完成"规划"，等组织内各种论证和审批完成，管理层正式同意发起这样的项目后，才能正式"启动"。这一区别正是很多人力资源管理人士看不懂项目管理理论的原因，因为 PMI 项目管理理论与人力资源管理的实践不太一致。如果完全参照 PMI 项目管理理论的方法，能拉升项目质量水平，但同时也会给项目管理增加很多负担。因此，我们建议在做课程开发项目时，使用与课程开发项目情境高度相关

---

[1] PDCA：P 为 Plan（计划），D 为 Do（执行），C 为 Check（检查），A 为 Act（处理）。

的项目管理理论模型。

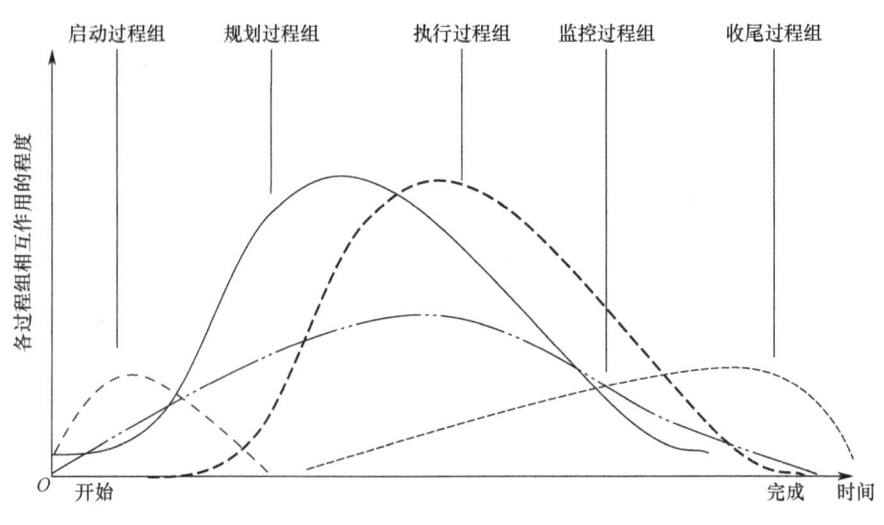

图 1-8　PMI 项目管理理论中各过程组的相互作用

1.3.5　群课程开发项目的 5 个价值

从认识论来说，价值是指客体能够满足主体需要的效益关系，即客体的属性和功能与主体需要之间的效用、效益或效应关系，属于哲学范畴。"价值"作为哲学范畴的概念，具有高度普遍性和概括性。

群课程开发项目的价值是指课程开发的过程和成果能够满足组织、发起人、项目管理团队、课程开发项目团队、开发者和课程目标学员的各类关键需要。过往的课程开发项目受经典的课程开发理论的影响，比较关注目标用户的使用价值，期望开发出标准的学员手册和授课 PPT，方便未来学员学习；期望开发出讲师手册，方便未来的认证讲师备课使用；也期望课件套装中能出现讲师宣传页和课程大纲页，方便未来组织培训和课前招生宣传使用。但这些价值对一个课程开发项目来说，距离用户的期望还有很大差距。如果在满足目标用户的使用价值的基础之上，还可以满足其他 4 个价值（见图 1-9），群课程开发项目就能发挥非同凡响的作用。

价值 1：目标用户的使用价值。课程的目标学员、认证讲师和未来的培训组织者都可以很方便地使用课程开发项目的项目成果。

价值 2：蜕变性的个人成长。课程开发者在开发课程的过程中，其课件开发能力（特别是 PPT 制作能力）和授课能力（特别是演讲气势）会得到很大的提升。参与课程开发项目的人通过项目中的培训和辅导，能够获得新的角色技能，如成为课程开发导师，可以辅导新的课程开发者开发课程，这也是一种组织角色的蜕变性的个人成长。

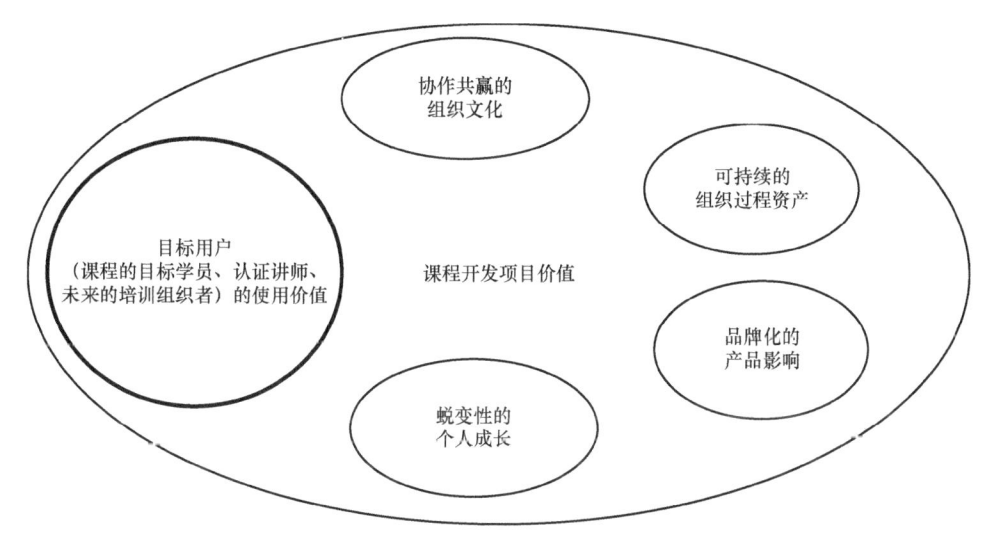

图 1-9　群课程开发项目的价值分布

价值 3：品牌化的产品影响。 群课程开发项目在组织中的整体印象深入人心，课程成果也有很高的识别度和美誉度。

价值 4：可持续的组织过程资产。 群课程开发项目有利于形成组织特有的计划、流程、政策、程序和知识库。例如，在群课程开发项目开展过程中累积的过程管理工具和开发工具可以支持下一次项目的开展。

价值 5：协作共赢的组织文化。 跨部门成员在项目中展开合作及跨部门宣导课程开发成果可以营造良好的协作共赢的组织文化，培养一支擅长协同开发的专家队伍。

综上所述，本章介绍了课程与课程开发的定义和发展史，阐述了课程开发与企业成熟度之间的关系，也分析了中国企业课程开发项目的特点。在此基础上，探究了项目管理对群课程开发项目的价值，并用"课程开发组织能力"模型指引人们让课程开发项目创造更多价值。

思考题

1. 课程、课程开发及群课程开发项目管理的定义分别是什么？
2. 学校教育课程开发与企业课程开发之间的差异是什么？
3. 现有的项目管理理论对课程开发的贡献主要体现在哪几个领域？
4. 中国企业课程开发项目的特点有哪些？
5. 群课程开发项目管理的5步流程分别是什么？
6. 在群课程开发项目管理的 5 步流程中，"监控"这一步与其他几步的关系是怎样的？
7. 课程开发的组织能力包含哪4类要素？
8. 以价值为导向的群课程开发项目的5个价值是什么？

第 2 章 规 划

规划即项目启动前的筹备工作，包括需求的分析和澄清、课程开发模式的选择、目标的确认、供应商的甄选、项目方案的初步构思等。在任何一个项目启动之前，都要做好充分的规划，这对项目成功至关重要。因此，本章也是本书中篇幅最长的一章。

在课程开发项目的规划阶段，不但要为后续课程开发项目的启动、执行做好充分的前期准备，更重要的是要对所有组织需求和个人需求进行收拢与聚焦，并在系统、深入地思考后，用完整、成熟的方案打动项目发起人，使项目从空泛的想法变为可执行的方案。因此，规划既是一个为项目积蓄力量的过程，又是一个课程开发项目经理展现专业性的最佳时机。

在规划阶段，主要内容有以下几项。

1. 澄清项目需求。
2. 选择课程开发模式。
3. 明确项目目标。
4. 甄选供应商。
5. 设计项目方案。
6. 拟定项目预算。

2.1 澄清项目需求

2.1.1 课程开发项目需求的定义

对课程开发项目需求的评估是项目规划的核心内容，如果没有澄清和评估课程开发项目需求，就难以让课程开发项目启动。因为学习过培训需求分析的培训管理者很容易将课程开发项目需求和培训需求混淆，所以在介绍项目需求前，我们先将两者做一个区分。课程开发项目需求与培训需求的区别如表 2-1 所示。

表 2-1　课程开发项目需求与培训需求的区别

区别项	课程开发项目需求	培训需求
概念范围	大（课程开发项目需求包含每门课程的培训需求）	相对小（单一培训课程的培训需求包含在课程开发项目需求中，但如果分析的问题涉及整个组织的管理问题，也会很大，有可能会演变成课程开发项目需求）
评估实施者	课程开发项目经理	某一课程主题的开发团队
评估工作特征	多（分散、细小），依赖经验	多（集中），依赖专业方法
需求评估重点	重点评估价值和重要性，更强调最终的评估结果	侧重精准地分析，更强调过程数据的精准性
内容	项目前期侧重成本/收益分析，项目中后期则包含项目各阶段中组织、团队、个人的各类需求	目标分析、任务分析、关联性分析等
覆盖岗位	经常需要覆盖多部门、多岗位	往往聚焦单一岗位和单一任务
发生周期	一直延续到工作坊实施阶段	在培训课程设计与开发工作的前期统一分析完成

注：本书所提到的课程开发项目均指群课程开发项目，即在一个项目中组织多个课题开发团队开发多门课程；本书所提到的项目经理，均指群课程开发项目经理，即项目管理理论中的项目集经理。

总之，每门课程的培训需求都是由这门课的教学设计师带领主题专家一起探知获取的，需求发出方大多数是这门课程的目标学员，核心工作是行为分析、短板分析、痛点分析等。而课程开发项目面对的是一系列待开发课程的整体需求，需求发出方首先是整个组织，其中也包含各种体系发展需求、部门管理需求和个人发展需求等。

课程开发项目需求是指组织内与课程开发相关联的一组庞杂的需求组合。

因为课程开发项目需求的复杂度很高，所以很多企业愿意借助乙方过往的项目经验和专业项目操作流程来共同探知获取。

因此，西方的培训需求评估理论更适合专业的课程开发顾问在定制课程开发项目前所做的专业需求评估；而本书所讲的课程开发项目需求更适合企业的培训管理者在项目启动前做相对简单和快速的需求评估。同时，这个项目需求会一直延展分布到项目的整个生命周期，要求项目经理随时关注需求的动态变化。

2.1.2 课程开发项目需求的分类

基于过往的项目经验，我们将课程开发项目需求按照体系类别进行分类，如表 2-2 所示。

表 2-2 按体系类别对课程开发项目需求进行分类

体系类别	典型需求	需求形式	需求发出方
学习发展体系	新员工培训项目内化/改造	• 新员工培训项目需要改造升级：优化部分课程，增加新课程 • 进一步拓展部门内培训课程	培训管理者/新员工培训项目经理
	基于管理者能力模型的培训项目内化/改造	• 从外部引进全套管理者培训课程 • 改造现有各层级管理者培训课程 • 基于公司新改版的能力模型定制开发或升级改造对应的培训课程	培训管理者/基层管理者培训项目经理
	通用能力课程体系建设	• 有效沟通、时间管理、PPT 技巧、Excel 技巧等通用技能类课程 • 其中部分技能类课程还可以优化为翻转课堂的形式	培训管理者
	IDP[1]能力发展落地	根据公司绩效管理系统中收集的各类培训需求，开发相应的课程，保障员工个人年度发展计划的达成	培训管理者/绩效管理负责人
	E-learning 系统/知识管理系统内容升级	• 新上线的学习系统 • 知识管理系统需要大量新课程来激活	培训管理者/E-learning 系统负责人
	内训师课程开发能力提升	提升内训师的教室版课程开发能力	培训管理者/内训师体系负责人
	内训师微课开发能力提升	提升内训师的微课开发能力	培训管理者/内训师体系负责人
	内训师案例开发能力提升	提升内训师的案例开发能力	培训管理者/内训师体系负责人
	基于学习地图项目的培训课程开发	从学习地图咨询项目成果中规划导出大量待开发的培训课程	企业大学负责人/人力资源部负责人/学习地图项目经理
	咨询项目引发的培训课程开发项目	正在推进中的绩效改进项目、行动学习项目、经验萃取项目、业务复盘项目会分析员工的技能差距和内容素材，需要开发对应的培训课程	绩效改进项目/行动学习项目负责人
	培训品牌文化推广	• 参加行业联盟组织的微课比赛 • 申请某些协会的认证评审 • 建立专业的品牌形象	企业大学校长/培训管理者

---

[1] IDP：英文全称为 Individual Development plan，中文是指个人发展计划。

续表

体系类别	典型需求	需求形式	需求发出方
人力资源管理体系	岗位任职资格体系建设	基于岗位任职资格体系的运行，需要建设培训课程和考试题库，以保证岗位任职资格体系的完整运转	人力资源部总经理/事业部人力资源总监
	人力资源体系成熟度评估考核后的差距弥补	集团对分公司进行系统的人力资源体系成熟度评估考核，对岗位培训大纲、教材管理、E-learning课程开发等各项指标的成熟度进行评估后，分公司需要进一步建设课程内容，弥补管理差距	分公司人力资源部总监
	人工效能评估后的差距弥补	集团公司对分公司/事业部的人工效能进行评估，或者请专业的咨询公司对分公司/事业部的人工效能进行评估后，对于全员培训率、新员工培训覆盖率、人均培训时间、培训计划完成率、人均网络培训学时、培训课程开发数量、培训课程共享比例、员工平均培训费用、培训经费投入率、培训效果分析、重点培训项目培训成功率等各项指标上存在的差距，需要通过开发和实施培训课程来弥补	分公司人力资源部总监
企业文化体系	企业文化传播	需要开发专门的企业文化课程，对组织各层面和各群体进行宣贯	企业文化工作负责人
党建工作体系	党建工作	党的思想建设、组织建设、作风建设、制度建设、反腐倡廉建设、纯洁性建设等所需要配套开发的各类培训课程	党群工作部负责人
质量管理体系	质量管理课程体系建设与知识管理	沉淀质量管理知识，形成质量管理课程体系	质量管理部门领导
安全管理体系	安全管理课程体系建设	面对公司层面、部门层面和班组层面的安全教育课程体系，安全教育基地专属课程体系建设，或者针对外包公司的安全教育课程体系建设及后续的培训实施	安全管理部门领导
供应链管理体系	供应链管理人才培养	供应链人才学习地图建设或供应链课程体系更新	供应链管理部门领导

续表

体系类别	典型需求	需求形式	需求发出方
财务管理体系	财务管理人才培养	财务管理人才学习地图建设或财务管理课程体系更新	财务管理部门领导
业务发展体系	产品培训	为推广新产品所做的产品知识和销售技能培训课程开发	公司总经理/市场部领导/业务部门领导
	新业务培训	基于新业务发展所做的宣贯培训、技能培训等系统培训课程开发	业务部门领导
	经销商培训	对经销商进行的技术培训、管理培训等系列培训课程的开发	业务部门领导
	国家政策管制要求	根据国家的政策要求，需要规范培训，获得相应的资质	业务部门领导
	成为行业发展标杆	成为国家的认证培训基地，或者成为行业的典范，需要开发大量的标准化课程	业务部门领导
	培训向业务转型	将企业擅长的业务经验和管理经验转化为培训课程，向外传播	业务部门领导
新战略方向	新战略思想宣贯与落地	公司的收入增长、优质服务、新产品开发、成本控制、数字化转型、关键人才队伍建设等新战略概念宣导和辅助战略落地所需要的系列培训课程开发	公司总经理

分类依据：结合我们在国内接触的大量项目实例进行总结分类。

分类方法：以学习发展和人力资源体系建设需求为核心，同时拓展其他职能部门的体系需求。

分类特征：这些需求往往来源于国内大型集团公司或世界500强企业。个别专业岗位的员工数量已经达到上百人，企业需要对该岗位的人才复制工作进行系统的建设。

2.1.3 课程开发项目需求的3个层次

根据过往的项目经验，不同的需求会呈现出不同的层次特征，如有些需求显而易见，有些需求要依赖专业顾问的经验判断得出，有些需求要依靠专业的方法进行挖掘分析。因此，本书参考"大客户营销的SPIN[1]方法论"，把众多课程开发项目的需求分为3个层次（见图2-1），以此展现需求的层次性和复杂性。

---

[1] SPIN：是一种提问的方法和技巧，由尼尔·雷克汉姆创立。其中，S是指情境（Situation），P是指探究（Problem），I是指暗示（Implication），N是指解决（Need-Payoff）。

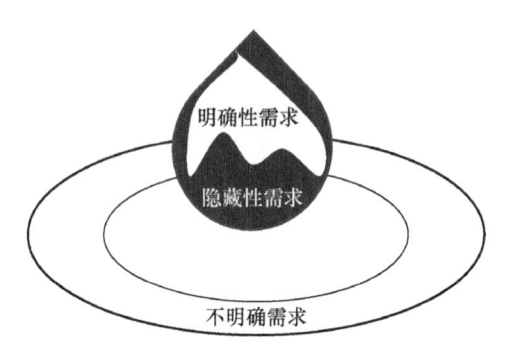

图 2-1　课程开发项目需求的 3 个层次

根据需求的明确程度和挖掘顺序从上往下依次为：明确性需求、隐藏性需求和不明确需求。需要注意的是，这里的"隐藏"和"不明确"实际上更多地偏向乙方视角。

对乙方来说是"隐藏"和"不明确"的需求，对甲方来说也会有不太清晰的地方，因此需要甲乙双方反复沟通，并用文字表达出来。特别是有些明确性需求，一开始可能是不明确的，需要通过乙方的专业访谈进行澄清和分析。

明确性需求：项目中甲乙双方在前期沟通时很容易澄清的需求，而且这些需求的共性很高。很多大型组织的明确性需求是一致的，信息也非常具体，如需要通过项目覆盖多少学员、具体开发多少门课程、集中培训几次等。

隐藏性需求：在企业运作过程中，为了实现更好的体系运作效果，可能会出现的需求。这些需求在察觉和预测时有一定的难度，需要增加沟通和分析才能获知。该需求的发出方一般是甲方的项目经理。

不明确需求：很多时候不便言说的需求。这类需求更像人们内心的一些小想法和小秘密，对项目整体满意度的实现有重要的作用。该需求的发出方往往是甲方的管理层。如果甲乙双方能适当满足这些需求，可以让项目交付走向卓越，或者让项目中的双方加深信任，进一步提升合作效率。乙方如果能更早地探知甲方的不明确需求，则有助于更早签单。此外，在执行项目的过程中，为了满足这些探测到的不明确需求，项目交付很容易超出预先设定的项目范围，所以在项目前期及早明确这类需求，有助于做好规划，整合双方资源。总之，恰当地满足这类需求，可使项目执行过程中所面临的不确定性风险大大降低。

针对上述 3 个层次的需求，不同的组织层级关注的需求点也会有所差异，如表 2-3 所示。

表2-3 不同的组织层级关注的需求点差异

需求层次	组织	培训管理者	学员个人
明确性需求	• 开发 N 门课程 • 让新课程能支持近期的业务变革或商业扩张 • 公司新推行的管理培训项目/新员工培训项目需要补入新的课程 • 财务部要求该项目的费用在年度预算范围内,尽可能控制成本 • 采购部要求该项目符合公司规范的采购流程	• 为 N 个人提供培训 • 培训需要有成果产出,成果与过往的培训产出不一样 • 整体项目设计需要体现专业性,有比较清晰的方法论和简单易用的流程、工具、表单 • 项目设计中有前置的线上导入课程,确保项目符合翻转课堂的设计理念,保证最佳学习效果 • 讲师要专业一些,过去要有丰富的项目经验/本行业经验 • 培训项目最后的培训满意度需要有保障	• 学习需求1:学习专业的经验萃取和课程开发知识 • 学习需求2:与同岗位专家交流工作经验 • 学习需求3:PPT制作水平得到进一步提升
隐藏性需求	• 让新上线的学习系统中多一些课程,提高大家对系统的学习使用率 • 公司对员工的培训学习设置了考核指标,要求培训部门必须提供更多的内部培训课程 • 响应国家的行业管理政策,给从业人员提供正式的培训 • 通过培训来复制人才,降低企业因人才流失而导致的风险	• 项目设计有创新和突破 • 在项目中尽可能减少执行工作负荷,这样能给自己省出更多的时间去做其他培训管理工作 • 项目中能产生一些项目宣传稿件,可以通过公司宣传渠道发布 • 把今年的培训预算花掉,以便明年还能有等额的预算 • 通过项目执行把公司的培训管理制度和流程梳理一下 • 上次项目中与乙方项目经理沟通时的不愉快场面可以在这次项目中规避 • 讲师最好帅/靓一些,年轻/资深一些,普通话标准一些,这样更匹配本公司学员的整体学习偏好	• 成长需求:让自己在公开演讲时不那么紧张,更自信一些 • 成就需求:在课堂上展现自己的才华和技能 • 社交需求:与同组成员互动,建立"战斗"友情

续表

需求层次	组织	培训管理者	学员个人
不明确需求	• 待开发的课程所触及的业务流程需要通过课堂上的专家小组研讨来进一步明确 • 通过项目过程观察、选拔潜力人才 • 让几位平常不交流的专家开始交流，让公司的项目实现标准化操作 • 用新开发的培训课程激励员工，提振士气 • 把全套项目方法论沉淀下来，未来可以作为本企业商学院对行业内其他企业进行专业培训输出的项目指导文件 • 公司领导也在项目过程中开发出一门自己可以讲的课程，扩展其在组织中的影响力 ……	• 最好让项目在上半年实施完成，实现个人年初制定的年度工作目标，为年底的绩效评优创造条件 • 自己也多学习一些专业的培训知识 • 自己也能拿到一个专业的认证证书 • 借助项目过程培养下属的项目管理能力 • 借助项目过程向领导证明自己的培训专业实力 • 最好能将目前合作3年的供应商换掉，避免其他部门同事说闲话 ……	• 体验需求：老师讲的内容和设计的活动最好能有冲击力，给人一种新鲜感和体验感 • 度假需求：培训的地方最好是比较舒适的酒店，景色优美，能让人身心放松；可以减少往返的舟车劳顿，有更多时间静下心来沉淀一些东西 • 安全需求：获得认证，多一个证书多一份安全感 • 认可需求：在项目汇报过程中展现自己的实力，或者向领导吐吐槽，说一下自己工作的辛苦之处 ……

源自组织的明确性需求自始至终都存在，在项目前期的规划和启动阶段更加明显。

源自培训管理者的隐藏性需求重点发生在项目规划和启动阶段，因此在这两个阶段要解决隐藏性需求。例如，了解并解决过去项目中发现的执行问题或其他问题，从而让项目规划更完整，让项目执行更顺畅，让甲乙双方的配合更默契；乙方的销售顾问如果能提早识别培训管理者的这些隐藏性需求，有助于更早地将项目从规划阶段推进到启动阶段（俗称"拿单"）。

源自组织的不明确需求往往就连甲方的培训管理者都很难预测，就像患者并不知道自己的身体出现了什么问题一样。这时候就需要依赖乙方的专业顾问提早预判需求，或者通过乙方的调研访谈程序来获知这些需求。甚至有的需求需要乙方的销售顾问通过其在甲方内部的"眼线"与需求方私下沟通才能获知。

源自学员个人的各类隐藏性需求更多地依赖课程讲师的经验，通过课程设计和培训现场的交付得到满足。课程设计主要关注学员知识差距的弥补。现场交付的时候讲师还需要兼顾学员的"快乐需求"。曾有职业讲师很精辟地将这一规律解释为："要么给工具，要么给快乐。"

2.1.4 明确性需求的获取和澄清

课程开发项目中明确性需求的获取方式偏向管理层的信息输入，如公司决策层会议、公司年度工作规划、部门年度工作规划、企业评估考核结果分析、咨询项目报告、国家政策文件和公司的制度文件等。其需求形式也比较简单和概括，需要承接项目需求的专业人员进一步澄清，用具体的换算方式明确系列培训课程的目标人群、培训课程数量、班级规模、培训次数、整体项目培训目标等，从而知道需要匹配的开发资源和开发周期，这属于典型的明确性需求信息。

在明确性需求信息中，有很多细节是需要甲方内部提前澄清的，这一决策需要借助一定的课程开发专业知识和对本企业文化的初步判断。如果能明确工作坊的次数规划和课程输出数量的规划，将有助于后续项目方案的初步构思，影响启动阶段里程碑的设定，也会影响供应商甄选的决策。因此，填写项目需求表需要弄清楚以下几个问题。

问题1：开发几门课

针对这个问题最简单的决策方式是延迟决策和完全授权，让内训师或专家在项目执行阶段各自报一门待开发的课程。更理想的方式是由培训部门协助业务部门提前做好课程体系规划。

方法一：通过材料分析法，找到行业标杆案例，在标杆案例中找到待开发的课程。

方法二：通过主题专家规划法，让部门领导和主题专家通过共创的方式，将部门内的课程体系进行系统的思考和切割，形成一个课程知识图。这种课程体系的规划方式与专业的学习地图规划方式有明显的差异（见表2-4）。

在过往的课程开发项目中，我们也曾经遇到过客户在项目前期提出这样的需求："能否顺便给我们做一张学习地图？"我们称这样的现象为"需求溢出"，打个比喻，就像客人向你买一颗白菜，买完后客人补了一句："能不能送一头猪？我想回去包饺子。"客户的需求是合理的，但是否能跟自身投入的资源相匹配还需要衡量。由此可以看出，客户不清晰学习地图咨询项目的组织过程，其技术复杂程度超过了课程开发项目本身。同时也能看出，客户对于整个知识体系和课程体系存在隐藏性需求。如果没有对课程体系的宏观描述，就很难看清局部的课程。遇到这种情况，我们建议采用折中的方式来解决问题，不花巨资做学习地图咨询项目，而是借助内部的专家资源快速做出课程体系框架决策。当然，如果预算允许，课程开发项目体量很大，涉及的工作坊次数很多，就有必要在项目前期先行设计一个学习地图的工作坊或小型咨询项目。

表2-4 学习地图规划方式与课程体系规划方式的区别

区别项	学习地图规划方式	课程体系规划方式
交付范围	岗位发展规划图、岗位任务图、能力模型、学习资源包、综合学习方案	简要版：课程名组合与课程的一级大纲 详细版：课程开发项目规划、课程开发团队配置建议、课程说明书（任务分析、二级任务、典型案例）
项目服务范围	关键岗位员工的系统培养和晋升规划	后续的课程开发计划、公司/部门下一年度的培训计划
涉及的技术	战略分解、业务流程分解、岗位晋升衔接规划、职责分析、任务分析、任务地图绘制、建立能力模型、能力分级和评估、学习资源评估和整合、学习地图绘制、学习方案设计	各岗位的交集知识分析、标杆案例分析、需求分析（部门发展需求、重点业务需求、重点人才培养需求、重点项目支撑需求等）
工作坊时长	3天2晚的敏捷学习地图规划工作坊，或者为期3个月的学习地图咨询项目	1天以内（以工作坊的形式开展）

这里需要提醒的是制作学习地图的投入产出比的问题。如果是一个大型集团公司的营销或服务岗位，人员数量在100人以上，而且人员更新率比较高，就有必要制作详细的学习地图，通过学习地图来批量复制人才，加快新员工的成长速度。如果是普通公司的人力资源、财务、法务等岗位，同一部门的岗位职责内容差异大、人数少、各岗位之间的衔接关联少，就没必要建立复杂的学习地图。那这类岗位如何识别课程开发需求呢？列出属于部门的通用知识课程、覆盖关键岗位关键任务的课程或衔接新战略和业务的新课程即可，即列出一套课程清单。

学习地图的系统性知识本身也是一套独立的方法论体系，本书基于主题的知识边界问题，就不再详细展开阐述。

问题 2：课件是什么形式的

最常见的 4 种课件形式是微课、案例、课程包（教室授课版）、知识手册，它们的区别如表 2-5 所示。

表 2-5　常见的 4 种课件形式的区别

区别项	微课	案例	课件包	知识手册
课件开发负荷	15 页左右的 PPT 文件/H5 文件	2 000 字左右的 Word 文档	40～60 页授课 PPT（授课 2 小时左右）、课程大纲、讲师手册、学员手册、工具箱（授课的辅助材料等）	包含了工作流程、知识要点、案例的复合型知识手册
适合工作坊时长	1～2 天	1 天	2～3 天	累计 1 周（工作坊+顾问后台修改）
适合参与模式	个人开发	个人开发	团队开发/个人开发	团队开发（顾问高度介入）
软件使用技术学习难度	需要从头学习 H5 软件或 MG 动画软件、视频剪辑软件	无软件技术学习难度	常规的 PPT 制作技术	Word 文档排版技术
顾问参与度	弱	弱	中等	强

其中，知识手册可能是百问百答、岗位操作手册、岗位带教手册或更专业的文体形式，如研究论文和项目申报材料。明确了课件的输出形式，有助于后续开发模式的选择，也更容易辨识和邀请课程开发项目的参与人员。

根据课程开发行业经验，引入各种形式的课程开发技术时，最好优先选择课件包的开发技术，接下来引入微课，最后是案例。如果项目预算和资源可以支撑顾问的参与，建议首先形成知识手册，后续在知识手册的基础上开发课程包、微课和案例，这样由经验萃取而引发的项目难度在后期的课件开发中会大大降低。

问题 3：个人开发还是团队开发

这是一个比较复杂的决策问题，这个问题的影响因素有课件形式（微课、案例、课程包、知识手册）、经验的分布形式（个人独立占有还是团队集体拥有）、开发者的个人能力（软件熟悉程度和课题内容挑战）、组织的执行文化（松懈推诿/协作执行）等。个人开发与团队开发的优劣势如表 2-6 所示。

表 2-6　个人开发与团队开发的优劣势

对比项	个人开发	团队开发
优势	责任到人、容易监控、快速决策	团队内分工合作,在团队开发阶段能产生"瞬间爆发"效应,课件质量容易得到保障
劣势	容易遇到软件技术的学习壁垒,开发周期会拉长,容易遭遇项目烂尾的风险,课件质量受限于个人的经验	团队讨论费时,达成共识费时,责任分散,容易产生松懈,也会遇到"三个和尚没水喝"的开发风险
规避劣势的方法	拉长工作坊时间,强化专家的前期素材准备和调研工作,在后期安排擅长开发软件的人帮助修改课件	让团队人数控制在 3～5 人的合理范围,工作坊前期制定详细的角色分工和团队承诺,加入部门领导的过程监督和反馈

问题 4：集中开发还是分散开发

这个问题也可以理解为"一次集中开发"还是"分次分阶段集中开发"。两者各有优劣势,如表 2-7 所示,企业可以根据实际情况选择。

表 2-7　集中开发与分散开发的优劣势

对比项	集中开发	分散开发
定义	将课程开发技能、授课技能和课程评审工作在一次工作坊中集中完成	将课程开发、授课技能、课程评审分次进行,分多次工作坊完成
优势	• 培训组织程序简单,能节省差旅费用 • 开发任务一次完成,开发者不会中断思路,不需要每次都重新启动	• 分解课程开发任务,分阶段完成,课件包的质量更有保障 • 给课程开发技能和授课技能的训练提供足够的时间,学员有更多的练习机会和得到反馈的机会
劣势	• 如果前期材料准备不足,或者专家研究不足,有可能导致一次性开发的成果质量不高,缺乏改进的机会 • 假如工作坊白天时长不够,需要占用晚上的时间,会给学员增加学习负担和辛苦的体验	• 比较耗时,可能会增加多次往返的差旅费用 • 开发者每次重新启动都需要花时间看到课程的宏观面,然后进入微观的位置进行开发 • 如果出现学员出勤率低的情况,则会给项目的完成带来极大的风险
规避劣势的方法	• 重视主题专家的选择,强化主题专家的前期素材准备、调研工作和后期的适度收尾工作 • 适当拉长工作坊时间 • 安排适合劳逸结合的培训环境 • 放下对授课技能提升的期待,重点关注知识沉淀和核心课件产出	• 强化出勤管理,建立奖罚机制 • 工作坊的时间设置可以考虑分班或分区域集中,照顾异地的主题专家

在条件允许的情况下，我们建议采用分散开发的方式，通过一系列工作坊让学员逐步学会课程开发技能和授课技能，按照项目规划逐步提交课件包中的各类要件。特别是遇到个人开发课件的项目，通过分散开发的方式，可以整合利用更多工作坊间隙中的个人时间，这样能有效地保障课件包5件套的有序完成。

2.1.5 渐进式信任的需求澄清方式

对比明确性需求，课程开发项目中的隐藏性需求和不明确需求的采集更有难度和挑战性。甲方的培训管理者在项目规划阶段遭遇的困境是：既需要乙方给予专业的分析意见，又不能释放过多、过深的需求信息，因为培训管理者需要在选择供应商的过程中逐步鉴定乙方的专业性和可靠性。培训管理者是在有了相当大的把握之后才引荐乙方的顾问与本企业的项目发起人见面的，然后借助乙方的专业力量进一步挖掘组织内的各种需求信息。因此，培训管理者采用的策略往往是渐进明晰策略，多方获取信息，渐进释放信任感。在走完所有正式的商务程序，确定了供应商并签订了合同以后，才开始启动正式的调研程序，请乙方的专业顾问挖掘组织内更深层次的不明确需求信息，逐步将这些不明确需求明确下来，从而在最终版的项目方案中逐一关注和满足。整个过程是一个渐进式信任的过程。渐进式信任的阶段分布如表 2-8 所示。

表 2-8 渐进式信任的阶段分布

涉及内容	阶段一：远程沟通	阶段二：需求面谈	阶段三：招标谈判	阶段四：项目实施
重点释放的需求信息	明确性需求（项目初步构想）	隐藏性需求（培训管理者对项目实施的关注点）	明确性需求（财务与采购部对流程与价格的管理诉求）	不明确需求（管理层对项目的特别期待）
过程沟通材料	项目前期沟通材料	项目建议书	项目投标书	项目调研方案
信任进阶前提	乙方合作意愿	讲师/顾问的专业资质、方案的匹配性	乙方公司资质、方案的匹配性、价格的合理性、增值服务的匹配性	顾问的沟通专业度

2.1.6 信任进程提速的 2 个策略

策略 1：找熟人推荐行业专家

找熟人推荐行业专家，也就是请圈内的关键意见领袖，特别是请与自己所在的企业行业背景相似、企业发展成熟度相似、有丰富的培训管理和咨询培训采购经验的培训管理者推荐，或者请过往合作过的其他项目中比较专业的讲师/顾问推荐其心目中的专家人选，这样可以进一步降低风险。关键意见领袖的推荐，往往结合了自己的过往采购经验，同时又希望维持自己在圈内的权威地位，因此，他们推荐的专家人选是最可靠安心的，效率也是最高的，他们打一次电话或在微信群里做一次交流就可以得到经过检验的供应商信息。通过这样的策略可以大大减少因广泛获取供应商资料而带来的巨大沟通成本。

策略2：听取乙方专业销售顾问的意见

在构建信任的过程中，最复杂的地方在于甲乙双方互换信息的前提是彼此的信任感，但信任感的建立又需要彼此互换信息，这看起来就成了一个悖论。打破这一悖论的最好策略就是先找到一个更懂甲方的乙方专业销售顾问。如果乙方的销售顾问可以在前期通过有效地分享过往的案例、数据、资源、经验等为甲方决策提供参考，信任的进程就可以大大加速。

那么，乙方的专业销售顾问分享哪些信息可以加速甲方的信任进程呢？可以从图2-2中的4个领域来分享信息。

图2-2 专业销售顾问推动信任加速的4个信息分享领域

未见的问题（Problem）。例如，过往该类型项目中很容易出现的不良状况和项目风险点，或者管理层真正关注但培训管理者暂时还不知道的企业痛点。

潜在的机会（Opportunity）。例如，项目中还可以使用的其他内部人才资源和宣传资源，项目实施的最佳时机，或者项目可以为组织创造的额外价值。

稀缺的资源（Resource）。例如，在培训公司内可以协调的最好的顾问、讲师和助理团队资源，可以提前预订的讲师排期、课程选题的合理性分析服务、免费的PPT设计资源，或者帮客户特别约一次与讲师单独面谈的机会。

最优的方案（Solution）。最优的解决方案一定包含如下特征：项目阶段划分清晰、项目成果与价值显性化、项目分工合理准确、资源配置直指项目风险点和关键价值点、整体性价比高。甚至有的方案还包含项目结束之后 1~3 年的整体规划，具有系统性和科学性。

总之，让信任变成可操作的程序，而不仅是可应用的结果，是培训管理者最明智的选择。

然而，除了明晰需求，共识需求也很重要。下面通过一个案例来说明共识需求的重要性。

案例 2-1 未共识需求导致的项目挫败

背景：

Q 品牌服饰制造企业的人力资源部发起了一个课程开发项目，计划开发 7 门通用管理类课程。培训管理者认为这几门课程很常见，在当下的培训市场已经有了比较成熟的课程框架，于是邀请了一个外部培训公司进行联合开发。为了免去协调企业内部讲师的时间，并充分发挥外部顾问的专业开发实力，该项目前期全部由外部顾问代为开发。在 2 个月的时间里，培训公司为每门课程都找到了一位课程开发顾问，做了大量的主题研究和素材收集工作，按照合同要求，认真交付了课件包 5 件套，并且每门课程的授课 PPT 全部按合同要求超过了 150 页。但让人意外的是，在项目中期验收课程时，企业的授课者表示这些课程不行，自己无法讲授。于是大家又经历了多次沟通和改版，最后可以说企业和培训公司"两败俱伤"，项目款迟迟难以结算，甲乙双方都是一肚子怨气。出现这样的结果，究竟是什么原因呢？

结果：

由于项目启动时没有进行全面的需求共识，才让这个项目不尽如人意。

案例反思：

首先，人力资源部一厢情愿地认为这 7 门课程是通用管理类课程，培训市场上已经有成熟的框架了，直接"嫁接"过来即可。因此，培训管理者把人力资源本部门的需求当成了整个项目的全部需求，告知了培训公司。

其次，培训公司认为既然该企业需要成熟的课程，那将课程直接转移给企业就好，没想到项目进行到一半时培训管理者才告知这 7 门课程被"未来授课者"提出了很多异议。培训公司这才发现项目立项时并没有关注授课者并不属于人力资源部,而当时自己并没关注这个人群的需求。

最后,该项目组自始至终都没有关注这7门课程的最终学员群体,理所当然地认为市场上成熟的通用管理类课程一定适合该企业,因此在项目启动时没有听取学员群体的具体需求。

从该案例可以看出,在项目规划时,"明确和共识课程开发需求"是非常关键的。如果没有明确和共识课程开发需求,就会出现案例中发生的组织部门(人力资源部)和实施部门(各职能部门或业务部门)需求不一致的情况。需求不一致会导致项目执行不顺利,更会直接导致项目的失败。因此,项目前期要尽可能促成课程开发顾问与企业内实际的需求相关方直接沟通,以免在项目中期发生重大的需求补入和范围扩大问题。

此外,在该案例中,选择课程开发模式也是一个问题点,采用定制化开发的模式,看似提升了效率,节省了内部讲师的课程开发时间,但实际上拉大了课程与讲师之间的距离,增加了讲师与课程之间的磨合负担。这类课程开发风险应该提前予以考虑,在项目设计时就考虑提早把授课者拉进来,参与课程开发的关键环节,以免在课程开发后暴露种种问题。

因此,接下来我们就要介绍课程开发模式的选择问题。

2.2 选择课程开发模式

2.2.1 课程开发的4种模式

根据主题内容的来源和企业对开发流程与方法的明晰程度这两个维度,企业课程开发可以划分为4种模式,如图2-3所示。

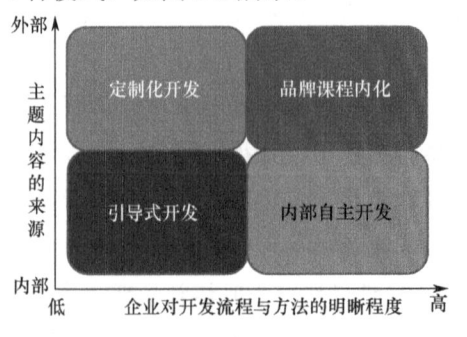

图2-3 企业课程开发的4种模式

2.2.2 课程开发模式的选择依据

每个企业都可以根据自己的需求、费用和资源来选择相应的课程开发模式。

根据过往的项目经验，在内部自主开发模式下，很容易出现内部专家"上网找资料+从公司制度中抄流程"的简单开发情况，从而导致课程内容偏向理论知识的集合，形式以 PPT 为主，缺少交互，输出不标准，课程效果过于依赖讲师个人，无法进行传承。相反，在定制化开发模式下，则会出现两种情况：一种是将课程交给高校老师、行业专家或咨询公司开发，内容专业程度很高，却缺乏企业个性，有些还缺乏教学设计；另一种是将课程交给教学设计公司开发，在学习互动设计、文件标准交付上效果很好，却会出现内容的专业性不够和针对性差等风险。因此，随着课程开发市场的发展，引导式开发成了很多企业的首选，可以取内外专家之优势，保障课程开发在课程内容、教学方法和课件包完整度上的总体平衡。

当然，在企业预算允许的情况下，针对相对通用的课程，如"高效能人士的 7 个习惯""关键时刻""六顶思考帽""结构化思维"等课程，可以采用品牌课程内化的模式，从市场上采购成熟的课程，获得课程版权授权，请专业讲师示范和反馈，培养企业内部讲师多次练习，逐步将课程内化。这种模式在 2010 年之前比较常见，因为内部讲师在学习过程中的学习体验比较好，项目反馈也很好。

无论是哪种模式，都需要企业设定明确的目标和验收标准，并匹配合适的项目团队。项目团队的组成方式将在下一章重点阐述。本书后续也将重点介绍引导式开发项目管理的相关流程工具和角色技能，期待企业培训管理者能通过图书阅读和项目实践的方式学到相关的知识，逐步具备课程开发组织能力，实现企业内部课程自主开发的能力目标。课程开发组织能力的形成过程如图 2-4 所示。

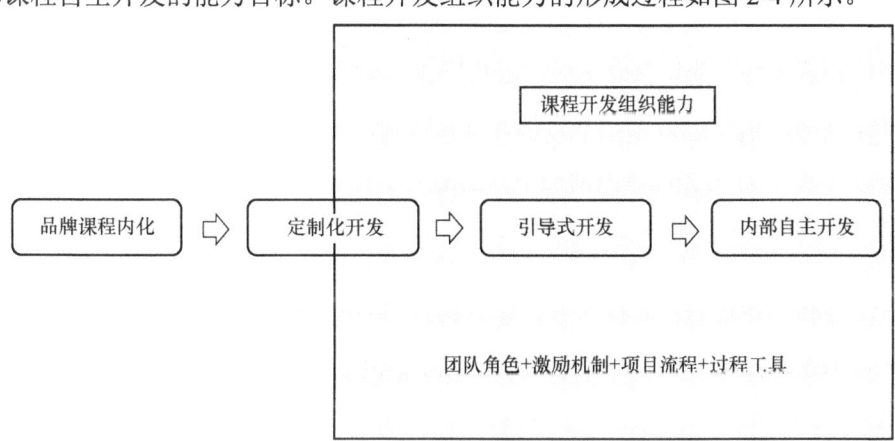

图 2-4 课程开发组织能力的形成过程

2.3 明确项目目标

2.3.1 课程开发项目的 3 个目标

在研究和执行课程开发项目管理的过程中，我们对比了传统项目管理模型与敏捷项目管理模型对课程开发项目的适用性问题。提及两者的适用性问题，就让我们想到关于项目评估的两个经典案例。一个是摩托罗拉公司投资了数十亿美元的铱星（Iridium）项目案例。摩托罗拉公司的高管曾经根据技术人员的一个突发奇想，启动了铱星计划——由 66 颗近地卫星组成卫星群，让客户从世界任何地方都可以打电话。但该项目最终因产业利润预测不准、没有把握客户需求、产品本身存在缺陷而失败。另一个是电影《泰坦尼克号》的案例。《泰坦尼克号》在拍摄期间因严重超出了拍摄预算和时间，早期被批评家认为 2 亿美元的投资"打水漂了"，后来这部电影却成为全球第一部票房收入超过 10 亿美元的电影。如果按照传统项目管理的约束条件——预算、范围、进度等指标来评估项目，《泰坦尼克号》是失败的；而在某些指标下，铱星项目被认为是一个成功案例，因为它完全符合最初的目标要求。如果用敏捷三角形模型来衡量的话，《泰坦尼克号》是成功的，因为虽然它不满足预算、时间等约束条件，但交付了价值；而铱星项目是失败的，因为它没能产生价值，尽管从技术的角度看它是成功的。

那么，要评估一个课程开发项目成功与否，用哪些核心指标更合适？其中比较明确的一点是，对于一个由多课程开发任务构成的项目，在规定的范围、进度和成本框架下交付是基础要求。此外，能为客户创造价值，并且能通过课程为客户创造持续和稳定的价值，是客户更看重的价值的两个方面。

在传统的项目管理模型中，把范围、成本和进度这 3 个约束作为项目的铁三角［见图 2-5（a）］。在随后的反向铁三角模型［见图 2-5（b）］中，进度是固定的（时间盒），在把控成本的前提下，范围可以有变化。然而，这两个铁三角模型的评估方式是一样的。许多企业认为成功的项目就应该遵循成本、进度和范围这三大要素。

在从传统项目管理向敏捷项目管理的演进过程中，人们发现，除了成本、进度和范围这些约束，评估一个项目是否真正成功，还应使用价值和质量这两个更重要的指标。敏捷三角形模型［见图 2-5（c）］中的考量指标是价值（向客户交付价值）、质量（需要向客户交付可持续的价值）和约束（范围、进度和成本）。

约束仍然是重要的项目评估指标，但不是最终要实现的目标。价值是目标，为了提升客户价值，这几个约束可以随着项目的进展适时做出调整。进度可能仍然是一个固定的约束。如果那样的话，就可以将范围调整为在固定的期限内向客户交付最有价值的产品。如果要确保产品的适应性，让客户更加满意，就必须以牺牲或调整一些约束为代价来实现价值或质量目标。

(a) 传统项目铁三角模型　　(b) 反向铁三角模型　　(c) 敏捷三角形模型

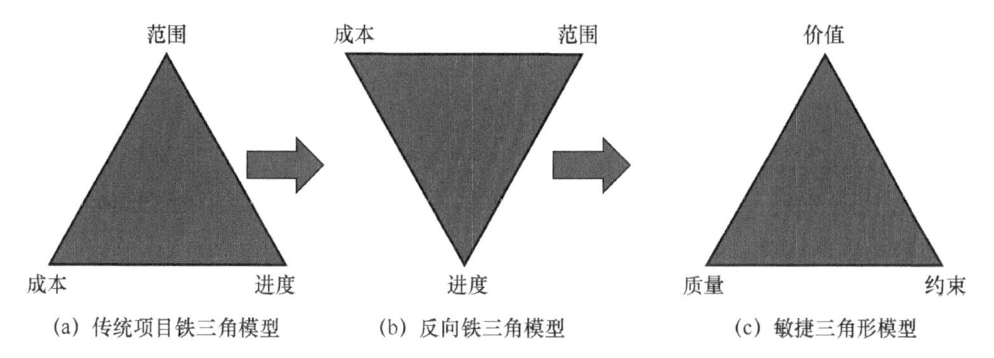

图 2-5　传统项目管理模型转换至敏捷项目管理三角形模型

敏捷项目评估的 3 个目标可归纳如下。

➢ 价值目标：提供可交付的产品。

➢ 质量目标：提供可靠的、适应性强的可交付产品。

➢ 约束目标：在可接受的约束内，实现价值和质量目标。

结合敏捷项目管理三要素和我们对课程开发项目的价值理解，我们把课程开发项目的这 3 个目标解释如下。

价值目标：开发出符合组织与目标学员预期的课件包，并满足组织和开发者的关键过程需求。对于这个价值，我们也称之为"延伸价值"，即通过组织开发者开发课件包的过程而创造的额外可持续价值。

质量目标：提供符合课件包开发标准的完整课件包，并能保障讲师的基本交付水准和课程包的维护能力。

约束目标：在可接受的项目时间段内，影响开发者全情参与，实现价值和质量目标。

我们在敏捷三角形模型的基础上做了内容的拓展。首先，我们把开发课程的任务列入质量目标，把讲师成长、产品影响、组织过程知识资产、企业文化列入价值目标。这一点可以回应前文提及的课程开发项目的价值分布。同时，我们也关注"约束目标"的可调整性，在没有获得完全授权的情况下，需要通过项目激励机制和项目集经理的个人影响力来促动开发者的参与和持续投入，以确保价值目标和质量目标的最终实现。

这 3 个目标本身也包含了组织、团队和个人 3 个层面的目标，这是与各种学习项目通用的组织、团队、个人三层次目标设计方法的不同之处。

2.3.2 设定项目目标的 6 个误区

在过往项目的实施过程中，培训管理者在设定项目目标时会遇到以下 4 个问题。

第一，不会设，因为还没有找到设定课程开发项目目标的先例和相应的方法论。

第二，不必设，因为感觉只是两天的培训课程，不需要大费周章设定项目目标。

第三，不敢设，因为在课程开发项目中，资源和授权都很受限，设定项目目标会给自己增加更多的压力，达不成目标会让自己显得很尴尬。

第四，不想设，因为提前设定目标有可能让自己失去最后给管理层创造一次"花小钱，办大事"的惊喜的机会。

长此以往，各企业在课程开发项目管理的规划阶段都明显缺失了设定项目目标这一环节，企业之间的课程开发项目管理水平也由此出现巨大的差异，同样的培训投入之下，项目产出质量迥然不同。

但实际上，如果设定了项目目标，有助于企业内部的沟通，有助于更快地澄清项目需求，有助于判别供应商的匹配度，有助于向组织争取资源，有助于精力的聚焦，有助于后期的监控，有助于规避很多项目设计风险，有助于未来项目进一步升级……因此，培训管理者应该把设定项目目标作为一个必需的项目步骤。

设定课程开发项目目标的误区有以下 6 个。

误区 1：不设文字性目标。不做内部的研讨和文字性的项目目标描述，仅以采购外部培训课程的程序来操作项目。

误区 2：错设目标。以培训目标代替项目目标，单纯以培训的形式来采购服务和做培训满意度评估，或者选择布鲁姆教育目标设置法、目标与关键成果（Objective and Key Results，OKR）法来确定项目目标。这些方式看似专业或前沿，实际上与课程开发项目目标的匹配性不强。布鲁姆教育目标设置法更适合项目中每次工作坊的教学目标；OKR 法更适合有野心和挑战性的目标，需要与企业和部门达成一致，而课程开发项目基本上在项目初期就能确定工作量和成果形式，其目标是固定的。

误区 3：目标不清晰。在目标的范围、进度上不做清晰的设定，放松了对项目产出的要求，导致项目延期或草草收尾。

误区 4：目标不完整。只设定了课程开发的成果目标，没有其他与项目管理和项目增值相关的目标，项目目标也没有与知识管理和企业文化这两个组织高度关心的价值点相关联。

误区 5：目标太泛。目标涵盖了所有需求，期望"一口吃成个大胖子"，导致甲乙方的压力都大幅增加。

误区 6：目标与资源不匹配。设置了与资源明显不匹配的目标。例如，将目标设定为用一天的时间开发课程，同时培养讲师的授课技能，这在现实中根本无法实现。目标与资源不匹配的情况如表 2-9 所示。

表 2-9 目标与资源不匹配的情况

目标描述	具体情况
通过一天培训，教会学员课程开发技能	如果用一天的时间学习课程开发技能，学员只能大致了解课程开发的基本知识，无法走完课程开发的全流程，很难对课程开发的系统知识构建整体的印象
通过一天培训，既教会学员课程开发技能，又教会学员授课技巧	要覆盖两个技能领域，会导致课程知识量过多，很多知识无法深入讲授和练习。对两个技能都只能学一些皮毛或只能触及核心的理论框架
通过一天线上直播课，讲解课程设计与开发	学员连续听直播课，缺少参与和练习的机会，培训效果大打折扣
100 人一起培训，每个人制作一份课件，最后参与评审	班级覆盖人数太多，整体组织管理难度比较大，最大的困难是讲师无法在现场给予学员及时的一对一反馈，课件质量参差不齐

2.3.3　4 步设定项目目标

从上述情形看，培训管理者会遇到目标不清晰、目标不聚焦、目标与资源不匹配等问题，那么如何做才能确保目标有效呢？如何衡量达成目标的验收标准是否合理且专业呢？建议按照如下 4 个步骤来操作：**分析界定—沟通聚焦—仪式共识—评估验证。**

第 1 步：分析界定

分析项目背景，对企业课程开发组织能力现状进行评估，进一步探寻项目需求，根据敏捷项目管理三要素（质量、价值、约束）找到相应的目标，如表 2-10 所示。

表 2-10　基于敏捷项目管理三要素的目标分解

目标领域	目标关注点	目标内容	关键成果
质量目标（课程开发团队的主要目标）	课程开发成果	• 开发课件包数量 • 开发微课数量 • 开发案例数量	• ×个课件包，每个课件包中包含×个组件（见表2-11） • 形成××案例集
	体系建设	• 某岗位体系/学习地图内课程的开发完成率 • ×名讲师通过专项课程认证考核/课程开发角色技能认证考核	• 完成×岗位学习地图中×%的课程开发 • 保障任职资格体系建设项目在年度内落地运转 • 内部讲师队伍扩展×%，实现各部门全覆盖
价值目标（项目集经理所在的核心工作团队的主要目标）	蜕变性的个人成长目标	• 学员掌握微课/案例/教室课程/知识手册的课程开发知识与技能 • 学员掌握初级/中级/高级讲师授课技能	• PPT的逻辑性和美化水平有显著提升 • 内训师在授课现场的气场和授课流畅性显著提升
	持续性的组织过程资产	• 优化/沉淀项目过程管理工具 • 优化/沉淀课程开发工具	• 形成课程开发项目管理工具文件夹/手册 • 形成课程开发工具包/素材库
	品牌化的产品影响	包含项目名称、LOGO、宣传品等设计的项目整体运营方案	• 可以载入企业学习发展体系的PPT宣介总图 • 品牌宣传册/宣传网页 • 获得集团年度最佳学习项目/最佳培训管理者/最佳讲师荣誉奖项 • 学员愿意发朋友圈分享自己的学习经历 • 企业参加外部的公开学习项目比赛并获得奖项
	协作共赢的组织文化	• 跨部门沟通与协作性质的课程开发 • 建立角色协同意识 • 各部门之间、人与人之间建立信任和情感	• ×门跨部门沟通类的课程成果 • 出现富有团队凝聚力的团队协作场景 • 员工进一步提出拓展其他课程开发角色技能的培训需求

续表

目标领域	目标关注点	目标内容	关键成果
价值目标（项目集经理所在的核心工作团队的主要目标）	协作共赢的组织文化	• 跨部门沟通与协作性质的课程开发 • 建立角色协同意识 • 各部门之间、人与人之间建立信任和情感	• 在课程开发项目的各阶段主动明确各自的开发角色 • 专家之间更加主动地彼此分享经验（提供行为实例）
约束目标（项目集经理需要通过个人影响力来拓展的目标，在财务成本和人力成本方面要"松动约束"）	项目进度	按项目预定日期结项	×月×日如期开展课程评审会
	财务成本	• 不超出项目预算 • 增加个人可拓展资源	• 临时增加的项目预算细项低于×万元 • 拓展出×种免费的资源渠道
	人力成本	• 保障出勤率 • 增加人力投入	• 培训出勤率达到×% • 课程开发者在项目调研与素材准备阶段的任务完成率超过80% • 课程开发者在工作坊结束后的开发时间投入超过10小时

以上目标内容是基于敏捷项目管理的质量、价值、约束三要素拓展的，培训管理者应结合企业的培训项目预算和项目周期特点选择相对应的目标，并区分项目的主要目标和次要目标。确立目标时应遵循 SMART 原则。

➢ Specific：具体的。
➢ Measurable：可衡量的。
➢ Attainable：可达到的。
➢ Relevant：与其他目标相关的。
➢ Time-based：有时限的。

除了确立目标的原则，还需要确立目标的内容，因为课程开发项目的目标与课程开发的模式有密切的关联。随着中国课程开发市场的发展，引导式开发模式成了很多企业的首选，不管是哪种模式，都要有具体的标准要求。对于最常见的课件包的组件标准，基于不同时长的开发，应该设置相应的投入标准，以免出现资源与目标不匹配、甲乙双方相互扯皮的情况。相关标准举例如下。

➢ 授课 PPT：课程逻辑清晰、符合教学习惯的 PPT 课件。

> 开发课件包 3 件套：课程简介（课程大纲）、授课 PPT、学员手册。
> 开发课件包 5 件套：课程简介（课程大纲）、授课 PPT、讲师手册、学员手册、讲师工具箱。

除了上述常见需求，不同的企业还会有一些个性化的需求和提升绩效的要求，如课件包的宣传包、课程的更新迭代计划等。培训工作坊的时间投入可以按照表 2-11 "课程开发成果版本迭代表"来选择，并可以按照这个版本路径进行课程的优化迭代。

表 2-11 课程开发成果版本迭代表

成果标准	1.0 版	2.0 版	3.0 版	4.0 版	5.0 版
课件包	授课 PPT	• 课程大纲 • 授课 PPT • 学员手册 • 课程素材包	• 课程大纲 • 授课 PPT • 讲师手册 • 学员手册 • 工具箱	• 课程大纲 • 授课 PPT • 讲师手册 • 学员手册 • 课前学习任务书 • 课后学习任务书 • 教室挂图 • 知识地图 • 案例库	• 4.0 版更新版 • 正面示范视频 • 引导性视频/情境问题视频 • 种子讲师标准授课视频 • 课程音乐包
辅助文件	• 课程定位表 • 课程知识图谱 • 课程素材包	• 课程定位表 • 课程知识图谱 • 课程素材包	工具箱中包含测试题、案例、练习、视频等	• 课前邮件模板 • 课后邮件模板 • 调研问卷 • 评估报告模板 • 项目总结视频剪辑规划	• 培训宣传彩页 • 版权申请书
符合的培训场景	方便主题专家在部门和团队内部分享，方便课件资料的保存和传播	适合在企业内部组织正式的公开课培训	新员工训练营、新晋管理者训练营等企业品牌人才发展项目的常规课程	企业内部反复使用的精品课程/绩效提升课程，可持续认证内部讲师讲授	可申请版权，可对外招生获得商业收益
对应的开发模式与时间	2 天的课程设计与开发工作坊	3 天 2 晚的敏捷课程开发工作坊	• 3 天 2 晚的课程优化工作坊 • "2 天+2 天+1 天"的课程开发项目	• 由课程开发顾问高度参与课程定制开发项目 • 3 天的课程优化项目	由专业设计公司或视频制作公司实施定制化课程开发项目

为了澄清课程材料的定义和具体用途，下面对关键的开发组件进行说明。

➢ **课程说明书**：整个课程的整体使用说明，是对教学进程和必备事项的概要设计，是开启课程开发工作坊前的需求输入。

➢ **课程定位表**：在课程开发工作坊中，开发者集体研讨并澄清课程的目标、对象、关键任务、学习目标的过程分析文件。

➢ **课程知识图谱**：又称课程结构图、课程内容思维导图、内容映射图或内容分析图，是在课程开发工作坊中，由开发者手工绘制的草图。该草图中需要展现课程的模块设计、4个层级的知识，并需要标注典型的教学方法应用和各模块的预估时间。

➢ **课程大纲**：课程基本信息的描述（包括简介、目标、参考资源及设施要求），是课程各章节的概览。

➢ **授课 PPT**：又称教学演示 PPT，是供培训师在授课过程中呈现的材料，是整个课程内容图文化、结构化的体现。

➢ **讲师手册**：对课程的具体讲授过程的说明性文件，是课程传承和大规模复制传播时供讲师使用的核心文件。

➢ **学员手册**：供学员在培训时使用，辅助学员预习、课中学习及课后复习的教学材料。

➢ **案例练习集**：课程中涉及的所有案例和练习的一个汇编，每个案例和练习都要有讲评要点。

➢ **考试题库**：授课后用于检测学员知识掌握程度的材料，包括题干、分值、评分原则和参考答案。

➢ **教室挂图**：张贴于教室墙面或白板上，方便学员在培训中及时了解课程知识全貌和关键工具模型的打印式挂图。

➢ **知识地图**：又称知识沙盘，是承载课程核心知识的文件，方便学员了解课程知识全貌和记忆课程知识要点。

➢ **正面示范视频**：展现与课程知识相配合的销售、服务、管理沟通等典型工作场景的正确行为示范的视频。

➢ **引导性视频/情境问题视频**：展现与课程知识相配合的销售、服务、管理沟通等典型工作场景的错误行为视频或提出了场景挑战和疑问的视频。

➢ **推广材料**：有助于课程宣传的材料，包括课程介绍、讲师介绍、宣介微课等。

除了课件可以参考版本路径进行明确的目标设定，讲师技能的训练程度也可以参考讲师技能叠加升级表进行明确的目标设定，如表 2-12 所示。

表 2-12 讲师技能叠加升级表

成果标准	1.0 版	2.0 版	3.0 版	4.0 版	5.0 版
讲师技能提升技术要点	• 课前组织准备 • 课程开场与收尾 • 克服紧张情绪 • 基本上台呈现 • 基本活动带教技巧（视频播放、案例分析）	• 复杂的概念性知识讲解 • 晋级活动带教技巧（游戏、辩论、角色扮演等） • 行为反馈法 • 复杂课堂场景的管控	• 基于课程主题内容的授课片段精准打磨 • 基于主题内容的活动带教技巧的精准打磨 • 演讲、沟通、辅导、销售等行为示范的精准打磨 • 对学员练习的精准行为反馈	• 嵌入引导活动（课前调研、课堂现场引导、课后评估等） • 实现翻转课堂教学模式	• 课程现场解决问题 • 课程现场萃取经验
匹配的时间与工作坊特性	1 天的 TTT 工作坊	2 天的 TTT 工作坊	2 天讲师高阶授课技能工作坊（人数少于 8 人）	2 天引导式讲师培训	3 天工作坊（结合经验萃取师、引导师技能的专项工作坊）

表 2-11 和表 2-12 中的成果标准和技能的叠加细分，实际上可以实现课程与讲师的同步发展，有效利用好每年的培训预算，进行有序的技能叠加升级发展，让课程逐步精品化，让讲师的授课技能围绕一门主打课程持续精进。

第 2 步：沟通聚焦

将项目目标纳入到项目方案书（见表 2-13 和表 2-14）中，与项目发起人进行沟通汇报，确认双方认可的项目目标和所能配置的资源（目标管理是一组关联的管理动作，这一步也横向跨入了启动阶段的第一步，需要获得领导审批）。

表 2-13　2 天的课程设计与开发培训项目目标

项目总目标	在 2023 年 5 月底前开发 10 门课程，保障 2023—2024 年度公司培训按计划执行		预期成果清单
项目团队目标	目标项	目标值	• 10 份授课 PPT • 培训组织文件：《需求调研表》《课程素材收集表》《课程定位表》《课程大纲（模板）》
	学习成长	学员掌握课程需求调研、课程素材收集、课程定位、课程结构设计、教学方法匹配的基本开发技能，所有课件 PPT 都符合公司级课件评审规范	
	组织过程资产	形成"课程设计与开发"培训的标准组织流程和课程大纲、授课 PPT 的文件规范	

表 2-14　3 天 2 晚的敏捷课程开发项目目标

项目总目标	在 2023 年 5 月底前开发 10 门课程，保障新员工项目的课程添加与项目升级		预期成果清单
项目团队目标	目标项	目标值	• 10 套课件包 • 新员工培训标准课件套装模板 • 培训组织文件：《需求调研表》《课程素材收集表》《课程定位表》《课程大纲（模板）》《课件反馈评分表》《工作坊物资准备清单》《工作坊回顾视频》
	学习成长	• 学员掌握课程包 5 件套（课程大纲、授课 PPT、讲师手册、学员手册、讲师工具箱）的课程开发技能 • 学员掌握初阶讲师授课技能，包括课前组织准备、课程开场与收尾、克服紧张情绪、基本上台呈现、基本活动带教技巧（视频播放/案例分析等）	
	组织过程资产	项目前期与学员的充分沟通与素材准备、完整的 3 天 2 晚培训过程的组织记录文件	
	品牌影响	公司新员工培训全新升级，培训分为 2 个阶段，在培训宣传和观感上更具系统性，进一步提升最佳雇主品牌形象	
	协同文化	内部讲师之间协同工作，以团队模式进行角色分工开发，相互反馈	

第 3 步：仪式共识

在项目的启动阶段，对项目组可影响的项目总目标、项目团队目标举办文件阅读、头脑风暴、签字拍照等仪式，让项目组成员全部明晰项目目标。

在项目的执行阶段，在工作坊内可以增加一个项目成果共识的环节，让课程开发团队的成员明确课程开发的任务目标，形成团队承诺（具体操作参见本书第 4 章）。

第 4 步：评估验证

这里的验证指的是项目是否成功的衡量标准，即项目的验收标准。通常来说，课程开发项目的验收包括课程的验收和课程讲授者的认证，所以在设置项目目标之初有必要先制定验收标准，并确保验收标准与项目目标的匹配性。我们在项目中经常使用"课程验收标准"和"讲师认证标准"两个表，可以对项目进行阶段性的验收。培训管理者可以参考这两个表，并结合企业内部的课程开发标准和讲师认定标准进行一些个性化改造。

最后需要声明的是，从目标设定的整个过程看，其已经超出了"规划"这一项目阶段的范畴，这是因为目标管理本身就是一个彼此关联的过程组，需要在项目中彼此呼应，形成 PDCA 循环，所以在此处进行目标设定之后，后续还需要在项目的各个阶段基于目标进行共识、执行、监控和复盘。

2.4 甄选供应商

2.4.1 供应商参与项目的优劣势分析

前文带领大家对课程开发项目进行了充分的需求分析和目标制定，如果企业内部的课程开发组织能力强大，有既定的组织模式、开发流程、开发工具和内部讲师辅导，就可以直接进入项目的执行阶段了。但多数企业并不具备这样的组织能力，需要借助外力进行赋能，用引导式开发的模式进行课程开发。对于是否选择供应商参与项目，需要在项目启动之际进行优劣势的平衡思考，这也是课程开发项目与其他咨询培训项目的共通之处。

供应商参与项目的优势

- **提升效率**。供应商有专业的顾问和讲师，有成套的经验体系和规范化的流程与表格，可以大大节省研发时间，减少项目风险。
- **补充人手**。方便整合资源，可以进一步寻找外部主题专家加入项目，提供内容，也可以让项目助理分担一些现场拍照、预订酒店等行政事务。
- **对等沟通**。可以借助供应商的身份与公司高管进行对等的沟通，从不同角度和层面获取信息、理解需求。

- **客观评价**。在某些决策环节可以调用供应商的第三方身份进行客观中立的评价，不怕得罪人。
- **外部担责**。供应商可以分担部分项目"事故责任"，避免一些政治风险。简单来讲，就是供应商在获得项目收益的同时需要承担一定的"事故责任"。

供应商参与项目的劣势

- **费用增加**。会产生高额的项目费用，提高了项目实施的门槛。
- **期待拉高**。有了资金投入，会引发培训管理者过高的期待，期待供应商完全扮演行业专家的身份，要求供应商一进入项目就承诺100%的成功，或者要求项目有极高的投资收益比。
- **成效退化**。一部分工作在供应商进入项目时效果非常好，但在供应商撤离后效果明显下降。因为有的供应商会干预项目环境，增加激励因素，但项目结束后，所有激励因素都消退了，原有任务的执行效果就会低于预期。
- **文化变形**。找供应商做了激进的项目干预后，可能会在一定程度上对组织文化和价值观产生影响。

注：这里的劣势是综合所有供应商参与的各类咨询培训项目得出的经验，课程开发项目在"成效退化"和"文化变形"上的弊端不会特别明显。相比传统人力资源咨询项目，触及的利益问题也相对较小，不会触动组织架构、人员薪酬和企业文化的问题，所以项目整体风险相对较小。

无供应商参与，纯企业内部操作的优势

- **行动快速**。没有筛选供应商的前期步骤，整体项目流程简单，可以快速切入，节奏更快。
- **沟通无碍**。信任成本较低，内部信息和数据更容易获得。
- **自力更生**。能激发项目执行部门的全部潜能，不受项目资源的限制，可更充分地调用企业内全部资源，做到最大限度的投入。
- **持续追进**。项目范围可以任意延展，可以做出一定的深度，可以关注项目的长期效果，直到实现最终成果。

无供应商参与，纯企业内部操作的劣势

- **资源受限**。没有专业人员的支持，方案形成慢，工具模板累积慢，项目执行没有边界，很难达成成果。很多培训管理者在企业内部操作带有一定专业难度的咨询培训项目时，就像一个人在没有专业人士指导的情况下减肥

> **风险难控**。有些培训管理者项目执行经验不足，如果缺乏专业指导，项目风险会比较高。就像没有维修经验的人给自己家换灯具或修水龙头一样，不仅摸索和操作时间长，人工成本高，还容易导致深度伤害，不仅没把灯具安装好，还把屋顶破坏了。更可怕的是不懂安全操作，导致受伤住院，这就得不偿失了。

从长期的趋势看，综合各种优劣势分析，一种情况是，成熟的企业会选用先依赖外部、后自主建设的策略模式。中国咨询领域的经验和专业能力正在慢慢地转向企业方，很多大型企业通过与咨询公司合作获得了各种专业项目的能力，或者通过反复执行一些项目，积累了项目经验，也会慢慢替代咨询公司的作用，达到独立操作内部咨询培训项目的目的。

还有一种情况是，当企业发展到一定的组织规模和成熟度时，可以在内部增设专业部门，提供专业的咨询服务。例如，华为大学就是一个典型的案例。华为有比较明确的内部市场化机制，可以保障华为大学以内部咨询公司的身份给各个产品事业部做咨询项目。在咨询项目中，大家对项目成果的期待高，双方的投入度很高，项目成效也特别显著。但这样的组织运作机制在国内很少见，更多的情况是 HR 三支柱管理模式中扮演 COE[1] 角色的人，越来越专业，可以扮演企业内部组织顾问的角色，开展各种工作坊和类咨询培训项目。本书的贡献恰恰就是将很多供应商的经验以文字方式记录下来，方便企业的专业人员学习使用，提升个人在企业内自主组织课程开发项目管理的能力，从而提升个人的职场竞争力。

2.4.2 甄选供应商的 4 步法

在请供应商介入项目的情况下，在前期甄选供应商的时候，培训管理者经常会咨询以下几个问题。

> 目前市场上做课程开发和内训师培养的供应商有哪些？
> 很多供应商的课程开发流程和工具大同小异，如何筛选比较合适的供应商？
> 在选择课程开发项目供应商时，可以从哪些维度进行考量？

其实甄选供应商是通过一组流程来反复验证资质、方案、讲师、服务、费用等几个关键项目决策要素的。根据《培训杂志》2021 年发布的《中国企业培训行业报告》，目前中国的培训管理者选择供应商时，获得信息的前三大渠道是同行介绍、参加人力资源或培训类会议、看专业展会广告和专业书刊广告。参考以上信

---

[1] COE: 英文全称为 Center of Expertise，一般是指人力资源专业知识中心或人力资源领域专家。

息和过往的经验,我们归纳了如表 2-15 所示的供应商甄选 4 步法,可以通过多种渠道、多样证据来逐步验证。

表 2-15 供应商甄选 4 步法

4 步	行动点	时机点	参考材料/工具
一听	听口碑,了解整体印象: • 通过培训杂志等专业期刊和各类培训论坛了解供应商的基本情况 • 从网络、圈子等渠道了解供应商的专业实力 • 从供应商的其他客户企业中了解相关评价	日常培训经验与信息积累	• 培训红皮书、黑皮书,供应商发放和寄送的邮件、手册、广告单张 • 社群沟通工具
二查	查资质,了解专业实力: • 了解供应商的位置、人数、投资额、合伙人基本情况 • 验证供应商提供的商务证明文件 • 了解供应商是否有专属课程体系、课程讲师、顾问团队、课程开发和讲师培养领域的研究成果与荣誉证明	• 初期接触与远程沟通 • 查看项目沟通材料与案例集时	供应商网站与公众号介绍
三看	看方案,了解规划的合理性: • 方案包括对企业需求的准确解读、对目标的清晰设定、对课程开发流程与步骤的详细介绍、对预期成果的范例展示等 • 方案中展示的相关案例的实施细节	• 双方见面交流 • 远程深度交流 • 查看深入沟通后的项目建议书时	• 课程开发项目方案模板 • 课程开发项目合同模板 • 课程开发项目供应商评审表
四验	验匹配,了解讲师风格与排期: • 验证执行项目的讲师和项目经理的资质证明文件、讲师授课视频,了解讲师的授课风格等 • 确认讲师的行程排期与项目服务承诺	• 招标流程中 • 签订合同时 • 讲师排期前	

对于讲师资质的鉴别,是企业甄选供应商时需要重点关注的决策点。下面详细介绍在甄选供应商时应特别注意的内容。

讲师资质的 4 个维度

在未见到讲师本人时，对讲师的考察主要是通过供应商提供的讲师简介来做初步判断的，在讲师简介的文字材料中要重点核实以下 4 个维度的信息。

> **职业形象**。讲师应在简历和过往项目的照片中展现自己成熟、专业的职业形象。讲师的年龄应与学员的年龄差距适度，因为年纪过大会让学员有距离感，年纪过小会让学员感觉稚嫩，压不住场。甲方培训管理者应熟悉企业内部的学员偏好，对讲师年龄有自己的判断。

> **职业经历**。优秀的讲师一般过去所任职的企业是大型企业，有良好的职业品牌，过往的工作与课程开发高度相关。从过往的职业经历中能判断讲师的风格和视野是否与学员的听课偏好相匹配。例如，互联网企业的学员更喜欢简单、明快、平等、轻松的讲师风格，国有企业的学员喜欢讲师有一定的理论高度和思想冲击力。如果讲师恰好有类似的职业背景，就会较容易地理解学员的学习偏好。

> **专业资质**。优秀的讲师一般学历、专业与课程开发相匹配，接受过课程开发与授课技术的前沿认证培训，有相应的著作或发表过课程开发主题相关领域的专业文章。

> **项目经验**。例如，讲师过去服务的行业和客户性质与本企业类似，有大型企业的课程开发与讲师培养经验，所做的项目或所辅导的学员曾获得过国内培训领域的奖项或讲师比赛的奖项。

讲师风格的识别

在企业培训市场中有各种风格的讲师，每种风格的讲师都能找到自己擅长的主题和匹配的客户。这些风格可归类为教士风格、学院风格、教练风格、演绎风格 4 种类型，如表 2-16 所示。这 4 种风格是业内讲师根据大量的职业讲师特征做的笼统分类，有经验的培训管理者可以熟练地通过回忆找到这些风格类型的典型代表。讲师一般会基于本人的个性特点与学习偏好，同时经过市场的检验和授课技术的反复打磨，逐渐形成自己独特的授课风格。

以上 4 种风格各有优劣势，优秀的讲师能够随意切换风格，不会只用一种风格来匹配教室里的所有学员。

因此，我们建议课程开发讲师应该有自己的核心风格优势，同时根据课程中不同知识片段和教学活动的特征灵活调整自己的风格，与各类不同学员的听课风格相匹配。同时也要注意的是，课程开发讲师所承担的主题本身偏向技术传授，所以其综合性风格应该靠近教练风格，并且在这个基础上有很大的风格弹性（见图 2-6）。

表 2-16 讲师的授课风格类型

对比项	教士风格	学院风格	教练风格	演绎风格
关键特征	思想性	理论性	实践性	表演性
特点	激昂、深沉，传递的内容有思想、有高度，重在改变人的心智态度	沉静内敛，缜密的思路和理论框架，有突破性的研究发现	温和、中立，重视流程和技术的传递，擅长点评的反馈	表达流畅、风趣幽默，擅于用故事、表演和活动营造培训氛围
优势	有说服力，对人的思想有较强的冲击力	更好地与中高级管理者的聆听风格匹配	重视工具和方法的应用，容易落地	幽默风趣，故事性强，现场氛围好
弱势	理念性强，现场的学习热度和课后的练习热度形成强烈的反差	缺乏实例、实际操作和反馈，当理论内容与学员的兴趣点不匹配时会显得极其枯燥	只重视技术，缺乏对态度层面的激发和宣导，也缺乏课堂氛围的营造	学员现场听得高兴，但缺乏练习机会，课件开发成果也缺乏保障

- ➤ **1/2 的教练型风格**：可以讲解流程与工具，在过程中进行辅导反馈。
- ➤ **1/4 的演绎型风格**：可以讲解知识与案例，能为课程中的知识片段做授课技术示范。
- ➤ **1/8 的学院型风格**：可以讲解教学设计与授课技术的理论模型。
- ➤ **1/8 的教士型风格**：可以在课程开场与结尾激发学员的学习动力和课后应用的动力。

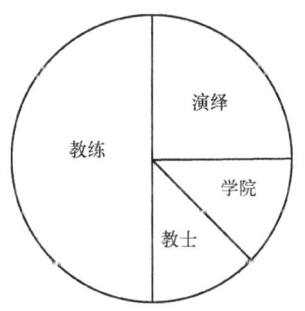

图 2-6 课程开发讲师的混合型授课风格

培训管理者要代表本企业学员筛选适合本企业的讲师。然而，很多企业繁杂的招采流程和成本控制策略让培训管理者错过了最佳选择，导致企业没有更多的选择空间，只能退而求其次找到适合当时的时机和场景的讲师，通过项目设计的其他手段弥补讲师的风格弱势问题。

当然，培训管理者如果能提前意识到讲师与学员的学习风格不匹配，建议在课程开始前做好铺垫，让学员的关注点从评价老师转向评价自己的学习成果。如果是前期未参与讲师筛选的领导来旁听课程，要向领导多强调项目目的，强化授课讲师的个人优势。培训管理者要充分相信：每个讲师都有自己掌控课堂的经验，他们会通过课程设计策略来规避自己的风格弱势。

讲师的鉴别方法

考察了讲师资质，明确了课程需要的讲师风格类型之后，企业可以根据自己的需求来选择匹配的讲师。那么，可以通过哪些方式来鉴别讲师的匹配性呢？表 2-17 展示了几种讲师鉴别方法的成效对比。

表 2-17　讲师鉴别方法成效对比

选择方法	审核简历	旁听课程	观看录像	面谈	讲师试讲
实施成本	低	高	低	中	高
有效性	中	高	中	中	中

采购 1~2 天的小型培训课程，企业可以通过销售顾问的介绍和亲自审核简历或与讲师视频沟通达到鉴别目的。

采购超过 3 天的中大型培训项目，建议多用几种鉴别方法，并请领导和相关同事提前参与面谈和试听。有时候领导和学员都满意的培训，也可能会因为相关部门同事事后的不客观评价而导致项目整体满意度低，使供应商在项目中的所有努力付诸东流。

观看讲师的授课录像时，可以要求供应商提供讲师不同片段的授课录像，如课程开发、重要知识点讲授、活动带教、现场的互动讲解等片段。通过不同的片段来综合鉴别讲师的气场、内容讲解的深度和专业度、活动带教技巧、现场学员的反应和参与度，最终验证讲师风格与简介中描述的一致性。

我们在过往的观察和工作中，发现大多数课程开发讲师都有共通的特质，即喜欢钻研、思维缜密、研究深厚。这些讲师很可能倾向于学院派授课风格，在授课过程中以温和中立的态度讲授知识，较少使用激昂的语气和指令性语言。如果培训管理者提前识别了讲师的这些特征，也需要综合评估培训目标，不能因为几个视频片段就对讲师一票否决。需要综合考虑选择最适合的讲师，而不是最好的。

供应商项目经理的角色

如果一个培训只有两天的课程，供应商项目经理这个角色完全可以由销售顾问或讲师兼任。一旦项目拓展到 2 次以上的集训，需要产出成果，最后还要课程评审，就意味着需要设置一个项目经理的角色来进行统筹管理。该项目经理的工作职责主要包括以下几项。

> **流程指导**。为企业方讲解项目流程和操作要点，及时答疑和分享过往的项目经验。
> **风险管控**。提前识别项目风险，及时提醒企业方的项目经理和讲师在组织过程中与培训现场进行干预。
> **课题辅导**。组织和实施调研，参与前期的课题评估。更专业的项目经理还可以参与课件反馈与辅导。
> **人员协调**。协调销售顾问、讲师（多位）、企业方领导、财务和法务人员，组织行政支持人员制作回顾视频、设计手册封面、打印证书文件等。
> **文案写作**。撰写课程大纲、通知、讲师介绍、课程回顾、课程评审报告等。
> **增值服务**。现场主持结业仪式和表彰仪式。整理项目文件，形成项目文档，提交报告，助推企业组织过程资产的沉淀。

由此可见，供应商项目经理是一个很重要的角色，可以起到穿针引线的作用，企业方的很多隐藏性需求，都需要由供应商项目经理通过履行其职能来满足。有经验的培训管理者会在前期需求洽谈和供应商甄选的过程中就邀请供应商项目经理参与进来，一方面让项目经理及早了解项目背景和需求信息，另一方面也让项目经理充分理解项目初心，提升对项目的承诺度。有责任心的供应商项目经理，会将自己在项目前期所了解的各类项目需求铭记在心，在项目过程中叮嘱项目成员逐一兑现。

供应商项目经理的鉴别

明确了供应商项目经理的角色定位之后，企业如何快速有效地鉴别供应商项目经理？供应商项目经理的鉴别途径如表2-18所示。

表2-18 供应商项目经理的鉴别途径

鉴别途径	简历	面谈	电话沟通/多方会议	课题干预/辅导
审核点	• 专业背景 • 项目经验 • 个人特长优势	• 对课程开发项目的理解和过往项目经验 • 对项目管理的把控和风险预估	• 聆听及确认的能力 • 耐心礼貌的专业态度 • 有效的沟通影响技巧	• 对课程开发的专业知识和辅导经验 • 对所开发课题内容的熟悉程度 • 促进和把控成果质量

不同的供应商项目经理的风格和能力各有差异,主要体现在处理问题的风格上。专业技术型项目经理擅长通过技术和思维来解决问题;人际沟通型且洞悉组织政治的项目经理擅长通过及时灵活地与企业方沟通需求,让双方以最轻的负荷达到项目目的。卓越的项目经理兼具上述两种能力特征,甚至还可以协助讲师设计课程,并做重点环节的内容补充。当然,这样的项目经理是特别稀缺的,可遇而不可求。

除了讲师和项目经理的鉴别,培训管理者可能还会对供应商存在3个具体的疑问。

甄选供应商的3个疑问

疑问1:供应商要选大公司还是小公司

第一,要看供应商的实力组合,而不是规模大小。 无论供应商是大公司还是小公司,关键要看其提供的方案是否合理,是否能组合出适合项目交付的团队。

咨询培训公司的类型和性质有很多,企业经营范围包含"咨询服务"的咨询培训公司都有资格交付课程开发项目,但能够胜任课程开发项目策划与管理的供应商至少需要具备6类实力组合中的一种,如表2-19所示。

表2-19 供应商的6类实力组合

组合项	大公司				小公司	
组合方式	以TTT为核心业务的培训公司+专职讲师	具有行业优势的培训大公司+专职讲师	老牌培训大公司/咨询公司+独立讲师	全能型培训公司+独立讲师	行业专属小公司+讲师经纪	专业的研究型公司/工作室
特点	独立研发TTT领域的图书、品牌课程	行业营销能力强,在众多行业客户的产品体系中开发了成熟的TTT系列课程产品	过去积累了很多国外品牌课程和高端客户基础,销售人员多,服务力量强,懂得大公司的综合需求,但无专业的TTT产品	没有自己的课程与产品体系,但培训公司老板有深厚的行业资源和洞察力,懂得组合专业独立的讲师	充分理解行业客户,能获得客户的内部信息,并能整合讲师经纪方提供的成熟产品与讲师组合	1~3人的小公司,首席顾问有丰富的经验,有独立的课程产品和研究能力

续表

组合项	大公司			小公司		
优势	有专职项目顾问团队和TTT领域的丰富实践案例	有专职顾问团队，商务能力强	各种团队配置专业、服务体贴，有品牌优势，能与大企业实现品牌对等	能帮客户筛选值得信赖的独立讲师，机构老板亲自参与项目执行	商务能力强，有灵活性	有研究能力和定制开发能力，能适应复杂的项目设计
可能的劣势	方案中使用了新培养的专职讲师，资历浅，缺乏辅导经验	方案中使用了新培养的专职讲师	管理成本高，项目价格偏高；多位独立讲师组合，彼此衔接不足	缺少撰写定制化方案的顾问和相应的咨询服务	使用讲师经纪规划的标准化产品，方案缺乏弹性	商务能力和行政服务能力弱，无法承接多课并行的超大型项目

注：专职讲师是指在培训公司就职的正式员工。独立讲师是指市场上的自由讲师，可以和任何培训机构合作。讲师经纪是中国培训行业的一种独特的商业形式。讲师经纪公司会以较优惠的服务和价格向培训机构推荐讲师。成熟的讲师经纪公司也会打造完整的TTT培训产品和各类课程开发产品。"可能的劣势"是指该类型咨询培训公司可能出现的不足之处，但有很多咨询培训公司会通过独特的方案组合和自身的资源整合能力消除这些劣势。

第二，要看甲方项目范围，看谁能接得住。选择大公司还是小公司，还要看项目范围。项目范围包括项目中的培训实施量和定制研究量。如果培训实施量大，项目费用就高，对于超过10万元的培训项目，很多企业都会选择招标投标的采购程序。而大的培训公司有专职的项目交付团队，有能力应对复杂的招标投标流程，在未来的项目中也有能力应对多课程同时实施的局面。如果培训项目中定制化的内容较多，需要出调研报告、出诊断报告、建立能力模型、结合测评、修改管理制度等偏咨询内容的，应该找内部有成熟顾问团队的咨询培训公司。

有的小公司，客户理解力更强，更重视客户关系，可以灵活调用资源，形成强强联合的效应，即使培训项目范围大，也能靠整合各种资源交付项目。有的研究型小公司或工作室，因为研究能力强，在一段时间内可以聚焦，所以也有能力承担定制化内容较多的项目。

因此，选择大公司还是小公司没有定论，要根据项目范围和咨询培训公司的能力与承诺度来综合考虑。

疑问 2：课程开发讲师是不是必须懂行业

如果课程开发讲师原先在项目相关行业工作过，熟悉这个行业的价值链，了解这个行业的员工能力水准，知晓很多行业常识，甚至知道这个行业的销售和服务的最佳实践，可以独立讲授专业课程，这对课程开发项目来说，是一件幸事。

但多数行业内的专家并没有转型成为职业讲师，更没有成为课程开发讲师。因此，我们建议不用特别苛求讲师必须是行业专家。"期望课程开发专家是内容专家"这一需求应该通过综合方案设计做一些变通。变通的方案如下。

方案 1：在项目内补充行业公认的专家，在项目中承担部分授课任务和内容反馈任务，在项目预算中留出足够的费用给这位特聘行业专家。

方案 2：寻找企业内部顶级专家，安排经验萃取师萃取其经验，提前挖掘内部专家的经验素材；或者让其参与项目的关键讨论环节和关键评审环节，在已有研讨框架上进行校正和补充内容。

方案 3：直接找行业内的课程讲师，请其将课程做内化认证，后期再通过课程优化的方式，补入本企业的实践案例。

疑问 3：供应商的地理位置很重要吗？是否需要与企业位于同一个城市

不一定。其实在项目规划阶段，可以通过多次面对面沟通，澄清各类显性需求和隐性需求，做好项目规划，有助于整个项目的顺利开展。在项目执行阶段，完全可以通过线上会议的方式来解决项目中的沟通问题。因此，企业与供应商是否位于同一个城市并不是问题，问题是在项目规划和启动阶段有没有进行详细的沟通。

2.4.3 甄选供应商的 3 个原则

前文梳理了甄选供应商的 4 步法，并对每个步骤下的关键点进行了详细剖析，希望能为企业甄选供应商提供实战性的经验参考。总体而言，甄选供应商时，需要把握以下 3 个原则。

原则 1：眼见为实

企业在筛选供应商时，不能单凭供应商的"一面之词"，或者仅查看供应商的书面方案，而应多渠道、多维度地进行调查和对比，最后进行客观理性的选择。此外，还需要咨询同行意见，同行能给出比较客观的判断和推荐，这是很好的"眼见为实"。

原则 2：合适的才是最好的

在很多情况下，企业很容易被供应商的大肆宣传和大力包装带偏注意力，导致过度追求供应商或项目团队的所谓国际认证，执着于选择品牌讲师、网红讲师等，殊不知自己企业的发展阶段、文化风格甚至经费都与之不太匹配。因此，让能力与项目高度匹配且有承诺度的供应商来协助达成项目目标才是最好的选择。

原则3：选供应商，更要选顾问

在大部分的培训项目采购中，很多大企业在选择供应商时特别重视选择大型培训机构，为的是在品牌形象上对等，在企业内部会更有说服力。在遇到项目风险时，大型供应商也可以匹配更多的资源进行调配和纠正。例如，采购标准化的培训课程，特别是当课程实施量大，需要多位讲师针对庞大的学员群体先后讲授同一门培训课程时，的确应重点考虑选择大型培训机构，确保有多位讲师交付，且课程交付的差异不会太大。

然而，对于课程开发项目中的讲师筛选，建议更多地考虑项目的贯通性，确保供应商的项目经理和主讲师在项目的前、中、后期能全程参与。这样可以避免多位讲师授课内容的重叠，也能避免项目衔接的风险。此外，咨询培训服务的交付对象是人，每位讲师都会基于个人的风格和经验展现很多的差异性。就像医疗专业服务一样，尽管科学已经非常发达，各家医院的诊断程序基本趋同，治疗效果也非常接近，但在治疗方案上，每位医生都有很大差异。因此，在甄选供应商的时候，不能只看对方的规模大小。在采购课程开发咨询培训服务时，应在前期慎重地选好讲师（这里的讲师，实际上是指"项目经理+主讲师"这个组合）。

此外，如果应用了"严选讲师"的原则，还需要企业方满足其他条件才能确保这个原则执行起来有意义。因为有些知名讲师并不是靠酬劳驱动的，而是靠研究兴趣驱动的，他们更看重项目背后的意义及项目对其研究主题的贡献。这类讲师每年都会控制自己的讲课天数，以便有更多的时间进行研究，强化个人在专业上的优势。在这种情况下，"严选讲师"的剧情会反转，演变为"讲师严选客户"。此时，企业方的选择就变得被动，需要更多地分析自身优势（见图2-7），通过培训机构来协调和影响这类讲师，请讲师给出适合双方的档期，以便促成合作，让项目如期开展。

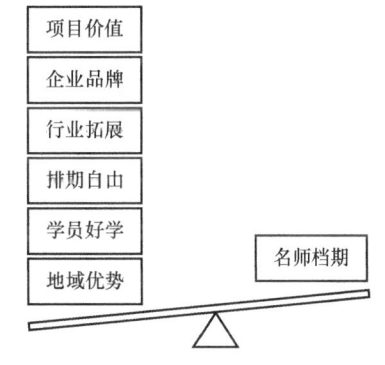

图2-7 "撬动"名师档期的最佳理由

> **项目价值**：项目对讲师的价值，如帮助讲师积累新的项目经验，测试一些理论课题。

- **企业品牌**：有助于提升讲师的品牌，为讲师做更好的背书。
- **行业拓展**：有助于讲师在行业内提升知名度，在一个新兴行业建立声望，未来可以在本行业打动其他高价值客户。
- **排期自由**：培训不一定安排在周末，可以按讲师的时间来选择排期。
- **学员好学**：学员学习素质高、积极性高、配合度高，讲师讲课不累，容易投入，也容易实现教学相长的效果。
- **地域优势**：培训实施地点离讲师的家很近，出差行程负荷小，省时省力；或者培训实施地点有比较特别的旅游资源，可以安排讲师在培训行程前后顺便旅游。

因此，企业方不要以为可以随意"撬动"讲师的档期，要想为商务谈判赢得更多的空间，最好在培训项目的理想交付日前 3 个月就提前确定供应商和讲师，这样能从容地与讲师确定项目实施的时间。

2.4.4 鉴别专业性的 5 维空间

在甄选供应商、鉴别讲师、鉴别项目经理时，我们一再强调"专业"。为了更深入地理解"专业"这个词，下面分享一个生动的生活案例，从而促进大家对选择供应商这件事进行更多思考。

案例 2-2　该找哪个医生看牙

年轻的你，一直相信自己有一口好牙，但最近你发现自己那颗无力的下门牙开始隐隐作痛，有一点儿松动，而且不敢咬硬东西。于是，你抽空去了社区的牙科诊所看牙。看完后还不放心，于是你又去了专业的口腔医院找医师和主治医师分别诊断，得到了如下一些方案。在获得这些信息后，你会做出什么样的决策呢？

A 医生是离你最近的社区牙科诊所的医生、总经理。他很体谅你的痛苦，诊断也很认真，花了很多时间，还顺便为你做了一次口腔消毒护理工作，并给你开了消炎药，嘱咐你等炎症消退后来做一次根管治疗，这样可以保住这颗牙，在你讲课的时候也不至于让牙齿显得那么难看。他还建议你未来把旁边的一颗龋齿也一起补了，在这里做全套治疗整体会比较优惠，而且很方便，提前微信预约就可以。

B医生是口腔医院修复科医师、博士，能够独立诊断治疗。他让你先去放射科拍X光片，借助X光片做了分析后，建议你拔除这颗牙。而且他判断这颗牙已经没有种牙的可能，可以先去口腔科拔下来。然后他会将这颗牙修一修先给你粘上，这样在你平常说话时牙齿不会那么难看。等3个月后再给你配一个活动义齿，你以后每天都需要把这颗义齿取下来做一些清洁工作。

C医生是口腔医院修复科主治医师、硕士、讲师，身边有大量学生和助理。他安排助理对你做了前期观察和诊断，助理说唯一的方案就是先拔牙，等3个月后再做决定，看是需要种牙还是需要做活动义齿。至于是否能种牙，主治医师说这是种植科的事，修复科做不了判断。对于之前你见过的B医生，主治医师说不认识他！主治医师特别强调："每位医生的解决方案都不一样，你要是信B医生，就继续找他看牙。如果还有疑问，请你自己买书回去研究。"

你的选项有以下几个。

选项1：按社区牙科诊所A医生的说法，在整体消炎后做根管治疗。

选项2：按B医生的建议，先拔牙、粘牙，3个月后做活动义齿。

选项3：按C医生的助理的口头建议，先去拔牙，回头再说。

选项4：这3位医生的建议你都不采纳，再挂一个号，问问主任医生。

选项5：再去找更具品牌和商业口碑的牙科医院的医生看看还有没有新招儿。

选项6：找几个更有经验（去过各种牙科医院）的"资深"口腔病友聊一聊，看看到底选哪家医院。

当面对这么复杂的就医案例时，你一定会很困惑：在这个领域我缺乏基本的常识和经验，怎么能做出正确的选择呢？这里需要提醒大家的是，当遇到很多复杂的管理问题时，并不能像计算数学题一样找到精准的答案，其实也没有最正确的答案，只有最适合你的答案。在有限的时间内，排除最大的风险，做出决策，让病情得到控制或治愈，就是最适合你的答案，也是对你来说最好的答案。

该案例是基于本书作者工可的真实就医经历总结的。王可老师就曾带着这个问题咨询了他的 位医学专业的亲戚。这位亲戚是北京某著名医院重症科的医生、医学博士。作为行内人看来，这些选项都是对的，毕竟条条大路通罗马，走一步看一步，没有人能精准地预测病情发展的每一步。通过对选项1~3的分析，可以判断A医生可能有一些利益驱动，让患者做一些多余和无效的治疗，花一些冤枉钱，但他的方式也可以帮助患者减缓病痛，延长牙齿的使用寿命，并保持美观，他也很能理解讲师的职业形象需求。选项5，找更具品牌和商业口碑的口腔医院，有可能体验到更加贴心的服务，如挂号容易、缴费容易、有助理提醒、有资深专家和进口设备以做出更加细致的诊断等。选项6，花更多的时间去学习、交流和论证，了解病友的身体感受和心理体验，借助朋友的成熟消费经验找到性价比最高的诊所和医生，看起来也是一个不错的选择，但需要花很久的论证时间。

由此可见，在面对专业人士的意见时，思考"到底谁更专业"这样的问题，可能会让自己陷入专业研究的困境，也会使决策过程更花时间和精力。

因此，我们建议判断"到底谁更专业"时，应该先给"专业"下一个结构性定义，如图2-8所示。

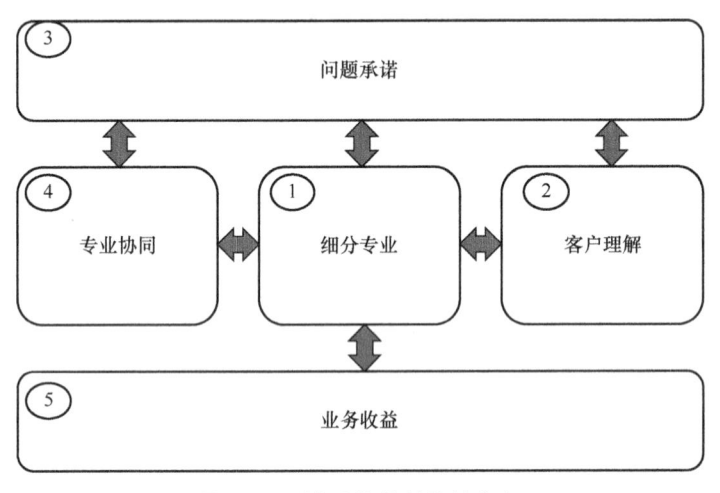

图2-8 "专业"的结构性定义

用这个结构性定义来解释专家的专业性，可以更加全面和动态地看到专家的专业性到底体现在哪些细分空间，从而更加完整地解释企业方心目中的"专业"所暗含的丰富内容。具有商业口碑的供应商，其专家应该在以下几个方面具备专业性。

细分专业

这是客户很容易感知的部分，因为对于问题的解决方法虽然在方式上有差异，但只要严格遵循合适的流程，就能起到立竿见影的效果，所以大多数专家都很容易让客户体验到专业的感觉。专家往往不能像达·芬奇一样成为"多面手"，而是需要长期在一个细分领域独立工作。在成为专家的过程中，需要在专业的细分领域做系统的研究，掌握多种技术，积累大量的实践案例，面临很多复杂的问题，在解决问题的过程中不断反思，积累模型、工具和数据。这是专家的专业性中最重要也是最核心的部分。甚至一个专家因为其专业性，会在其专业领域进入越来越细分的维度。例如，北京一家医院的一位骨科医生，他有专业的团队专门研究人类脊椎骨的其中一节骨头的诊断和治疗方案，这个团队中的所有人都只做与这块骨头有关的手术，可见其专业的细分程度有多高。

客户理解

充分理解客户的各种特点和需求，基于这样的理解不断优化自己的操作模式，让专业服务更贴心。例如，很多专业的口腔医院会增设儿童和老年患者的专业科室。对客户的理解，也包括与客户的愿景、使命、价值观、个性偏好、消费习惯、决策模式等各个方面的匹配，只有这样专家才能让客户感受到自己是能理解其完整感受的真正专家。

问题承诺

因为对客户有深度的理解，所以专家能帮客户探查到问题，甚至可以看到问题背后的问题。但专家不能只看到问题，还要建立客户承诺，与客户一起面对所遇到的各种问题，全力以赴保障项目成功，为客户的成功而战。同时，专业的供应商应该对每个项目中每个独立个体的复杂情况和需求进行详细了解，做到因人而异。毕竟世界上没有长得一模一样的两片叶子，也没有一模一样的项目。专业的供应商需要基于客户的实际情况和真实问题做定制化方案，这个过程很花时间，而且有可能因为问题的复杂性，导致项目范围不断扩展，以至于超出自己的专业边界。这时候，供应商就需要邀请与扩展内容相关的专家介入，或者将部分自己不擅长的内容转介绍给其他专业人士。

专业协同

当专家遇到自己专业范围之外的问题时，应该学会专业协同。因为如果没有把专业范围之外的工作及时分包出去，这部分工作就容易产生项目坍塌的风险。供应商如果对风险判断不足，做了很多自己不能胜任的工作，导致项目失败，最终伤害的是专家的可信度。因此，专家需要了解自己所在领域的发展方向，了解自己的同行具体在做什么，平常也要与同行专家进行社交和学习。当遇到自己处理不了的问题时，要及时找到行业内的其他专家进行专业协同，或者直接转介绍给同行中在某个细分领域更加专业的专家。例如，医院有会诊制度，会诊由一个科室负责，同时邀请其他几个科的专家一起诊断，这就是一种专业协同。能做好专业协同的专家，既能在问题承诺部分加分，又能展现负责、专业的态度。细分专业和专业协同就像一对孪生兄弟，有更多的细分，就需要更多的协同，否则会给客户带来很多麻烦。就像口腔医院一样，专业的口腔医院会细分很多专业的科室，如果患者不熟悉专业细分知识，就只能花时间一次次转换科室，给自己增加很多负担。因此，更具商业口碑的口腔医院可以提供的细致服务是：客户只需躺在一张椅子上，会有不同的牙科医生过来诊断。这样就会有客户为这种专业协同的便利性买单。

要实现专业协同，专家还要懂得配合。课程开发讲师应该了解项目中的很多细节，如最终的项目评审阶段应该如何操作、项目团队的具体分工是怎样的等，从而知道在什么时候做出怎样的配合。如果不理解如何与项目成员协作，很容易给人留下"不专业"的印象。

业务收益

将业务收益作为主要的收入来源，养活自己和家庭，做更多的学习研发投资，这样才能让专业发展有保障。有了业务收益，才能证明专家是靠专业谋生的，而不是纯属业余爱好。有了业务收益，才能证明专家提供的服务是社会和大众广泛认可的。业务收益还涉及职业道德问题。如果专家贪图一时的收益，做了很多非自己专业范畴的事情，就会给客户增加风险。如果专家贪图一时的收益，就会伤害个人的专业品牌，影响未来的收益。

综上所述，"到底谁更专业"这个问题很难回答。只有当一位德艺双馨的专家在上述 5 个方面都比其他专家强时，才能说是真正的"更专业"。而且顶级专家除了能完成细分领域的工作，还能适度地完成全技术领域的工作，帮助客户减少专业协同上的一些麻烦。

同时，客户也需要理解专家费用高的真正原因，要能理解专家的专业贡献在这位专家身上到底占多大的"比重"，这样才能更好地识别专家为企业创造的价值。

为了增加企业的信任，或者为了让企业看到供应商的用心之处，有的销售顾问会在项目过程中告诉客户，"这部分服务我不挣你的钱""这部分服务属于增值服务"。这种做事方式看似超出了项目范围，但实际上为客户创造了价值，让客户体验到了卓越的专业服务。若能找到一个具有完整专业性（覆盖上述 5 个方面）的供应商，则是企业的幸运，同时也能体现培训管理者在供应商选择方面的专业性和智慧。

2.4.5　评估供应商的 5 个要素

有些培训项目的集中次数超过两次，有两个以上讲师，需要连续的课件远程反馈辅导，并且需要组织最终评审，涉及一系列复杂的需求，这类培训项目其实接近咨询项目。供应商的综合表现包括项目管理、人员安排、交付质量、信息安全、日常服务 5 个要素，这是评估供应商的最基本的 5 个要素，如表 2-20 所示。有招标投标流程的企业，可以将其纳入相应的文件体系。没有招标投标流程的企业，也应该在双方洽谈过程中强调这些要素，希望供应商在后续的项目方案中有相应的承诺保障。

表 2-20　评估供应商的 5 个要素

要素	具体内容	说明
项目管理	进度管理	1. 制订进度计划并明确各项工作内容、实施步骤、交付成果、时间及人力支援安排、项目里程碑等 2. 必须严格按照进度计划实施，不能出现项目延迟现象
	风险管理	制定各种风险预警措施，对项目实施中的各种突发事件或需求变更提供备选解决方案
人员安排	人员稳定性	1. 项目组成员不得随意变更 2. 在项目实施中，项目组核心讲师必须到岗
	专业能力	1. 项目组成员具有专业知识、丰富的专业工作经验，可提供合理的项目计划、实施方案等 2. 项目执行过程中出现问题时响应及时
	人力资源安排	按合同要求分配人力资源
交付质量	交付物质量	1. 交付物质量符合业务要求 2. 交付物内容符合项目目标
	交付完整性	交付物数量及类别符合业务要求
信息安全	信息安全管理	遵守企业对信息安全管理的要求
日常服务	服务响应度	日常服务过程中按要求响应及反馈（周报、月报、报销材料、日常沟通等）
	服务态度	日常服务过程中配合度高、服务意识强

除了上述 5 个要素，还应了解供应商团队的执行能力。选择供应商时，最初检验的是供应商的方案和对需求的理解。进入采购流程后，还要判断供应商团队对方案的执行能力，假设方案 1 是 100 分，但供应商团队对这个方案的执行程度只有 60%，最终得分是 60 分；方案 2 是 80 分，但供应商团队对这个方案的执行程度可以达到 90%，最终得分是 72 分。因此，单纯从项目方案来说，方案 1 更好，但从问题的解决情况来说，无疑方案 2 更好。

对于第一次合作的咨询培训公司，特别是规模和名气还不大的咨询培训公司，企业的培训管理者可以通过"企查查""天眼查"等软件快速了解对方的组织机构背景、合伙人关系、营业范围、商业信誉等，排除未来的商务合作风险。

2.5 设计项目方案

项目方案，有时也称"项目建议书"。提到设计项目方案，很多培训管理者或咨询顾问都觉得这是一件令人头疼的事情。然而，这却是他们经常会遇到且必须做的一件事。行业专家总说，"无方案不立项，无方案不执行"，足以看出设计项目方案的重要性。在项目推进的不同阶段，有不同的项目方案需求和呈现形式。

2.5.1 设计项目方案的 3 个关键阶段

第 1 阶段：项目沟通材料。项目沟通材料是由咨询培训公司基于过往的项目经验提供给客户的初期沟通材料，方便在见面时进行讲解沟通。这份沟通材料是项目方案的第一版。

第 2 阶段：项目建议书。项目建议书是在双方正式见面沟通后，将企业的具体需求及现场沟通共创的详细内容更新加入项目沟通材料后形成的沟通材料，是项目方案的第二版。

第 3 阶段：项目投标书。如果项目有招标投标环节，咨询培训公司会根据招标投标要求和评标条款进一步改善项目方案的第二版，形成项目方案的第三版。同时，在正式讲标前，需要制订配套的适合现场讲标使用的项目方案简版。

综上所述，设计项目方案需要结合项目阶段和具体需求，设计不同的内容和侧重点。那么，通常情况下，一份项目方案包括哪些模块及具体内容呢？下面将从咨询培训公司提供项目方案的角度，全面地介绍项目方案的模块及具体内容。

2.5.2 项目方案应包含的 8 个模块及具体内容

模块 1：项目需求理解。该模块需要解释企业为什么要做这个项目。在项目方案中应介绍项目的意义及为组织产生的具体价值，同时结合企业情况，预告项目过程中需要关注的风险点。

模块 2：项目设计思路。该模块需要阐述所遵循的项目原则和采用的方法论，以及在这个原则和方法论下项目的总体设计思路，通俗地理解就是"项目长啥样"。

模块 3：项目实施框架。该模块需要介绍项目的每一步具体怎么实施，每一步的产出成果是什么，甲乙方在操作上有哪些注意要点。

模块 4：项目交付团队。该模块需要介绍项目交付团队的构成人员，有哪些角色参与。该模块是咨询培训公司专业度的体现和证明。

模块 5：过往项目案例。该模块需要介绍咨询培训公司过往同类型项目的经验和经典案例、突出的成果和创新点。

模块 6：项目费用预估。该模块需要介绍项目各阶段的费用预估和费用构成，如总费用中是否包含差旅食宿费、材料费，供应商合作的税费等报价细项。

模块 7：项目服务承诺。该模块需要介绍有哪些项目保障措施和服务承诺，从而确保项目顺利完成，输出高质量的成果。

模块 8：合作公司介绍。该模块需要介绍咨询培训公司的组织背景、发展历程、产品体系与品牌、研究理论基础、师资顾问团队、荣誉证书、过往合作客户等。

以上是从咨询培训公司的角度对项目方案的模块和内容进行的介绍，下面则从企业培训方的角度谈谈"如何阅读项目方案"，从而让企业方更好地理解项目方案，促进双方共识。

2.5.3 阅读项目方案的 2 个步骤

第 1 步：深读逻辑关联。大多数公司制作的项目方案会选择宽屏的 PPT 风格，并且选择典型的满屏、多文字的形式。这样方便客户在电脑端快速阅读，也能展现内容的饱满度和专业性。但这种风格的 PPT 文件，有时让人难以找到重点，所以建议企业的培训管理者收到项目方案后，根据项目方案框架通读一遍，特别要关注每页的标题行所展现的逻辑和观点，借助其中的模型和图片找到佐证。

第 2 步：探寻细节服务。针对项目方案的相关疑问进行记录，通过电话或面谈方式与咨询培训公司的销售或顾问进行详细的沟通，请其对项目规划和成果做相应的解释，对团队成员的资质和项目经历做补充说明，这样就可以收集更多的讲师信息和项目经理信息。因此，"项目实施框架"模块是整个项目方案沟通的重点，培训管理者需要对多个项目方案中的项目实施框架做详细的分析，就价格、投入天数、产出、过程服务等各个决策点做详细的对比。在第 3 章，我们也会对各类常见的课程开发的实施框架做详细介绍，这样有助于大家对项目规划有更深入的了解。

有的培训管理者也会在这个环节就项目中的一些实施细节，特别是乙方可以追加的增值服务进行确认。在这个确认沟通的过程中，其实乙方的销售顾问也能了解企业更多的隐藏性需求。同时，为了促进项目成单，乙方也可以对未来的增值服务做出一部分承诺。

当培训管理者对比了几个项目方案后，会进入向领导汇报项目方案的环节，这个环节对项目的最终立项及争取领导对项目的支持和资源投入等都起着至关重要的作用。因此，一定要重视项目方案的汇报和制作。

2.5.4 撰写项目汇报方案的2种模式、4个关注点、9个原则

撰写项目汇报方案的2种模式

撰写项目汇报方案最常用、最便捷的一种模式是选择供应商提供的现成方案，口头汇报。这种模式简单易行，但采用这种模式需要满足以下几个前提条件。

➢ 项目范围小，涉及的费用金额不大，不需要再向上级汇报，容易快速决策。

➢ 汇报者对领导的风格特别熟悉，知道领导的关注视角和决策偏好，可以通过口头交流的形式直接汇报。

➢ 领导已跟几家供应商有了基本接触，一起参与了咨询公司与讲师的面谈过程，心中已有数，只需要看一下具体报价，最终敲定一些项目中的执行细节。

➢ 项目筹备进程较快，需要快速立项实施。

➢ 企业是小公司，决策人就是老板本人，老板喜欢"短、平、快"的沟通决策模式。

如果这些条件不成熟，项目范围大，领导风格是细节导向的，我们建议采用另一种模式，即自己撰写汇报方案，把各家咨询培训公司的核心内容进行整合，形成一个相对综合且匹配领导决策风格的项目方案版本。

撰写汇报方案的4个关注点

关注点1：价值意义。具体包括项目需求发起部门的想法、学员的呼声、平台抓取的调研评估数据、体系建设规划中关键步骤的重点阐释、待开发课程与战略和业务的紧密关联等。

关注点2：方案要素。具体包括培训天数、学员人数、分班数、成果产出形式与质量、项目周期、供应商选项、方法论、讲师人选、增值服务等，并做出性价比分析和风险管理预案分析。

关注点3：品牌构想。具体包括对项目品牌构想与运营的初步想法（后文有详细的介绍）。

关注点4：费用资源。具体包括外部培训课程的采购费用、内部实施培训的行政费用、项目运营中的物资设计费用、认证评审的仪式组织费用明细，以及费

用是否超出已有的项目预算，超出的部分如何协调解决。此外，还需要列出项目中所需要投入的内部人力资源、哪些同事可以纳入到虚拟团队中、需要领导给予授权等。

除此之外，项目汇报方案中还有一部分内容称为"**全局思考**"，这部分内容不在项目汇报方案中呈现，但很重要。领导在听汇报的过程中会提出问题，有经验的汇报者可以提前做一些相关的深度思考，有助于更好地为领导分忧增力。全局思考的内容包括以下几项。

> **系统性思考**。从老板、学员、业务部门领导及非人力资源管理的角度思考这个项目，从行业、国家和国际的角度思考这个项目，从天时、地利、人和的角度思考这个项目。
> **前瞻性思考**。从采购、财务、法务部门签批程序的角度思考这个项目，从未来项目风险的角度思考这个项目，从新技术应用的角度思考这个项目，从5年后项目隐性价值的角度思考这个项目。
> **进取性思考**。从项目经理和目标学员的人生成就与梦想的角度思考这个项目，从老板的企业家精神的角度思考这个项目，从企业社会声誉的角度思考这个项目。

总之，需要预想一些成功的画面，如年终汇报时一组有力的成果数据、老板欣慰的眼神、学员欢腾的场景、业务领导赞许的声音、回顾视频中流淌的音乐。这些成功的画面可以赋予项目汇报方案更多的感性意义，提前想到这些画面，有助于带动领导感受项目的理性价值和感性价值，让领导更多地支持项目。

撰写项目汇报方案PPT的9个原则

从项目汇报方案PPT页面风格的角度看，一定要注意如下几个原则。这些原则既能使项目汇报方案更加符合企业领导们高效干练、结果导向的决策风格，又能满足领导们持续学习的隐性需求。

原则1：内容精简。项目汇报方案PPT页数建议不超过10页。

原则2：结构清晰。采用总分总结构，逻辑层次清晰（部分互联网公司的项目汇报方案PPT不采用总分总结构，每页都是在结构化地呈现关键内容）。

原则3：观点易见。每页标题处的结论都要清晰易见。

原则4：佐证有据。正文内容观点要清晰易见，佐证要有根据，尽可能使用图示化呈现方式。

原则5：内容有序。将领导想听的内容安排在前面，自己想讲的内容安排在后面。

原则 6：**方案成熟**。能呈现重点问题和差距，并有成熟的解决方案和选项。

原则 7：**结论清晰**。能清楚地讲出自己的判断、建议和理由，有初步的结论。

原则 8：**洞察思考**。思考或结论需要有洞察力，如员工心理波动规律或行业发展趋势等。

原则 9：**附加价值**。在结尾处可以附上一些行业情报、前沿知识理论、标杆企业的实施案例等。

2.5.5 项目品牌构想与运营的 5 个原则

什么是项目品牌？人们处在一个物质丰富、全面营销的时代，产品要想更好地生存，营销手段必不可少。培训项目要想在企业内深入人心，获得大家的关注和持续认可，也需要建立品牌化运营的理念。

品牌一般包括名称、定位和标识等个性化要素，其目的是作为营销的可识别因子，赋予产品具体形象，提升产品的可宣传性和快速传播效果。

品牌价值有两大部分，一部分是使用价值，即产品的特质和全面的服务；另一部分是象征价值，包括身份地位、自我价值、承载梦想。

品牌营销的两大事件是明确品牌定位和寻找目标客户。其中，品牌定位是指品牌有何不同，目标客户是指谁会买产品。培训项目就是培训管理者的产品，要想打造产品品牌，就需要在每次项目过程中做好品牌的构想、建设和传播，让项目参与者潜移默化地感受到项目品牌的影响力。

构建项目品牌的好处在于企业进行内部沟通时，一提到某个特定的词，大家就能瞬间回忆起对项目的关键印象。良好的品牌形象赋予了项目美好的情感，代表了一定的文化，使品牌在员工心中形成了美好的记忆。培训项目的品牌化运营就是围绕品牌化，持续提升项目品牌的关注度、认知度、信赖度、忠诚度的一个过程。在构建项目品牌时应遵循以下 5 个原则。

一致性原则

一致性原则包含 4 个一致。第一，定位与部门的愿景和使命保持一致。例如，安利（中国）培训中心的使命是励学兴业、修德致远，这意味着所有的培训项目在设计时都应秉持这一使命。第二，与企业文化保持一致。如果企业文化是比较传统和正式的，培训项目就不能太过娱乐化。如果企业文化有很多自由、创新的元素，培训项目也必须展现这些元素。第三，与目标受众保持一致，培训项目应符合目标群体喜闻乐见的表现形式。第四，与后续实施的项目保持一致。课程开发项目实际上还要为后续的人才培养项目服务，所以课程开发项目的品牌要与后续实施的培训项目保持一致性。

独特性原则

世界上没有完全相同的两片树叶，也不允许有完全相同的两个项目。课程开发项目属于整个培训产品体系中的一部分，同时又是其中独树一帜的一部分，在文化上要有一定的引领作用，需要发挥旗帜或领航的先锋作用，展现年轻的朝气。在以年轻员工为主的企业中，课程开发项目可以迎合年轻人的心态特点，像综艺节目一样，展现娱乐化气息。在这个泛娱乐化的时代，各种新闻、图片等媒介吸引了学员的注意力，项目设计者要想抓住年轻学员的注意力，就需要让学习富有娱乐性和趣味性。

极致性原则

不要说"凡事差不多就好了"，要有把事情"死磕到底"的工匠精神，做事要一丝不苟、精益求精、追求极致。在挂横幅的时刻，在拍集体照的瞬间，在应用各类设计软件制作视频的时候，都需要极致的精神，做到"凡经我手，必是精品"。从项目成员的角度来看，项目经理的态度和个人能力就是保证，优秀的项目经理会让项目更具效果和影响力，是项目品牌的保障。极致性原则还包括对内容质量的极致追求，课程开发项目本身是为了生产知识产品，不能空有品牌和口号。如果没有好的课程，项目品牌就无法长久地支撑下去。

专一性原则

要确保能量聚焦。口号就一个，反复使用，在不同的场合使用。手势就一个，课前用，课中用，结业仪式也用，反复使用，反复加深人们的印象。正如综艺节目《欢乐喜剧人》的口号一样，所有演员都会反复讲："搞笑，我们是认真的！"品牌的力量也由此而生。

发展性原则

要持续不断地吸收能量。罗马不是一天建成的，项目品牌的建设也不是一朝一夕的事情。适应外在的变化，融入大家的好想法，融入不同人的才华，引入新的互联网技术，让品牌的展现形式有更多的创新和承载空间。只有驾驭好发展性原则和专一性原则，才能保证一个产品品牌在经典和创新之间保持平衡。

2.5.6 项目品牌的4个核心要素

课程开发项目不管规模大小，都会涉及项目名称、项目口号、项目标识、PPT

模板 4 个要素。在松散的项目中，这 4 个要素由企业领导、项目经理、讲师和学员松散地在项目的各个环节中产生。在具有一定规模和相对正式的课程开发项目中，会在项目启动前认真地落实这 4 个要素的前期创意和设计制作工作。

项目名称：一般出现在教室指示牌、横幅、学员手册、桌卡等各个位置。

项目口号：一般出现在培训的各种仪式中，特别是每天的开课环节。

项目标识：可以直接以吉祥物的形象作为项目标识，一般出现在学员手册、海报、培训道具中。

PPT 模板：模板的设计要素一般出现在课件包的各种载体上，特别是要频繁出现在教室的大屏幕上，这是最具风格色彩的一个要素。

这 4 个要素都需要与企业品牌、文化主色调相结合，同时展现不同的形式，这样才能赋予品牌更高的辨识度、耐读性和欣赏力。在提交项目汇报方案时，也要尽可能地融入这 4 个要素。对这 4 个要素的综合思考，能让领导感受到项目经理做了充分思考与准备，从而对项目成果更有信心。

下面主要介绍项目名称的相关内容。

项目名称的打造

给课程开发项目起一个响亮的名称有很多好处。

好处 1：方便企业内部沟通，既能明确项目的主要信息，又能准确地传递项目目标和期许。

好处 2：梳理项目品牌，构建体系影响。

好处 3：能促发参与者的关注、记忆和分享。

好处 4：能体现项目的专业性、规范性，方便对外沟通，树立企业专业的人才培养体系形象，提升企业的雇主品牌形象。

好处 5：激发项目发起人的参与感和项目拥有感。

项目名称命名的 8 种方法如表 2-21 所示。

表 2-21　项目名称命名的 8 种方法

序号	类型名称	特点及作用	示例
1	以项目内容命名	最常见的命名方式，结构为"培养对象+培训主题"，特点有简单实用、一目了然，但缺乏新意和创意	● 新员工入职培训项目 ● 销售精英训练营 ● 中层干部能力提升项目 ● 高潜人才发展项目

续表

序号	类型名称	特点及作用	示例
2	以核心目标命名	突出了项目的目标价值，时刻提醒项目利益相关者以目标为导向	• 液化空气：销售技巧行为转化项目 • 土巴兔：在战争中寻找将军——头狼计划 • 利丰鼎盛：用行动改变中层管理力项目 • 绫致时装：生意快乐——零售经理经营训练营 • 中信银行卡中心：职业心动力——二次创业开门红 • 海南联通：全面提升员工岗位胜任力SPARK项目
3	以时间周期命名	强调学习时间或项目周期，促进学习进度的合理安排，比较适合在特定时间学习的项目	• 阳光保险：阳光夜校 • 广汽集团：一小时学习坊 • 建研科技：蝶变23天拜访训战项目 • 无限极：新经理90天培养项目 • 施耐德电气：中国学习月项目
4	以培养方式命名	一般采用比较特别的学习方式，期望新颖实用的学习方式带来良好的学习效果。此种命名方式容易给项目造成形式单一的不利影响，应慎用	• 上海电力："大咖说"项目 • 东风日产：一路向北——特级讲师训练营 • 鹏鼎控股：玩转职场——大学生培训项目 • 中国电信：政企"铁三角"训产合——实战项目 • 爱康实业：行动教练高管学习项目 • 广东移动：一鸣惊人——Talk Show项目
5	以谐音双关命名	比较有创意的命名方式，可以选择与企业文化或项目内容有关的要素命令，既可以一语双关，又能突出特色，让人耳目一新	• 上汽大众：i-学习项目 • 合富地产："星青年"管培生培养项目 • 北京移动："习行移动"新员工培养项目 • 安利中国："营"之有道销售人员培养项目 • 兴业银行："兴梦想"高潜人才培养项目 • 华润电力："润卓悦"中层管理者培养项目

续表

序号	类型名称	特点及作用	示例
6	以英文简写命名	以英文名称或核心单词的首字母组合命名，尤其是在外企，对尚未达成业内普遍共识的缩写词，需要在学习项目开始时加以解释	• TNT：SHINE 年轻人才发展项目 • 中安信业：TLTC 业务主管学习发展项目 • 泰科电子：QEDP 质量工程师人才发展项目 • 米其林：米航 CAMP 高潜人才发展计划 • 惠氏制药：EAGLE 一线高潜力人才发展项目 • 大唐电信：JUMP 后备干部特训营 • 途家网：SFDC 学习项目
7	以影视游戏命名	以热门影视节目、网络游戏等文化娱乐节目的名称命名，能激发学员参与的积极性，在学习设计中也可以引用影视节目、网络游戏中使用的形式，增强体验感	• 孩子王：超人联盟——孩子王店总经理培养 • 易宠科技："夺宝奇兵"新人训练营 • 百事通："魔法四力"——场景化管理者训练 • 中兴软创："兴际争霸"新员工培养项目 • 成都移动：四级经理"王者之路"战训营
8	以隐喻命名	根据动植物的特征，结合项目对象或目标命名	• 阳光城：蜂鸣计划 • 上海医药：新任经理菁雁学习项目 • 赛诺菲：千里马高绩效业务项目 • 新鸥鹏：鹏之翼置业顾问项目 • 九州通：小天鹅管培生培养项目 • TCL：鹰之启翔 Hero N1 特训营 • TCL 大学："鹰"系项目（雏鹰、飞鹰、精鹰、雄鹰） • 中广核大学："白鹭计划"（破壳、助跑、展翅、翱翔） • 银联支付学院："航"系项目（起航、引航、远航） • 腾讯学院："龙"系项目（飞龙、潜龙、育龙） • 中兴：蓝色领导力（蔚蓝、火蓝、深蓝）

注：这 8 种项目命名方式由中国人才发展社群首席运营官熊俊彬老师汇总而成，表中的部分示例为中国人才发展社群全国学习设计大赛往届获奖项目。

项目名称的命名步骤

给项目命名看似简单,其实包含了很多内容,如对项目的高度总结,对内容的提前梳理,对文化理念的深度理解,同时还要注意名称尽量简单、通俗易懂,符合用户的认知,方便理解和记忆,切忌为了标新立异而名不副实。总之,项目名称命名的过程本身就是对项目品牌内涵的延伸。项目名称的命名步骤如图2-9所示。

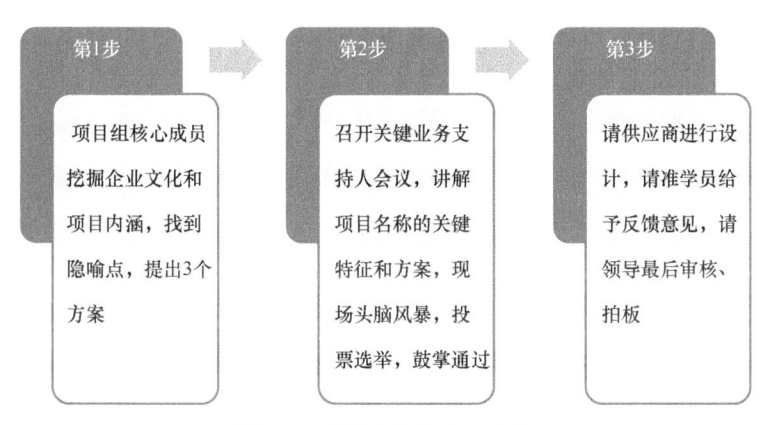

第1步	第2步	第3步
项目组核心成员挖掘企业文化和项目内涵,找到隐喻点,提出3个方案	召开关键业务支持人会议,讲解项目名称的关键特征和方案,现场头脑风暴,投票选举,鼓掌通过	请供应商进行设计,请准学员给予反馈意见,请领导最后审核、拍板

图2-9 项目名称的命名步骤

这3步是一个创意从萌芽到成形的过程,也是磨炼企业关键人员心志的过程。在项目前期有更多人的参与,在项目执行期间就能获得更多人的关注和支持。

2.5.7 项目品牌受众的3个层面

关注项目品牌,一定要研究项目品牌不同层面的目标受众,这样才能从各个触点让不同的受众感受到项目品牌的存在和影响力,并能建立对应的联想和回忆,这也是塑造项目品牌象征价值的关键。

第1层:项目层

第1层是课程开发项目直接接触的层面,也是课程开发项目首先接触的受众层面,主要包括4个视角。

- **学员视角**:酒店的欢迎函、学员手册封面、水和食物、课程道具、拍照墙、团队合影、课程结业证书、优秀团队合影、礼物等。
- **项目仪式视角**:开营仪式、团队建设仪式、课间活动仪式、团队合影仪式、课程结束仪式、颁奖仪式、颁证仪式等。
- **项目沟通视角**:课前调研、培训通知、节日问候、每日提醒、生日关怀等。
- **项目渠道视角**:线下主要通过项目会议和培训的各个环节来展开对受众

的品牌影响；线上主要通过培训通知、培训组织、培训报道的方式展开对受众的品牌影响。因此，公众号、微信群、电子课件、易企秀、学员的朋友圈、企业的学习平台，都可以成为项目品牌的主要传播路径。

第2层：终端学员层

等课程开发好了，进入课程实际讲授应用阶段，又会像第1层那样出现一批新的学员视角、项目仪式视角、项目沟通视角、项目渠道视角等与学员的关注点、体验点高度关联的品牌触点。

第3层：组织层

组织层包括两个方面，一方面是指企业高管和业务部门领导如果不能全程参加培训，则应在培训的关键环节出现，如开营仪式、领导讲话、评审点评、结业仪式等环节，需要让他们感知到项目品牌的力量；另一方面是指要让业务部门领导和项目的利益相关方通过项目沟通会议、环境布置、总结报告、新闻报道、获奖信息等感受到项目的存在，并通过图片、视频和坊间传说了解项目的亮点、价值和所传递的精神。

总之，根据这样的逐层分析，精准地找到品牌触点，有助于品牌构想的逐步完善，在运营过程中也可以逐步配置资源，逐层提升品牌影响力。

2.5.8 项目品牌的5个注意事项

注意事项1：内容的精品化

这也符合"极致性原则"，一方面通过开发的课程产品展现精品化的形象；另一方面借助高质量的宣传内容，吸引新用户或回流老用户，强化品牌吸引力，提升品牌价值。

注意事项2：把握好动态关系

要注意项目之间的动态关系，毕竟课程开发项目在整体人才培养体系中属于规模相对小的项目，重复度也不算特别高，所以需要理顺其品牌和其他项目品牌之间的关系，以免出现冲突或混淆的情况。

项目品牌之间的关系主要有3种，如图2-10所示。

> **平行式关系**：课程开发项目属于课程体系建设过程中的一种项目形式，其他培训项目则属于已经开发成熟的、可独立运作的讲师体系建设项目或通用培训项目，彼此并不冲突，只是相互助力的关系。例如，课程开发项目和新员工培训项目，应该使用不同的项目名称。

> **包含式关系**：开展课程开发项目是为一个大项目做准备。例如，广州

天河城集团为新的中层管理者培养计划"鸿鹄计划"开发了一批管理培训课程，该课程开发项目就不需要有独立的名称，直接嵌入"鸿鹄计划"即可。

> **推进式关系**：例如，顺丰科技的"极课"项目，包含前期和后期两个子项目。其中，前期子项目属于极课开发项目，后期子项目属于极课应用项目。尽管这两个子项目的参与者不同，分别为开发者和使用者，但因为"极课"本身就是一门课程，所以可以一名两用，两个子项目共用一个名称。

图 2-10　项目品牌之间的 3 种关系

注意事项 3：分阶段释放和分层次建设

每年更新一些资源，增加一些新的亮点。例如，在教室的布置上增加一些过往的培训照片，做一个文化长廊，在茶水区增加几个温馨提示的牌子，将拍照的背景换成更专业的背景墙，并增添可以手持的相框道具。让项目参与者每次回到培训项目中时都能感受到新的气息，拥有新的体验，找到新的谈资。这一切新的努力和变化，都可以帮助培训运营者找到新的目标，是一种很好的自我激励方式，也能体现项目的延续性。在项目前期，重点包装课程，在项目后期，重点打造 IP，提升讲师的综合影响力。要给讲师出海报、进行新闻报道、撰写专访文章。讲师本人也需要调用媒体能力，写作能力，跟上时尚热点，能结合时尚热点进行品牌包装，从而让品牌焕发新的活力。

总之，培训项目的品牌构想与运营，看似与课程开发本身没有太大的关联，但一个课程开发项目经理的能力水平往往可以在项目品牌运营中体现出来。品牌运营做不好的项目经理永远默默无闻，项目做了跟没有做一样；品牌运营做得好的项目经理能让一个项目开展得红红火火，能成就企业中的每个人，让每个人都感受到企业的培训费用花在了刀刃上，自己的精力没有白费。

培训项目的运营工作做多了，就不会把品牌构想与运营当成负担，而是将其视为一种专业的追求，视为一种使命。培训项目运营，从微观角度看，是拍好一次照，写好一篇文案，管好一个群；从宏观角度看，是把这些运营手段全部串连起来，更好地作用于一个项目品牌；从第三个角度看，项目运营作为一门艺术，每次运营都能给人带来深刻的感受、深深的感动。运营工作做得好，既能打动学员，又能让自己感受到巨大的成就感、满足感和职业幸福感。

注意事项 4：趁势借力，顺水行舟

品牌建设是需要消耗资源的，最省力、最容易产生效果的方法是注意与企业的最新动向相关联。企业会在最新的战略变化方向和产品推广方向上投放资源，抓住员工的注意力。培训管理者不妨利用这样的机会，把课程开发项目整合到相应的宣传计划中，这样既节省了资源，又提升了效果，两全其美，可以实现"四两拨千斤"的推广效果。

注意事项 5：别让品牌成为项目的负担

品牌建设和品牌影响固然重要，但也要注意把握品牌建设的尺度和速度，别让品牌成为课程开发项目的负担。如果品牌宣传过度，会极大地消耗组织资源，同时给整个项目组和课程开发者增加非常大的工作负担与心理负担，最终造成"劳民伤财""好大喜功""本末倒置"的不良品牌影响，违背了项目的真正初心。

2.6 拟定项目预算

课程开发项目启动之前，需要根据项目整体设计方案，估算投入的人力和物力。企业是追求投资回报率的，所以一个项目的启动实施需要严谨地考虑投入产出比。这也是项目汇报方案中的关键部分，需要在撰写项目汇报方案的过程中，对预算做详细的分析。

以下是培训管理者在项目投入及费用预算方面经常提及的问题。

> 企业的课程开发项目如果不与供应商合作，都包含哪些成本？
> 我想给企业开发一批课程，把这个想法向领导反映后，领导的第一个问题就是："做这个项目大概需要投入多少经费？"这个问题让我一时难以回答。
> 课程开发立项后，哪些费用需要向企业申请？哪些资源需要与其他部门协调？

出现以上问题的原因与培训管理者不清楚课程开发项目包含哪些成本及需要关注哪些人力资源密切相关。那么，通常如何进行项目预算呢？在大型企业中，如果是大型投资或工程建设项目，项目预算的管理需要经历以下 4 个阶段：概算→预算→核算→决算。

课程开发项目因为总体的项目范围和项目成本并不算特别高,所以只要做好概算和预算两个环节,就可以有效推进项目了。

2.6.1 项目预算的来源

只有有效地测算出项目费用,做到项目投资效益最大化,在预算范围内有效执行项目,按时报账,并在财务政策和流程下顺利执行项目,才能确保下一年度的项目预算顺利申请到位,让课程开发项目逐年有序推进。

每年年底,企业在制定年度培训预算时,培训管理者就应考虑及时把第二年课程开发项目的预算做好,放入年度培训预算中。设置年度培训预算总额时考虑的因素有6个,如图2-11所示。

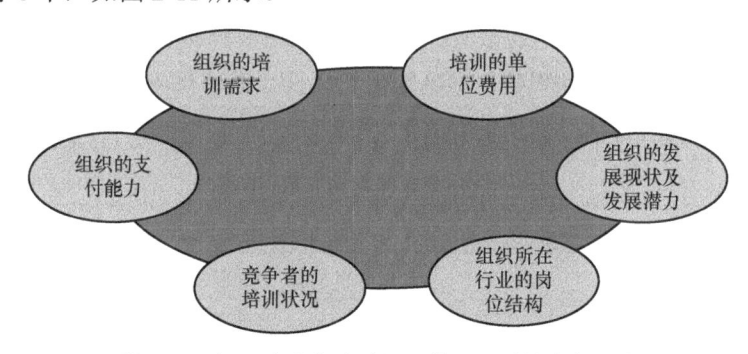

图 2-11　设置企业年度培训预算总额时的考虑因素

其中,课程开发项目的费用主要参照组织的培训需求、组织的发展现状及发展潜力这两个因素来制定。但因为这类培训不像财务人员的年度考证费用一样是必需的培训消费,所以需要在前期有理有据地进行论证。在论证的过程中要通过方案书阐明项目发起的原因、迫切性和项目能达到的效果,并佐以清晰的项目预算数据,这样才能说服企业的管理层同意将该项目纳入到全年的培训预算中。

在制定年度预算时,或者在向供应商发出项目需求前,需要进行简单的项目设计和费用概算。概算中的核心部分是回答以下几个关键问题:开发几门课?课件是什么形式的?是个人开发还是团队开发?通过回答这几个问题来估算每次的班级容量(一个班能容纳几个开发主题,有多少人参加一期的培训)。在参照几家咨询培训公司的项目沟通材料后,估算项目的总体周期(整个项目持续多长时间,需要几次集中培训,每次培训几天)、项目中线上课和线下课的投入时间、因课程数量多而需要追加的顾问人数,再结合咨询公司报的单价,做出一个项目的总体概算。

2.6.2 项目预算的构成

在做项目预算时，主要依据待实施的项目方案确认详细的费用，如根据具体出席人数判断差旅费、培训场地费、具体奖项、奖品等。了解项目中的各个细分项，不仅方便申请项目备用金，也方便控制项目消费，避免费用超标。

此外，对项目预算的判断还需要依赖大量的职场经验，培训管理者需要及时了解行情和各家培训公司的报价，以免前期低估预算，影响后期项目的设计和实施。项目预算的构成通常包括以下4类。

第1类：供应商合作费用

这类费用会根据不同供应商的师资级别而有所差异，也会根据不同企业的需求和资源现状而有所差异。通常情况下，可以根据项目的阶段数量、项目产出物、供应商投入的顾问人数和天数，准确地估算项目中邀请供应商参与所产生的总体费用。供应商的项目费用结构如表2-22所示。

表2-22 供应商的项目费用结构

序号	费用类型	主要内容
1	授课讲师费用	讲师的课酬及税费
2	顾问辅导费用	顾问辅导跟进费用
3	培训物资费用	白板笔、白板纸、美纹胶、便笺纸、签字笔、饮用水等
4	茶歇费用	咖啡、水果、零食等
5	课本费	教材印刷费用，横幅、台卡、授课道具的制作费用
6	课件套装、宣传材料设计费用	对课件包包装设计的费用
7	课程开发软件使用费用	如在微课开发中因购买会员或软件账号等而产生的费用
8	平面设计费用	在微课开发和PPT课件开发中，为避免产生知识产权纠纷、提升课件品牌形象，需要请专业人士设计角色形象、文字和图片，由此产生的费用
9	食宿交通费用	项目团队的交通食宿费用
10	税费	项目税费

如果企业培训管理者对以上费用做到心中有数，在与供应商谈判时，就知道哪些地方的费用合理，哪些地方的费用不合理，哪些地方的费用不能省（如核心授课环节和讲师对课件进行辅导反馈环节的费用不能省，省掉这些费用会严重影响项目质量），哪些费用可以合并在一起（如一些材料制作费用）议价，从而进行

有效的成本控制。

第 2 类：项目激励费用

建议企业建立配套机制来助推课程开发项目成果，其中一种机制就是项目激励机制，此类费用可以结合企业的其他激励政策来设置。项目激励费用结构如表 2-23 所示，仅供参考。

表 2-23　项目激励费用结构

序号	奖项	激励内容（标准）	激励金额（参考数据）
1	过程互动	在项目社群运行的过程中，用于在微信群里发红包奖励，强化互动氛围，庆贺重要节日，鼓励学员的优秀表现（如课堂积极学习、课后积极分享、优先提交成果等）	每次 100~200 元，总额根据项目阶段和重点互动次数来定
2	优秀课件奖	以最终输出的课件成果为单位，如果是团队开发的，则奖励课件开发团队	团队并发：每位小组成员 1 000 元以上 奖励的名额视情况而定
3	优秀学员奖之专业贡献奖	课堂表现积极、项目参与度高、课程演绎表现优异、对课程开发领域有深入研究与卓越贡献、专业性较强，且课件考核达到优秀者	奖励给个人，金额 300~3 000 元不等
4	优秀学员奖之标杆讲师奖	教材内容充实、逻辑思维强、语言流利、演讲风格好、现场气氛活跃、有幽默感	奖励给个人，金额 300~3 000 元不等
5	优秀学员奖之最具潜力奖	在项目中学习主动积极，通过课程开发与试讲实践评估，被认为最具内训师潜质及具备内训师级别素质	奖励给个人，金额 300~3 000 元不等
6	专家委员会的纪念奖励	给专业审核委员会成员（评委组）购买纪念礼物	金额由企业根据预算确定

除了现金激励，还可以采用不同形式的激励方式，如购书卡、外派培训名额、讲师常用的工具百宝箱（激光笔、培训游戏道具等）。

第 3 类：项目运营费用

此类费用是企业运营项目中必不可少的一项开支，特别是跨区域、跨时间的培训运营项目。项目运营费用结构如表 2-24 所示。

第 4 类：项目成果包装或宣传的设计费

此类费用的支出与项目目标相关，也与企业的品牌建设和文化宣传相关。设计费用结构如表 2-25 所示。

表 2-24 项目运营费用结构

序号	费用类别	具体内容
1	场地租用费	有些企业有自己的培训场地，该项费用可以不考虑，但需要提前考虑场地的预订问题
2	培训物资费	该项费用根据需要采购的培训道具等来定，有些物资已经列入供应商费用
3	参训人员食宿费	参训人员的住宿和用餐安排，特别是跨区域人员的差旅食宿问题
4	参训人员交通费	参训人员特别是跨区域人员的交通费用

表 2-25 设计费用结构

序号	费用类别	具体内容
1	项目宣传费用	设计宣传海报、做 X 展架或宣传墙、宣传电子屏等的费用
2	成果包装费用	项目标识设计、课件包后续的推广设计费用等
3	品牌包装设计	内训师个人形象照费用（300 元/人） 课程开发团队宣传视频费用（大合照、无人机航拍费用，4 000～5 000 元） 纪念品印制费用，如个人定制的软陶泥塑像（200～300 元/人）

对于以上 4 类项目预算，企业培训管理者可以根据自身企业的特点及课程开发项目的目标，通过一个预算表来进行规划和统筹，也可以借助该表进行费用的统筹和实时监控。

2.6.3 项目经理的资源整合能力

不少培训管理者最头疼的问题是，企业的培训经费很少！当费用不够时如何争取更多的项目资源为己所用呢？这里分享一组"刷脸出资源"（见图 2-12）的小技巧。这里的"刷脸"，是指通过个人影响力进行沟通说服的过程，往往会透支一部分"情感账户"的积累。

宣传资源：企业内部的公众号、宣传栏、电子公告栏、易拉宝、企业文化墙、横幅标语、内部杂志等重要的宣传资源，有哪些是可以直接使用的，有哪些是可以协调使用的，都需要了解。还需要了解企业最有实力的写手分布在哪里，可以请他们在项目中写一些心得感受、专栏文章、拍一些好的照片，将来发布在项目的各阶段。这样一方面可以提升项目的影响力，另一方面可以在项目中为内部讲师做广告，提升他们的企业内部知名度和影响力，激发他们的成就感和活力。

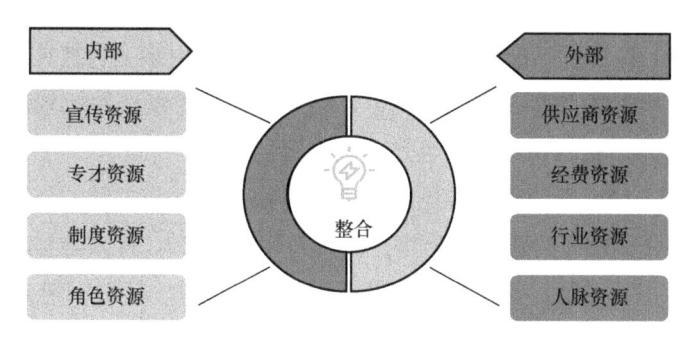

图 2-12 项目经理可以整合的 8 种资源

专才资源：对于企业的先进青年、多才多艺的人（演讲、绘画、视觉引导、视频剪辑、PPT 制作达人等），以及其他可以在项目中成为栋梁骨干的有志青年，都应提前物色，提前做好他们的动员工作，跟他们的部门领导打好招呼，让这些骨干人才加入项目，成为项目的代言人，为项目添砖加瓦。企业的储备干部、管理培训生、名校毕业的实习生，也应纳入到专才资源的考察范围中。特别是在微课开发项目中，更需要时间充裕、精力旺盛、有技术敏感度、有艺术才华、喜欢各种挑战的年轻人加入。

制度资源：培训制度中的讲师专业等级设置、奖项荣誉设置、积分奖励制度等，都应在项目启动时盘点诊断一下，以明确是否可以运用，或者是否需要优化调整，这是项目运行的关键制度保障。

角色资源：角色资源是指在项目管理过程中的各类角色，如项目发起人、项目总监、项目助理。这些人在项目的各个阶段扮演着相应的角色。可以从项目发起人那里争取资金和人力支持，可以找项目总监协调更高层面的领导，或者找对等的领导进行沟通。项目助理可以分担项目中的一些行政工作，如布置教室、帮讲师订酒店、接待学员等。

供应商资源：如果有长期合作伙伴，也可以借用一些资源，请供应商协助做一些力所能及的事情。例如，协调一些外部专家提供免费的辅导服务，请外部专家利用闲暇时间做一些免费的诊断评估服务，等等。

经费资源：这部分资源特指非企业财务部门管辖的年度项目预算、业务部门的活动经费、国家的专项技术补贴、疫情防控期间的政府补贴等，这些都可以解决企业经费资源不够的问题。有的行业协会每年都会有部分专项研究经费，企业可以在课程开发项目中寻找相应的课题去匹配这样的研究经费，申请行业协会为该项目投资。

行业资源：一些行业协会、行业内的上下游企业可以成为讲师开发课程后的持续练兵基地，让讲师"走出去"，抓住更多机会体验更多上台授课的感觉，这也能树立讲师在行业内的专家地位。另外，请兄弟公司赞助一些比较新颖实用的产品或纪念品作为小礼品和奖品，也是一种不错的选择。

人脉资源：培训管理者人脉圈里的外部专家，如某些主题的外部专家（对企业文化、数字化营销、党建、安全等有研究的外部专家）、可以参与项目辅导反馈的外部专家、TTT讲师，都可作为项目资源中的一部分。还可以请外部的PPT专家和设计师给课件提供免费的美化和宣传服务。当然，这些资源看起来免费，其实是培训管理者长期经营人脉的回报。

总之，绝大多数的培训管理者在运营课程开发项目时都感觉资源是受限的，这就需要在项目启动时进行一次头脑风暴，把这些资源系统地盘点一下，用好各种社交人脉，找到彼此的需求交集点，促成资源的最大化利用，"曲线救国"，实现课程开发项目目标。

有人会问，为什么有这么多人愿意免费提供服务？其实原因在于培训管理者掌握了他们的内心需求，有才华的人需要舞台，有能力的人需要影响力，有人气的人需要知识产品，有时间的人需要未来的商业合作机会……只要平常对他们有更多的了解，就能对他们的需求有更多的洞察，就能在新发起的项目中找到这些资源匹配的机会点。

这种善于整合资源的能力意味着培训管理者在日常的工作和生活中，社交面要比较广，平常就能借助各种人力资源论坛、外部培训、社交聚会、过往的职场经历，积累大量的人脉资源，这些资源后来都可以成为保障项目成功的无形助手。这种善于整合资源的能力也意味着培训管理者有较高的情商，善于发现别人的亮点和优势，平常也热心地帮助他人，在社会交往的情感账户上积累了很多"存款"，可以在关键时刻提取变现。

对整合资源有困难的人来说，其实真正的挑战不是想不到资源的存储点，而是不好意思麻烦人，总觉得找人帮忙会欠下太多人情债，怕自己将来还不起，内心不安。但实际上，当你麻烦他人时，也要同时思考能在项目中给对方创造什么价值，这个过程能够很好地锻炼个人的资源整合能力，促进人脉进一步扩张，形成良性循环。敢于麻烦他人，敢于欠人情，是锻炼个人整合资源能力的第一步。

"刷脸"，刷的是过往的人生积累，也刷出了未来的发展动力。不断"刷脸"、不断整合资源的过程，也是一个不断强化培训管理者对项目成功的信念的过程！

思考题

1. 常规课程开发项目需求源自哪些部门？课程开发项目需求与单一的培训课程需求有什么区别？

2. 课程开发需求有哪3个层次？举例说明。

3. 培训管理者为什么要采用渐进式信任策略？哪些方式可以加速信任的建立？

4. 课程开发项目目标除关注目标用户的质量目标外，还可以增加哪些目标？

5. 课程开发模式有哪4种？课程开发模式在中国的发展演变过程中，其发展顺序是什么样的？

6. 敏捷三角形包括哪3个要素？其中"约束"要素包括哪些内容？

7. 在甄选供应商的原则和步骤中有哪些难点？如何理解"合适的才是最好的"这一原则？

8. 项目汇报方案要回答哪8个企业关注的问题？

9. 项目汇报方案要关注哪4点？向领导汇报的课程开发项目方案应该包括哪些要素？哪些是领导最关心的内容？

10. 如何理解项目品牌构想与运营的5个原则？如何把握极致性原则和发展性原则两者之间的平衡？

11. 项目预算中包括哪4种类别的费用？

12. 在你身边的人中，哪位最会整合资源？他应用了"刷脸出资源"中的哪些方法？

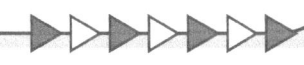

第 3 章 启　　动

启动阶段的标志性事件是"通过项目审批",但通过项目审批并不意味着完成启动。这个阶段实质上是要进一步发动项目外围的团队,有序地支持项目,同时制定详细的激励机制和项目计划,让课程开发团队可以在未来的项目中有序地运作。因此,"启动"阶段可以使整个企业都开始关注项目,使课程开发项目成为团体的游戏。项目经理要保障每个人都能在游戏中找到自己的位置,找到自己的乐趣和激情,大家一起在项目中"打怪通关"。

在课程开发项目的启动阶段,要为后续课程开发项目的具体执行做好基本的保障措施。

在启动阶段,主要内容有以下几项。

1. 通过项目审批。
2. 管理项目相关方。
3. 组建项目团队。
4. 预测项目风险。
5. 制定激励机制。
6. 细化项目计划。

3.1　通过项目审批

3.1.1　向上汇报方案

经过周密的规划阶段,项目经理已经对整个项目有了轮廓性把握,此时需要尽快通过组织内各个审批方的审批,然后正式启动项目。其中,最重要的是获得直属上司的批准和支持,所以需要通过撰写项目汇报方案和面对面沟通的方式来促进审批流程。关于如何撰写项目汇报方案及其注意事项,第 2 章已经阐述,下面主要阐述如何汇报。

汇报方案通常以 PPT 方式呈现，在会议室通过投影的方式来汇报，会议现场如果有团队的其他成员，沟通的节奏就比较容易把握，按照正常的会议流程进行即可。如果是在领导的办公室，直接通过电脑显示或纸质方案的方式单独汇报，沟通的节奏则会比较快，需要快速切入要点，讲方案的设计重点，讨论重点决策事项。如果直属上司在前期已经参与了供应商的见面会，并且知道很多背景信息和决策要素，则汇报的节奏需要更快。因此，方案汇报人需要进行即时的现场设计，即抽选 PPT 方案中的重点内容进行讲解。这种汇报方式很讲究技巧，看似松散，却很考验方案汇报人的逻辑思维，需要注意汇报沟通中的要点，随时切换，把握汇报节奏，方便领导的随时介入和质询，同时促成领导当下做出决策，使项目顺利通过审批。

6 步汇报流程

第 1 步：开场预热

第 1 步共包括 3 个技能点：制定规则、重述需求、预告要点。

制定规则：开场寒暄感谢，设定整体汇报与沟通的规则，如要确定是先总体汇报后互动交流，还是随时穿插互动。制定规则的目的是让参会者提前明确整体时间安排及自己的互动参与方式、角色和权利。

重述需求：用精简的语言和数字重述项目需求，说明项目的目的和目标，以及与企业的业务和战略的关联点。

预告要点：结合过往的经验预告项目的关键问题，预估此类项目的风险点、关键决策点和本次汇报沟通需要重点讨论的事项。

这一步很容易被方案汇报人忽略，但非常重要。一方面是因为参会者在开始阶段难以完全进入聆听状态，所以需要有热身期和过渡期；另一方面是因为项目经理会默认领导一定比自己想得高、看得远，一看方案就能知道项目的意义，但实际上还需要把项目背景重述一遍，这样才能让领导明确后续的具体方案与项目意义的关联点，知道应该重点关注的决策投放点。这个汇报开场的过程也充分展现了项目经理对整体汇报过程的把控能力，所以应该特别重视，提前进行设计。建议在开场时像科教频道的电视节目一样能提出一系列疑问，带着大家共同解决，这是一个不错的技巧。

第 2 步：解释方案

通过项目规划图解释项目分几个阶段、每次集中培训多少天、成果产出形式与质量、项目学员人数、要开发的课程主题和数量、分班分组情况等。

解释已邀请的供应商名单及其方案要点，展示讲师与顾问人选，分析他们各自的优势和劣势。

如果项目经理能在一个复杂的项目规划图中快速、简洁、清晰地介绍主要内容和辅助内容，能让参会者知道项目每个阶段的成果，有理有据地分析供应商各自的优劣势，就能充分体现自己在该项目领域的专业度，也能让参会者和领导建立起对自己的专业信任。

第3步：说明影响

分析可能的项目风险点，并解释相应的预案措施。

分析项目方案对上级、其他部门或学员群体各个层面的影响，避免单一考虑个人利益或仅考虑部门利益。

领导通常很重视这部分内容，希望在项目启动前就把可能的最坏结果全想到，知道如何为项目兜底，这样就可以安心地授权并推动项目开展了。只有从超越本部门的角度看整个项目的价值，才能判断项目是否真的有价值。如果不能做到天时、地利、人和，不能管理好其他部门对项目的评价，很可能就会把好事做成坏事。通俗地理解，就是"花了钱还得罪了人"，领导会认为这样的项目宁可不做。

如果项目发起人是企业的高层，方案是直接汇报给高层领导的，且高层领导对项目成果极其重视，那么对这一部分的担心会少一些。如果对部门间的利益关系考虑太多，反而会让高层领导感觉你做事的勇气不足，缩手缩脚。

第4步：共创价值

在关键的决策点上与参会者进行互动，寻求上级领导的意见。特别是在项目名称的命名上花时间与大家共创，并一起庆贺命名成果。介绍一些企业外部标杆实例，证明方案的可行性和项目对组织的价值，或者介绍内部已经开展的试点和获得的内部反馈。

如果会议有一条虚拟的心理曲线，那这部分应该是会议的亮点。用这个环节提升领导的参与感和投入度，让领导身处项目的关键时刻，一起思考，这有助于提升领导对项目的拥有感，也让领导为项目的后期执行承担一份责任。让领导享有项目命名权，成为一段故事或传奇的发起者，也是对领导最大的激励。介绍企业内外部项目实例，能让领导对项目增加更多的信心，同时也能使其更清晰地看到项目远景，更加期待项目的成果产出。

此外还需要注意，关键决策和项目命名应提前准备好3个备选方案，让领导做选择题而不是做简答题或论述题，不要让领导进入困难的决策"沼泽区"，从而导致整个汇报过程停滞。很多领导有完美主义倾向，对项目命名很纠结，此时项目经理不用急于在现场确认项目命名，而要给领导预留时间，让其发动更多人参与项目命名。因此，要把握好共创价值阶段的重点，先确保项目整体方案基本能通过，没有太大疑问，再花些时间共创价值。

第 5 步：责任承诺

积极寻求并认真聆听领导补充的想法和意见，并融入到项目方案中，制订近期的行动计划，让领导感受到自己做成项目的决心和为项目方案担当的意愿。

要在自己的能力范围内提出最大的承诺，并提出可能需要协助或额外增加资源的领域。

项目经理此时要区分清楚自己的能力界限，敢于立军令状，敢于要资源，这是领导期待项目经理展现的领导者风范，领导也更愿意支持这种有魄力的下属。这个承诺过程也有助于项目经理拉动领导及其他参会者对项目做出承诺，全力支持项目经理，保障项目实现 100%的成功。

第 6 步：共识要点

> 感谢所有参会者，回顾整个会议的重点和关键决策成果。
> 强调方案实际上是双方或多方共同讨论的成果。
> 声明最近的一个行动点，预示下一次的沟通机会。
> 回顾或赞美会议中一个有趣的行为、一个创新的突破点，或者预想未来项目中一个有趣的画面，让参会者离场时体验到轻松和成功的感觉。

会议收尾环节看似没有太多重要的信息，但这个环节充分体现了项目经理的会议管理能力。在这一环节，项目经理要让下次项目会议与本次会议自然衔接，同时赞美参会者，让大家体验到与自己相处的愉悦感，期待与自己在项目中一起享受共事的快乐。

这个场景下的沟通能力可以说是本书讲述的各种能力中最关键的一种，项目经理花 10 倍的努力让自己在这项技能上持续精进都不为过。此外，在每次沟通汇报中，项目经理还应使用各种汇报辅助技巧。

汇报辅助技巧

技巧 1：事前准备

> 熟悉汇报方案的内容，构建腹稿，达到没有 PPT 也可以汇报的灵活程度，以免现场汇报变成了读 PPT。

- 分析领导的聆听风格（细节导向/宏观导向）和决策风格（风险偏好高/低）。
- 准备好开场寒暄（天气、新闻、会议室场景）与会议收尾时备选的赞赏点，如对对方专业身份、专业背景的敬仰，自己的收获和盲点等。
- 适当运用幽默，如调侃自己的个性或缺点，讲述在项目准备过程中的一些趣事。

注意：寒暄、赞美与幽默即兴发挥的效果很好，可以提前做好准备。

技巧2：过程状态

- 在沟通过程中与沟通对象保持合适的空间距离，与对方之间没有阻拦物，尽可能平行而坐，呈45°或90°夹角，有亲切感，但又能保证领导的权威感。
- 在肢体语言和口头语言上保持与沟通对象同频（语速一致、体态一致）。
- 根据沟通内容有意识地选择语言风格，适时转换情绪与语言状态。

技巧3：事后复盘

- 重新绘制整个会议的心理曲线，看看在会议过程中是否让参会者的状态跟着自己有序地起伏，是否创造了好奇、警惕、兴奋、成就、温馨的情绪氛围，参会者的注意力是否被牢牢抓住。
- 复盘自己是否做到了认真聆听参会者的发言，是否运用了确认和赞赏的沟通技能。
- 复盘自己是否能通过语言创造体验感，同时又能在内容上给人以务实和真诚的感受。
- 复盘自己是否能给领导创造一种新颖感，给领导找到一些新的学习空间。
- 复盘自己是否能让参会者体验到支持他人、展现智慧与技能的成就感。

汇报中遭遇的困境

在相对扁平化的组织中，特别是互联网公司，组织层级少，汇报层次少，决策会比较快捷。但在比较传统的组织中，特别是大型集团公司，汇报的压力会比较大，周期也比较长，往往是有审批权限的集团人力资源部总经理审批后，还需要获得集团董事长的审批。其主要原因是项目涉及的学员职级比较高，要调用各部门领导在同一时间参加培训，需要通过集团高层领导的同意才行，这也成为大型企业汇报的难点。在特别重视细节和安全的企业中，向领导汇报更强调计划的严密性、成果的清晰性、数据的精准性，需要将整个项目的详细筹备情况、项目未来进展情况、项目预期成果都以实景的方式展现出来，这样才能让高层领导安心快速地决策。但这里最大的矛盾是：如果高层领导不审批，合同就没办法启动，培训通知也没办法发出，而如果合同和培训通知没有落实，就没办法要求供应商和相关部门提供非常具体的计划和成果示例。这种"你需要我，我需要你"的压力全部集中在项目经理的身上，需要项目经理调用过往的人脉资源，发挥个人的魅力与影响力，逐步说服供应商和相关部门在没有正式审批的情况下先启动部分工作，丰富汇报方案的内容，这样才能让项目更快地通过公司高层领导的最终审核。拿到了高层领导的审批通过意见，就等于获得了进一步的授权，可以做好权力和资源的置换，尽快落实项目计划，兑现过往对各方的预告和承诺。

3.1.2 配合发起招标投标

招标投标的重要性

当涉及采购、招标投标等流程时，很多项目经理都会比较焦躁。然而，根据我们的实践经验，项目经理如果多知道一些非人力资源领域的专业知识，有助于提升自己在大型企业中的系统思考能力，有助于自己更快地适应企业内部的运作环境，有助于自己打破各种跨部门沟通的困境，有助于提升项目执行效率，有助于提升自己的同理心，减少彼此之间的误解，有助于提升 HR、采购、财务、法务多方的职场幸福感。

具体而言，通过招标投标的方式来采购咨询培训服务，从企业的整体管理角度看，有以下 5 个优点。

- ➢ 形成由市场定价的价格机制，使项目价格趋于合理。
- ➢ 便于供求双方更好地相互选择，更好地控制项目价格。
- ➢ 规范价格行为，使公开、公平、公正的原则得以贯彻。
- ➢ 保护员工、廉政廉洁。
- ➢ 在一定程度上可以加速筛选流程，节省谈判时间。

招标投标常见术语

招标：招标人通过招标公告或投标邀请书等形式，邀请满足条件和具有项目执行能力的投标人参与投标竞争。

投标：经资格审查合格的投标人，按招标文件的规定填写投标文件，按招标条件编制投标报价，在招标文件限定的时间内将投标文件送达招标单位。

开标：到了投标人提交投标文件的截止时间，招标人（或招标代理机构）依据招标义件和招标公告规定的时间与地点，在有投标人和监督机构代表出席的情况下，当众开启投标人提交的投标文件，公开宣布投标人名称、投标价格及投标文件中的主要内容。

评标：招标人依法组建的评标委员会按照招标文件规定的评标标准和方法，对投标文件进行审查、评审和比较，提出书面评标报告，推荐 1~3 名合格的中标候选人。

中标：招标人根据评标委员会提出的书面评标报告，在推荐的中标候选人中确定中标人。

授标：招标人对经公示无异议的中标人发出中标通知书，接受其投标文件和投标报价。

签订合同：中标通知书发出后 30 天内，招标人与中标人就招标文件和投标文件中存在的问题进行谈判，并签订合同。至此就完成了招标投标的全过程。

质疑：投标人对中标公告有异议的，应当在招标公示、中标公告发布之日起 7 个工作日内，以书面形式向招标人提出。招标人应当在收到投标人的书面质疑后 7 个工作日内，对质疑内容做出答复。

流标：在采购活动中，由于有效投标人不足 3 家或对招标文件做出实质性响应的不足 3 家而不得不重新组织招标或采取其他方式进行采购，称为流标。

废标：由于响应的投标人不足规定的数量，当事人有违法违规行为或其他可能影响采购结果或公平竞争等情况，由有关当事人提出，经相关采购监督管理部门批准后对已进行的采购活动予以终止，废除已中标人的行为，称为废标。

招标的核心流程

招标的核心流程如图 3-1 所示。

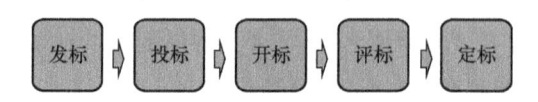

发标 ⇨ 投标 ⇨ 开标 ⇨ 评标 ⇨ 定标

图 3-1　招标的核心流程

很多大型企业都委托代理公司组织招标的过程，因此培训管理者需要知道招标的整体流程和具体衔接点。在发标前要配合制作需求文件和技术评价文件，在开标、评标阶段需要组织相关专家和领导参与评标。

启动招标的前提

很多大型企业都由采购部门来统领招标投标流程，很多采购部门会设置一定的内容和金额，作为启动招标的前提条件。例如，对于超过 10 万元的项目，采购部门会纳入招标投标程序。还有些企业会把供应商按照不同的类别进行分类，对于金额较大、涉及产品品质的项目，必须进入招标投标流程。例如，某制造企业的供应商分类如下。

> A 类供应商：A 类材料的供应商，预计年采购额 500 万元以上材料的供应商。
> B 类供应商：B 类材料的供应商，预计年采购额 10 万～500 万元材料及预计年采购额小于 10 万元但对产品品质有较大影响的材料的供应商。
> C 类供应商：C 类材料的供应商，预计年采购额 10 万元以下且对产品品质无直接影响的材料的供应商。

因此，在进入正式的招标投标流程前，还需要请参与招标投标的咨询公司先进入企业的供应商库。为了控制进程，有经验的项目经理会提前鼓励咨询公司办理入库程序，或者在已有的供应商库中选择咨询公司。

企业采购的常见形式

公开招标：招标人以招标公告的方式邀请不特定的法人或其他组织投标。

邀请招标：招标人以投标邀请书的方式邀请特定的法人或其他组织投标。

竞争性谈判：采购人或代理机构通过与多家供应商（不少于 3 家）进行谈判，最后从中确定中标供应商的一种采购方式。

询价采购：采购人向有关供应商发出询价单让其报价，在报价的基础上进行比较并确定最优供应商的一种采购方式。采购的货物规格与标准统一、货源充足且价格变化幅度小的采购项目，可以采用询价方式采购。

单一来源采购：也称直接采购，是指采购人向唯一供应商进行采购的方式。单一来源采购适用于达到限购标准和公开招标金额标准，但所购商品的来源渠道单一，或者属于专利、首次制造、合同追加、原有采购项目的后续扩充和发生了不可预见的紧急情况不能从其他供应商处采购等情况。该采购方式的主要特点是没有竞争性。

以上几种企业采购方式各有特点和要求，如表 3-1 所示。

表 3-1　各种企业采购方式的对比

招标/非招标	采购方式	报价次数	确认中标人或供应商前是否可以进行商务谈判	项目信息发布方式
招标	公开招标	一次	否	发布招标公告
	邀请招标	一次	否	发送投标邀请函，投标人至少 3 家

续表

招标/ 非招标	采购方式	报价次数	确认中标人或供应商前是否可以进行商务谈判	项目信息发布方式
非招标	竞争性谈判	多次	是	邀请符合资格条件的供应商至少3家
	询价采购	一次	否	发送询价通知书，供应商至少3家
	单一来源采购	多次	是	进行采购方式公示，公示期至少5个工作日

对大多数企业而言，课程开发项目的整体预算如果超过 20 万元，就会采用公开招标和邀请招标的形式。如果课程开发项目是以培训的形式开展的，并且整体金额小于 10 万元，则经常使用竞争性谈判或询价采购的方式。

从乙方的角度看，就结果的可控制性而言，单一来源采购>询价采购>邀请招标>竞争性谈判>公开招标。

竞争性谈判中的谈判技巧

在竞争性谈判中，存在一定的谈判技巧，但最好的谈判结果是双赢。在涉及金额比较大的项目中，是由采购部门主导整个采购流程的，如果项目金额比较小，则由项目经理主导，采购部门给予指导和协助来完成谈判过程，其中涉及一些商务谈判的经验和技巧。在商务谈判的过程中，要立足甲乙方双赢的目的，保证在价格合理的基础上进行谈判，还要尽可能通过谈判的协商过程保障后期的项目交付。不要在前期赢了价格，在后期输了质量，否则就得不偿失了。成效不好的项目，会伤害双方的信任，也会毁了项目经理的职业前程。双赢的谈判技巧有以下3个。

技巧1：多张谈判桌

如果谈判的对方是大型咨询培训公司或国内非常知名的讲师，就会给谈判带来一定的压力。但作为甲方，项目经理始终不要忘了自身的优势：一是自己有预算，有采购权；二是自己代表一个庞大的组织，有不同的部门在管理和干预这个项目，所以自己在谈判的时候，实际上代表了整个组织，代表组织中不同部门的管理诉求。这就给了项目经理很大的谈判"游走空间"，使其可以从整个组织各方面的利益角度来看问题，以此控制谈判的节奏和走向。

在谈判中，可以使用"多张谈判桌"的技巧，即看似对方跟你在一张谈判桌上，但实际上你可以用语言将对方牵引到其他隐性谈判桌上。

> 1号谈判桌：甲乙双方就项目方案本身的谈判。
> 2号谈判桌：将乙方引入"与甲方领导的谈判"。
> 3号谈判桌：将乙方引入"与甲方采购部门的谈判"。
> 4号谈判桌：将乙方引入"与甲方财务部门的谈判"。
> 5号谈判桌：将乙方引入"与甲方法务部门的谈判"。

"你让我回去怎么跟领导交代这个版权的问题啊？""那我得先跟采购部商量一下……""我们采购部门也是有三方比价要求的……""不知道财务部门是否允许……""我们财务部门对预算卡得很紧的""这个额外增加的条款需要通过法务部门的审核"……这些部门都是隐性出现在谈判桌上的，可以随时调出，这就是甲方的权力空间。

技巧2：多维度交易

甲乙双方谈判的核心看上去是请讲师来讲一次课，但实际上围绕培训展开的交易还有很多，如价格、数量、质量、标准、培训时间、税费、账期、付款方式、违约细则等，这些都事关本次商业交易。谈判者应该提前做好重要性排序，从而在谈判桌上围绕这些交易条件抛出不同的方案。

商业交易的本质是交换，交易各方都希望以最小的代价换取最大的价值。交易条件就是在与客户谈判的过程中为了消除分歧、达到谈判目标而用来交易的筹码，这筹码在某种程度上说是对原来的项目方案的调整或拓展。交易条件越多，谈判的空间越大。

为了拓展更大的谈判空间，让双方实现共赢，项目经理应该提前梳理好自己的筹码，包括本企业的品牌价值、未来持续合作的机会、给乙方推荐其他生意的机会，以及其他可以提供的交易价值。"乙方想要的"和"乙方能给的"远比甲方想象的多（见表3-2）。乙方提大条件，甲方就用大条件来换；乙方提小条件，甲方就用小条件来换。总之，有付出必有索取，无须每次都说"不"。

如果能了解乙方的各种需求，可谈的东西就多。要特别留意本章第3.6节，有很多工作任务是需要多角色支持的，一个人在实际的项目执行过程中没办法兼顾这么多工作细节，所以整合乙方资源，在项目谈判过程中将服务谈到位，充分保障项目执行，是甲方项目经理非常智慧的选择，这样还可以让自己分身去做更有价值的事情。

技巧3：多角色风格兼容

在谈判中，项目经理首先扮演的是甲方的角色，同时还应做到在各种角色中切换：可以是未来的项目合作伙伴，还可以是培训圈的朋友。"在项目开展阶段，我们还要继续合作啊""如果项目成效好，我肯定会给行业内的朋友们大力推荐""即使买卖不成咱们情谊也在"……运用多角色谈判技术，不仅可以让你在谈判中创造良好的氛围，还可以让你刚柔并济，更具说服力。

表 3-2 供应商谈判需求和资源对比

乙方想要的	乙方能给的
● 培训费 ● 咨询服务费（调研、评估、报告等服务费用） ● 版权费用 ● 食宿交通费用 ● 教材印刷服务 ● 培训物资与文具费用 ● 税费 ● 账期（及时付款） ● 甲方的品牌背书 ● 在行业内的影响力 ● 项目在国内知名比赛中获奖 ● 让讲师从容出席的合适档期 ● 甲方向其他客户推荐乙方的机会 ……	● 适当增加课题数量和学员数量 ● 项目后期的部分跟进辅导服务 ● 对部分课程的重点跟进与兜底服务 ● 项目后期参加大赛的建议 ● 培训管理制度更新建议 ● 赠送公开课机会或认证机会 ● 赠送免费的线上课程 ● 赠送软件使用账号/免费使用权限 ● 提供调研、评估、报告等免费服务项目 ● 学员的住宿行政接待服务 ● 海报与易拉宝的设计服务 ● 摄影宣传服务 ● 课间茶点 ● 颁奖礼物 ● 咨询公司总经理在重要项目节点的出席 ……

招标文件的组成

招标文件的组成如表 3-3 所示。

表 3-3 招标文件的组成

组成部分	具体内容
招标公告（或邀请函）	1. 招标的名称、数量及主要技术参数 2. 资格审查方式和投标人资格要求 3. 项目报名与招标文件的获取 4. 投标文件的递交 5. 电子招标投标规则 6. 发布公告的媒介 7. 联系方式 8. 免责声明
技术规格书	1. 说明 2. 招标文件 3. 投标文件 4. 投标文件的递交

续表

组成部分	具体内容
技术规格书	5. 开标、评标 6. 授予合同 7. 招标方式与程序
投标方须知	—
评审办法	—
合同一般条款	—
投标文件格式	—
合同协议书及条款	—

开标

标书制作完成，经过采购机关审核后，采购组织者采取网站公示、文件邀标等方式发布采购信息，要求各意向投标单位在指定时间（公示期、质疑有效期）内到采购中心进行标书购买并报名投标。公示期一般为 7 个工作日，公示期结束后，如果无人质疑且标书无改动，则组织开标活动。

开标的过程通常包括如下环节：资格审查（非必需）—交标—唱标—讲标（该部分可能取消）—二次报价（非必需）—评标。

评标的方法

低价中标法：对于符合招标资质要求的投标，价低者得，一般在办公设备等招标中采用这种评标方法，咨询培训服务项目很少采用。

综合评标法：一般采取商务分、技术分、服务分等多项指标按比例加权得出总分的方法，根据分数高低评出中标的先后次序。这是课程开发项目常用的评标方法。

性价比法：按照要求对投标文件进行评审后，计算出每个有效投标人除价格因素外的其他各项评分因素（包括技术、财务状况、信誉、业绩、服务、对招标文件的响应程度等）的汇总得分，并除以该投标人的投标报价，以商（评标总得分）最高的投标人为中标候选供应商或中标供应商。供应商各项评分因素如表 3-4 所示。

表 3-4 供应商各项评分因素

序号	一级功能项	二级功能项	三级功能项	页码
1	企业综合实力	主体资格	专业资质认证	第 页
2	项目团队	人力资源项目经验	主营业务收入	第 页
			管理人员学历	第 页
			同类项目经验	第 页
		团队成员素质	项目经理素质	第 页
		项目经验	团队成员素质	第 页
3	服务方案	设备投入及其他实施方案	工器具投入	第 页
			项目理解	第 页
		设备投入及其他	质量控制	第 页
		服务承诺	服务承诺	第 页
4	扣分项	点对点应答扣分项	点对点应答扣分项	第 页

注：招标前需由项目经理与采购部门项目负责人一起协商确定表中各因素的权重和具体评分标准。

废标的情况

➢ 逾期送达的（有时投标人即使投标只迟到 5 分钟也会宣布废标，造成终身遗憾）。
➢ 投标授权人没带身份证件的。
➢ 投标文件未按要求密封的。
➢ 投标文件未按要求加盖投标人印章的，或者骑缝章没有按照标准盖章的。
➢ 投标文件无投标代表人或法人代表签字的。
➢ 要求的资质证明不全的。
➢ 未按要求提供保证金的。
➢ 未按要求内容和格式编写的，或者现场递标填写资料与应答文件不符的。
➢ 正本未打印，正本右下角法人代表或法人授权人未按要求签名或不签名的。
➢ 违反《中华人民共和国招标投标法》有关规定的其他情况。

招标投标中遭遇的困境

困境 1：结果的不可控性

企业心目中最理想的供应商不一定能如期走完招标投标流程。尽管企业大多数时候都采用综合评标法，但价格因素还是会在其中扮演很重要的角色。采取低价竞争策略的供应商有可能最终入围，这会使项目经理非常被动，在后期的项目合作中双方很容易缺乏信任和认可,项目质量也会大打折扣。

困境2:廉洁与连接的矛盾性

企业项目经理需要廉政廉洁,尽可能少地与投标的供应商接触,同时又需要做适当的干预和提醒,做好"连接",为供应商澄清疑问,提醒供应商准备好各类投标文件,不要犯低级错误,以免导致废标,影响整个招标投标流程。对廉洁和连接的尺度把握,也是项目经理遭遇的一个难点。

困境3:整体流程的不确定性

因为整个招标投标的流程涉及多方,整体流程很容易调整,如果最终培训实施时间是根据业务部门的档期确定的,项目经理就会特别被动。招标投标结果没有出来,就不能通知讲师或顾问预留时间;如果通知讲师或顾问预留时间,最后投标结果又不是他们,就会特别尴尬。这时候,就需要项目经理在过程中发挥个人魅力和影响力,软硬兼施,督促采购部门加快流程,再说服供应商先将时间预留出来。避免这些尴尬的最好办法是在年初启动项目规划,尽早进入招标投标流程,早点儿确定供应商,这样就有更充裕的时间约到合适的讲师或顾问。

3.1.3 送审商务合同

什么时间点会涉及培训项目合同的签订呢?又如何与招标投标流程衔接呢?其实,在开展招标投标前企业已经有了初步的合同范本,只是需要通过招标投标的流程和方式确定供应商,然后与供应商签订正式的商务合同。因此,本章把"送审商务合同"放在招标投标流程之后来阐述。

《中华人民共和国招标投标法》第四十六条规定:"招标人和中标人应当自中标通知书发出之日起三十日内,按照招标文件和中标人的投标文件订立书面合同。招标人和中标人不得再行订立背离合同实质性内容的其他协议。"因此,企业在招标时要充分考虑合同因素。

关联点1:准备时间。这意味着企业在发标时就应当确定合同范本,并作为商务规范书与标书一同发布,中标通知书发出之日起30日内即应签订合同。

关联点2:签署主体。合同签署主体应当为招标人与中标人,不得为第三人。

关联点3:签署内容。合同内容应当依据招标文件和投标文件而定,且不得订立背离合同实质性内容的其他协议。也就是说,通常情况下没有二次谈判。

当然,有些企业采购无须走招标投标流程,可以直接由需求部门找相应的供应商进行项目相关内容的洽谈,当项目内容敲定后再让采购部门与供应商签订商务合同。

不同企业的流程和团队匹配会有所差异，采购部门在哪个时间点介入也会有所差异。

那么，如何起草合同呢？

起草合同的先决条件

➢ **立项通过**：立项通过公司领导的决策审批。

➢ **预算下达**：财务部门下达了预算，并分配了对应的项目预算编号。

➢ **采购执行**：遵照企业的采购管理规定及流程，确定了项目合作供应商，且供应商已在企业指定采购系统注册完成、认证通过。

起草合同的时机

很多项目经理都有这样的经历：因为项目时间紧，所以合同还没有签订就先启动项目，或者先执行项目，再补签合同，走财务报销程序。为了避免这些不合理情况的发生，项目经理要注意项目合同起草和签订的时机。

- **结合预算下达时间**：预算外项目立项至少预留 2 周左右。
- **结合不同类型的采购时长**：招标项目提前 3 个月；比选/询价项目提前 2 个月；单一来源采购项目提前 1 个月。
- **合同审批时长**：平均 7 个工作日，保守估计预留 2 周。

合同签订的金额参考

需不需要签订合同？多大金额的培训费用需要签订合同？具体情况与每家企业的采购、财务相关规定有关。表 3-5 所示的合同签订的金额范围参考来自某世界 500 强企业。

表 3-5 合同签订的金额范围参考

金额范围参考	是否签订合同
小于 1 万元	无须签订合同
大于等于 1 万元，小于等于 5 万元	可以不签订合同，但应在立项时报企业领导批准
大于 5 万元	必须签订合同

温馨提示：涉及重要项目支出的，即使金额小于 1 万元，也可根据实际需要签订合同。实际中一些日常费用可以采取无合同报账方式结算，如会议费、交通费、接待费等，具体以财务部门的规定为准

合同的组成模块及要求

通常情况下，一份培训项目合同由以下 6 个模块组成。

标的要素：合同标的是合同法律关系的客体，是合同当事人权利和义务共同指向的对象。合同标的是合同成立的必要条件，是一切合同的必备条款，因此有关要素必须具体、明确。合同标的通常包括产品名称、品质和数量等参数。

价款税费：包括支付金额及账期、承担的税金、支付条件、支付方式等。

验收考核：首先，明确质量考核标准和依据、验收方式（现场测试/第三方检测）、验收考核队伍的组成人员，建议附考核打分表（含评分标准）；其次，明确验收阶段和时间、考核间隔，明确成果修改的时间和次数等；最后，明确验收需要提交的资料、验收通过的确认方式及验收不通过时的处理方式。

违约责任：包括违约行为、责任形式、特殊情况、争议解决。

变更解除：包括法定解除、协商解除、约定解除。

知识产权：包括权利归属、授权许可、瑕疵担保、保密条款。

以上是一份培训合同需要包括的模块，在具体的合同条款中可以进行拆分和细化。具体合同条款可以参考图 3-2 所示的培训项目采购合同模板。

XXX 培训项目采购合同
第一条 合同标的与价格
第二条 合同执行期限
第三条 合同金额
第四条 质量标准
第五条 交付与验收
第六条 付款方式
第七条 违约责任
第八条 知识产权
第九条 其他约定事项
第十条 合同生效及其他
温馨提示：以上条款供企业参考，具体细节由企业根据实际需要微调。例如，第二、第三条可以融合到第一条中，第四、第五条可以合并为同一条"交付与验收"

图 3-2 培训项目采购合同模板

合同审核的原则、要点与技巧

合同审核的三大原则

合同审核应遵循完整性、公平性、有效性的原则。

➢ **完整性**：合同的内容要包括上述提及的 6 个组成模块，列明相应的条件。

> **公平性**：签订合同双方的权利义务对等，能维护双方的利益，没有"霸王条款"。
> **有效性**：内容具体，可遵照执行，对合同双方人员有指导和约束意义。

合同审核的要点

结合课程开发项目的合同内容，课程开发项目合同审核要点如表3-6所示。

表3-6 课程开发项目合同审核要点

合同的内容模块	审核要点建议
标的要素	● 明确的项目名称 ● 确定品类：课程开发及TTT培训、面授课程开发、电子课件开发、案例开发、微课开发等 ● 讲师人选、时间、地点 ● 参考标的范例（见表3-7）
价款税费	● 明确的总金额及分阶段的付款条件、金额 ● 明确金额包含的明细项，如是否包括讲师费、辅导费、教材及印刷费、税费、差旅食宿费等 ● 项目的具体内容和明细费用可以用合同附件的形式列出 ● 付款方式可以根据金额大小、项目周期，由合同双方商定分首款、验收款，或者分首付款、阶段进度款、验收款
验收考核	● 清晰合理的验收标准，注意：课程的满意度不等于项目的满意度 ● 结合项目目标设定验收考核标准，不同品类有不同的验收标准，如课件包、讲师、微课、案例等的验收标准不完全一致 ● 涉及修改课件的，明确修改次数，修改建议尽量书面化、有记录
违约责任	● 遵循客观免责、权责匹配、便于执行3项原则，具体理解如下：客观免责——写客观的免责条款；权责匹配——权利与义务匹配，明确通知义务、协助义务；便于执行——违约金、损失赔偿要有明确的计算方法 ● 双方如有其他约定需要补充到条款中，或者以附件形式列明，需说明的是，若合同附件与合同正文有任何冲突，则以合同正文为准
变更解除	● 明确合同内容变更的处理方式 ● 由双方协商约定解除条件，内容具体明确、可操作性强；解除内容应当是与合同履行有实际关联的法律事实，解除条件不得显失公平，不得约定任意解除权 ● 有解除程序和解除异议对应的相关约定
知识产权	● 约定开发成果的知识产权归属方 ● 约定开发成果使用的方式和范围 ● 约定双方保密的形式和内容，必要时签订保密协议

表 3-7　课程开发项目合同标的范例

标的：课程开发项目服务					
标包（项目）名称	标包（项目）内容	课件数（门）	课件时长	课件形式	课件限价（元/门）
合计金额（小写）（人民币元）					
合计金额（大写）（人民币元）					

合同审核的技巧

项目经理在快速审核合同的过程中可以自问以下问题，以免出现和双方约定不符的情况。对于这些事实信息，法务部门很难审核，所以要靠项目经理自己用心。此时的认真是为了避免未来的"万一"。

- 公司名称是否正确。
- 通信地址和联系方式是否完整。
- 主讲老师名字是否正确。
- 培训时间是否符合双方约定。
- 培训地点是否符合双方约定。
- 学员人数是否符合双方约定。
- 费用金额是否书写正确。
- 讲师与助教的食宿和差旅费用由哪方承担。
- 发票是增值税专用发票还是普通发票，发票内容是培训费还是咨询费。
- 是否提供打印版的学员手册，是否包括电子版本的学员手册。
- 开户行名称、银行账号、开户支行名称是否正确。
- 协议签订地是在甲方所属地还是在乙方所属地。
- 盖章是否完整（落款处盖章、附件盖章、骑缝盖章）。
- 签约代表是否亲自签字。
- 合同签订日期是否合理（是真实日期，且合同签订日期要早于培训实施日期）。
- 合同份数是否符合企业的管理要求。

总之，项目经理要尽可能让合同一次审核通过。经验就是财富，增加经验的积累，可以让自己对项目有更多的可控性。

3.2 管理项目相关方

3.2.1 理解项目相关方

项目相关方就是可能会受到项目交付成果影响的人或组织，同时这些人或组织会做出相应的行动来影响项目的推进。在课程开发项目管理中，对利益相关方进行分析的目的就是找出这些人或组织，制定沟通策略，从而使其利于项目的推进。

案例 3-1 有针对性地管理项目相关方，为项目保驾护航

背景：

T 公司是一家世界 500 强通信企业。为做好知识管理工作，同时让课程更好地支撑任职资格的认证工作，该企业发起了基于任职资格的课程开发项目，前后共组织了 6 场课程开发训练营。每场训练营时长 3 天 2 晚，每场训练营都有 20 门左右的课题开发量，最终输出了上百门课程。课程类别涉及通用素质类、业务市场类、销售类、技术类各个条线。

结果：

这个庞大的项目有力地保障了当年的任职资格体系整体工程的顺利运转，在每次的课程评审会上，各部门经理都会高度评价这次项目的成果。他们认为课件成果有助于细分领域的知识沉淀，能看出课程开发者在其中获得了很多成长，课程中挖掘了很多有利于进一步提升管理工作的"抓手"，也让各条线的业务专家找到了未来的持续成长空间，起到了专业激励的作用。年终评奖时，很多一线经理都为这个项目投了票。

案例反思：

如此庞大的一个课程开发项目，项目经理是如何管理项目相关方，从而取得项目成功的？

案例启示：

首先，本课程开发项目的缘起是企业需要支撑任职资格体系的建设工作，该项目工作的年终考核指标就挂在该企业副总经理名下，而这位副总经理在调任到此岗位前，负责整个集团的任职资格体系建设工作，所以对该项目的背景很熟悉，这为整个项目的开展带来了得天独厚的优势。当然，该项目的项目经理也充分利用了日常的周会、例会，让项目发起人随时知道项目工作的进展，并请项目发起人在更高层面的会议上与各部门领导沟通，督促大家及时完成选题、选人、评审等各项工作。

其次，开发的课题是支撑各职能部门和业务部门的岗位资格认证考试工作的，因此各部门也是项目中非常关键的相关方，如何提高相关方对项目的重视度及调动他们的参与度就成了关键动作。在本案例中，项目经理在项目前的需求调研、课题的选定、项目中开发团队的选派、输出成果的评估等方面都做了大量工作。项目经理在项目启动前就组织各部门一线经理专门开会讨论选题，随后又将选题汇总后及时报告各部门更高层级的领导进行综合审核。这一系列举措让部门一线经理充分感受到了工作的重要性。

再次，考虑到每场训练营的开发课程量大，而各业务部门选派的开发人员是本岗位的业务骨干和专家，并不是课程开发方法和技术方面的专家，为了保证课程开发的质量，该项目特别做了前置的培训认证，在内训师队伍中选拔和培养了一批课程开发辅导导师，请这些导师基于个人的专业知识和新学的辅导技术，辅助各条线专家开发课程，同时作为项目运营团队成员，为项目献计献策，推进项目进展。

最后，项目还涉及企业的员工，他们是课件最终应用的相关方，员工的需求也被考虑在项目内。项目经理提前做好了调研，特别是对于过往已经参加过考核并计划在新一年度继续参加任职资格考核的目标学员，提前了解了他们的诉求和意见。

从案例 3-1 可见，课程开发项目中的项目相关方，通常有项目发起人、项目管理团队、项目运营团队、项目成果的用户团队等。项目管理团队以项目经理为核心，其重要职责就是管理项目相关方的期望及平衡不同项目相关方的利益，并确保项目运营团队以专业和合作的方式与项目相关方打交道，具体职责体现在以下几个方面。

> ➢ 弄清楚谁是项目相关方。
> ➢ 确定他们的要求和期望。
> ➢ 明确他们的职责。

- 主动与他们沟通。
- 满足他们的要求。
- 关注他们的期望。
- 让他们尽责。

那么，如何更好地管理项目相关方呢？可以按以下 3 个步骤操作：识别项目相关方—分析项目相关方—制定项目相关方管理策略。

3.2.2 识别项目相关方

不同的企业、不同类型的课程开发项目，涉及的项目相关方会有所差异。以从无到有的引导式开发为例，项目相关方分类如表 3-8 所示。

表 3-8 项目相关方分类

类别	具体的岗位或代表人物
项目发起人	企业大学/企业人力资源部/企业的某业务部门
项目管理团队	企业领导层/人力资源部管理层/相关业务部门的管理层
项目运营团队	以项目经理为首的项目团队（包括外部供应商的运营团队）
项目成果的用户团队	课程开发输出后的最终学员及学员所在的部门或团队

3.2.3 分析项目相关方

识别项目相关方后，项目经理需要对项目相关方进行有针对性的分析，建议借助项目相关方权力和利益矩阵（见图 3-3）进行分析，并指导下一步骤的策略制定。

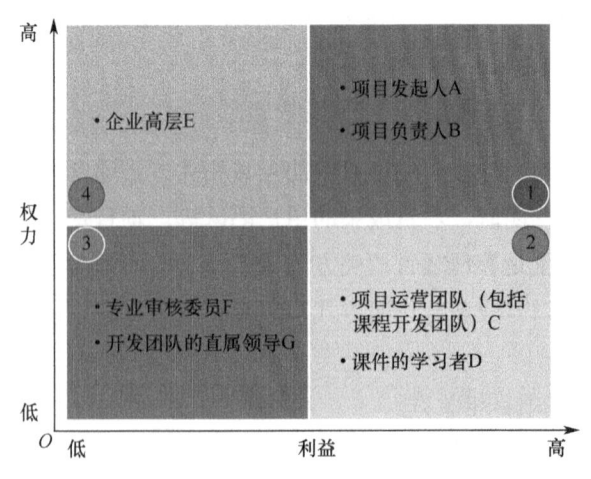

图 3-3 项目相关方权力和利益矩阵

> 第 1 象限：权力高、利益高人群，如项目发起人 A、项目负责人 B。
> 第 2 象限：权力低、利益高人群，如项目运营团队 C、课件的学习者 D。
> 第 3 象限：权力低、利益低人群，如专业审核委员 F、开发团队的直属领导 G。
> 第 4 象限：权力高、利益低人群，如企业高层 E。

3.2.4 制定项目相关方管理策略

分析项目相关方后，项目经理需要对项目相关方制定有针对性的策略，如图 3-4 所示。

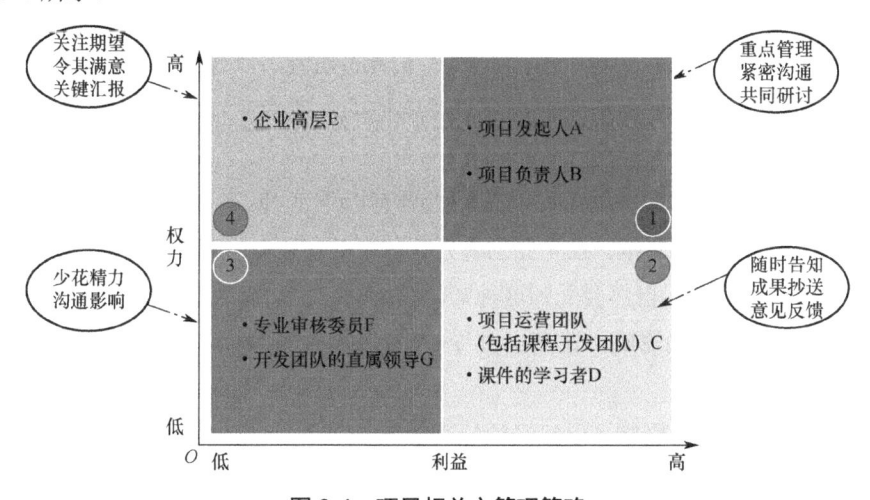

图 3-4 项目相关方管理策略

对第 1 象限的人群进行重点管理

当项目发起人和项目负责人不是同一人时，需要与这两个角色紧密沟通课程开发的目标和验收标准、课程开发的里程碑和阶段性的进度信息等，双方需要紧密沟通具体内容和相关细节。在分析和确认课程开发需求后，双方共同研讨具体的项目实施方案，遇到问题时共同研讨最佳解决方案，等等。

对第 2 象限的人群进行告知管理

项目运营团队需要在项目经理的带领下，随时了解项目的进度，清楚自己的职责，从而做好团队协作，共同为项目的成果努力。需要注意的是，这里的项目运营团队主要是指课程开发团队及包括项目经理在内的课程开发项目运营团队。对于课件的学习者（未来最终成果的用户），建议定期向他们宣传课程开发的价值、意义及阶段性成果，有针对性地收集他们的反馈意见，确保课程开发成果的匹配性和未来推广的落地性，等等。可以在课程开发项目中将项目和课程的一些亮点及时宣传报道出来，让未来的课件学习者充满期待。有的企业会在年初举行专门的课程发布会，让精英讲师为自己的课程站台宣传，让员工提前了解年度新课程信息，促使大家在制订个人年度学习计划时提前把新推出的课程纳入学习计划。

对第 3 象限的人群进行影响管理

开发团队的直属领导一般指部门领导，是区别于项目运营团队和企业高层领导的项目相关方。如果课程开发团队的人选是其直属领导推荐的，那么项目经理只需要与直属领导进行关键节点的沟通，汇报开发团队的学习情况和贡献度。如果课程开发团队的人选并不是其直属领导推荐的，甚至有些直属领导认为自己的下属参加课程开发会影响本职工作，那么，项目经理需要采取沟通影响的方法让直属领导知道项目的意义和价值，汇报其下属的期望，以及下属的学习成长对部门的贡献，必要时可以邀请企业高层来影响他们，或者通过相应的激励机制来获取他们的支持。

根据经验，对部门领导的影响策略主要有以下 7 种。

- **策略 1：文化影响**。在企业创造人人分享的文化，由董事长亲自开发课程和授课，各部门自然会受到这种文化的影响，主动支持企业的课程开发项目。
- **策略 2：借力影响**。让高层领导与部门领导直接沟通，请其安排下属参与项目。
- **策略 3：参与影响**。让部门领导直接参与项目，也开发一门课程进行讲授，拥有属于自己的一门课程。
- **策略 4：平台影响**。提前搭建平台（课程分享的项目），安排部门领导的下属授课，为其创造展现自己的机会。等有了好的激励效果和经验沉淀效果，再回头请他们派其他人参与后续的课程开发项目。
- **策略 5：变通策略**。以结果为导向，与部门领导协商，不一定非要派人来参加培训，只要能最后提交成果就行；不一定非要去教室参加培训，也可以邀请顾问来企业，为其提供一对一辅导。
- **策略 6：欠账策略**。如果部门领导说最近部门工作任务很重，有拒绝的意思，那么项目经理可以"面带难色"地表示理解，让对方感到不好意思，先欠一笔，在未来的项目或项目的下个阶段再次与其沟通，请其派人参与或采用其他方式对项目表示支持。
- **策略 7：悬停策略**。先不着急催促部门领导表态和支持，而是从其他部门开始做起，等其他部门的课程开发成效显现了，甚至高层领导也开始欣赏支持时，再来影响这部分动力不足的部门领导，为时不晚。

总之，建议不要对所有的部门领导都采用同样的沟通说服策略，也不要搞"一刀切"，一定要让所有的部门都同时重视和参与项目。要给各部门领导留出空间，留出选择权。遇到障碍时，退一步，或者换一种方法，反而可能会出现意想不到的效果。

对第 4 象限的人群确保令其满意

关注企业高层领导对课程开发项目的需求和期望，将其融入到项目设计和实施过程中。此外，切记要在关键节点向企业高层领导进行成果汇报。

如果第 4 象限的人是企业高层领导，但不是人力资源部门或企业大学的直属领导，那么他们对项目的成败会起到非常关键的作用。"令其满意"的方式，除了定期汇报以表示尊重，更重要的是让其有实质性的参与，让其在项目委员会的领导名单里挂职列名；请其提出一个对企业有战略意义的课题，作为本次项目中重点关注的一个课题；遇到专家无法协调和影响的重要时候，请其出面专门打电话沟通协调；在工作坊期间，请其讲话动员或专程来暗访关怀；将项目进展中的精彩镜头通过微信分享给对方，让其感到好奇或感动；关键的项目命名和成果手册的包装风格决策，也要请其参与定夺；在最后的评审环节设置一个创新且荣耀的奖项，给高层领导创造一个意外的惊喜，表达对高层领导的感谢。这些沟通方式不会给高层领导增加过多的负担，同时又能让他们有参与感和荣誉感，使整个项目的被关注度整体升级。高层领导关注项目，项目成员也会更加重视项目。

总之，项目相关方是成果输出的影响人，在项目立项阶段就应该被识别出来，并让他们尽早参与到项目的适当环节，倾听他们的期望，关注他们的需求，和他们充分沟通，让他们感受到被尊重，清楚自己参与项目的权利和义务。

根据项目相关方管理策略，可以对各象限的项目相关方进行分析，从而制定详细的项目立项及相关方分析表，如表 3-9 所示。

表 3-9 项目立项及相关方分析表

项目名称：
项目背景：
项目需求描述：
项目目标描述：
项目里程碑：
项目产出：
项目经理：
项目相关方分析：

续表

姓　名	职　位	角　色	联系信息	需　求	期　望

权力	

利益

项目相关方管理策略：

姓　名	角色/职责	在项目中的利益	影响评估	获得支持或减少障碍的策略

案例3-2 项目发起人变更了怎么办

背景：

Y银行的业务部有一栋独立办公大楼，该业务部平时的业务量很大，人员也比较多，员工队伍比较年轻。人力资源部门非常重视内训师队伍的建设工作，与咨询培训公司一起协作设计了一个长线条的新任内训师培养项目，邀请众多一线骨干员工报名，开发多门课程并进行长线辅导。因为人数比较多，咨询培训公司在交付的过程中配备了两位项目顾问，前后选了三位讲师完成了三批次的课程开发实施授课工作，对每门课程的开发和授课都做了精心的辅导。项目整体进展顺利，按照预定的计划完成了3期课程开发和3期讲师授课技术的培训，课件成果也都有序产生了。

结果：

在项目收尾阶段，项目经理突然一反常态，说领导对这次项目不满意，对项目的授课讲师和课件成果都不满意，责成咨询培训公司进行后期修正，如果后续收尾工作还不能令人满意，就要参考合同中的相应条款对整个项目款项进行扣罚。

反思：

咨询培训公司的项目组听此信息，赶紧启动内部会议商讨项目收尾对策。在项目复盘过程中，大家最感慨的地方是在整个项目过程中没有做好与项目发起人的及时沟通。这次项目的发起人是人力资源部领导，该领导参与了项目招标投标期的洽谈和项目启动环节。然而她在项目中期被调离了人力资源部，由一位刚休完产假回来的领导接任工作，也就是说该项目在中后期更换了发起人和负责人。对于这个更换领导的关键节点，咨询培训公司的销售顾问并没有敏锐地感知到，也没有及时组织团队成员与这位新任领导进行沟通汇报。

咨询培训公司后来才知道，这位领导曾经进入培训课堂看过讲师的授课过程，并在餐厅与几位熟识的员工做了初步沟通，找到了很多不满意的点。等项目成果出来后，她又恰恰看到了其中几门课程的课件PPT风格与自己的审美风格存在不一致的地方，所以很生气，赶紧把项目经理叫来进行了严肃的反馈。项目经理听到这个反馈很紧张，赶紧与咨询培训公司的项目顾问进行了严肃的沟通。

总结：

项目经理在关注项目整体质量的时候，也要随时关注项目相关方的管理问题。如果重要的项目相关方出现了变更，那么应该及时邀请项目组成员分析这一变化，了解重要的项目相关方的沟通偏好，及时告知项目背景和项目前期的信息，让对方调整好对项目的期待，进入正确的项目角色，这样才能最终避免给项目相关方制造"意外惊喜"。如果重要的项目相关方在前期没有参与项目决策，突然接手项目，自然会有很多排斥感和挑剔感，这些感觉都有可能导致项目出现坍塌性风险，让项目的最终交付遇到重重阻碍。

因此，不管是甲方的项目经理还是乙方的项目经理，都应该培养极其敏感的项目相关方识别和管理"触觉"，在做好项目本身的同时，也要关注项目环境的变化，不给项目找麻烦，不让项目陷入前功尽弃、面目全非的尴尬境地。

3.3 组建项目团队

3.3.1 课程开发项目团队的层次

将项目相关方的分析工作放在组建项目团队之前，一方面是因为对项目相关方的分析主要依赖甲方内部的信息和组织经验，需要在组建团队前进行系统分析；另一方面是因为项目管理团队分为3个层面，如图3-5所示。

> **指导层**：项目指导委员会与课程内容评审委员会。
> **运营层**：课程开发项目运营团队。
> **开发层**：课程开发团队。

需要在顶层设置一个课程内容评审委员会，邀请企业各条线懂专业内容的部门领导参与其中，担任评审委员，而他们原本就在项目相关方之列。该委员会在项目收尾与汇报阶段会进一步拓展，有企业管理层加入，除评审课程内容外，也对整体的项目质量进行评价。

真正的项目管理工作实际上是由课程开发项目运营团队来完成的。课程开发项目运营团队的核心人物是甲方的项目经理和乙方的项目顾问两个角色，在项目

图 3-5 课程开发项目团队的层次分布

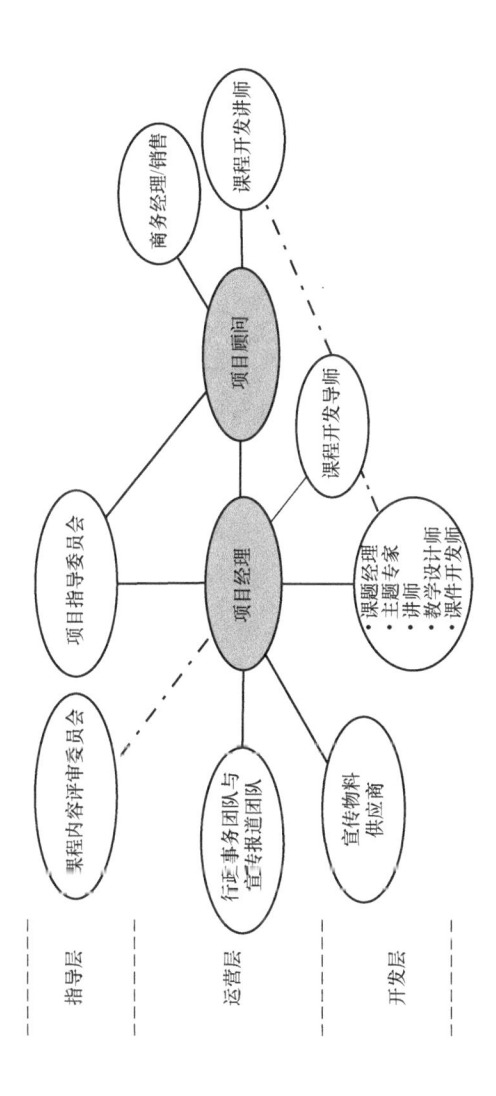

注：图中的实线表示直接汇报关系，虚线表示间接汇报关系或接受辅导关系。

的启动阶段会邀请课程开发讲师和行政事务团队、宣传报道团队成员的加入。在收尾阶段，课程开发讲师会退出，商务经理（乙方的销售）会介入项目，完成商务部分的项目收尾工作。

组建项目运营团队有助于凝合甲乙双方的实力和课程开发者的实力，有助于实现分层次管理和对等沟通，同时也有助于在不同的时段邀请不同的角色参与。这个团队组建的过程往往没有正式的组建仪式，需要项目经理清楚每个阶段各个角色的出场顺序，在会议、聚餐等环节向每个角色明示其任务和分工，鼓励和表扬他们的付出，不断提升他们的团队意识和执行力。

如果项目中没有乙方参与，乙方的项目顾问这一角色就由项目集经理直接担任，一个人的工作负荷比较重。但如果项目集经理经验丰富且有足够的组织流程表格支撑，就不需要协调外部资源，不需要走繁杂的商务程序，也不需要开很多的筹备会议，这样比较高效，这也是本书对未来企业内部实施课程开发项目的最大贡献。

3.3.2 课程开发项目团队的角色与分工

课程开发是一个有着阶段性工作任务、由多人参与、渐进式清晰成果的过程，除了要考虑项目范围管理、过程管理，团队管理也是非常重要的环节。因此，在项目启动之际需要组建项目核心团队，并明确每个团队角色的权责利。

课程开发项目团队中指导层的角色与分工

课程开发项目团队中指导层的角色与分工如表 3-10 所示。

表 3-10　课程开发项目团队中指导层的角色与分工

项目角色	工作职责
项目指导委员会	主要由甲方的项目发起人和乙方的项目总监担任，主要工作包括： ● 对项目成果负责，在项目过程中监督评审项目的过程质量 ● 指导项目集经理和项目顾问组织处理非专业内容的项目外部难题 ● 为项目协调资源，提供组织支持保障
课程内容评审委员会	主要由各部门的领导或首席专家担任，主要工作包括： ● 确认课程开发选题与合适的人选 ● 为各课题组提供指导思路 ● 为课题组开发课件提供相关的资源和资料支持 ● 对各课题组提交的课件 PPT 提出反馈意见，指出课程内容需要优化的地方，并和各课题组讲师沟通，确保双方就内容达成一致 ● 参与课程开发项目最后的评审与验收 ● 为课程的未来正式实施创造外部条件

其中，项目指导委员会给予运营团队的支持不是技术方面的，更多的是关于授权和意外事件的处理。例如，当运营团队中出现了成员离职、团队成员严重不胜任或项目中出现了严重超出合同范围的情况时，此类事务会提交到项目指导委员会来协商处理。

课程内容评审委员会在课程开发项目中发挥着举足轻重的作用。他们对开发课题的内容有深入的理解和研究，能站在公司高度审视内容的深度和广度，全面评价课件内容对业务推动、人才培养的价值，预估课件落地推广的情况。课程内容评审委员会的成员通常由课件成果用户的领导层和内部业务专家或技术专家来担任。在评审现场，他们还有可能分析课程的未来应用空间，倡导公司的相关人员参加未来的培训，为课程的落地创造外部条件。

我们在过往的项目实践中发现，不少企业在实施课程开发项目时，只是确定了课程开发的课题及对应的讲师名单，往往忽略了一点，那就是在大多数企业中，讲师都是兼职而非全职岗位。讲师在课程开发过程中，既要保证本职工作的绩效，又要全身心地投入到课程开发项目中，这会导致严重的"工学矛盾"。此时如果讲师的直接上司是课程内容评审委员会成员，就会在身份意识上有很大的转变，更好地支持和鼓励讲师开发课件。因此，组建课程内容评审委员会的意义，更多的是让管理层的人融入项目，为项目的开展保驾护航。

课程开发项目团队中运营层的角色与分工

课程开发项目团队中运营层的角色与分工如表 3-11 所示。

表 3-11　课程开发项目团队中运营层的角色与分工

项目角色	工作职责
商务经理（销售）	负责与商务相关的工作，主要工作包括合同签署与变更、费用申请与支付、客户关系维护
项目集经理	负责该项目的部分核心技术工作，主要工作包括： ● 项目整体管理与控制，对项目整体实施提供专业指导意见 ● 对项目进度、关键节点进行把控，对成果进行把控验收 ● 项目运营和数据管理 ● 负责指导行政事务团队和宣传报道团队，涉及供应商完成项目支撑工作
项目顾问	负责该项目的核心技术工作，是该项目的日常工作联系人，主要工作包括： ● 按项目规划完成各项工作 ● 与客户定期沟通，协调相关资源 ● 协助讲师与项目集经理进行学员管理与课程开发、授课培训辅导 ● 协助项目集经理完成项目中涉及的咨询和调研工作，分阶段出具相应的项目报告和过程知识资产文件 ● 协助项目集经理对整体项目进行总结评估

续表

项目角色	工作职责
课程开发讲师	主要担任课程开发培训与实践顾问，主要工作包括： ● 课程开发工作坊的设计与实施 ● 指导项目顾问和行政团队完成工作坊前期的准备工作 ● 培训现场的授课（课程开发培训与授课技术培训） ● 在培训现场和培训结束后持续对课件提供反馈 ● 在有课程开发导师的项目中，辅导课程开发导师逐步胜任导师工作
课程开发导师	主要担任相关主题的课程开发的辅导者，主要工作包括： ● 培训现场入组辅导学员开发课程 ● 课件的评审与持续辅导 ● 参与学员课程试讲与课程验收评估 ● 鼓励与跟催所负责课题的课程开发进度
行政事务团队与宣传报道团队	主要工作包括： ● 协调内外部供应商完成食宿安排、文具礼品准备、教室布置、茶歇准备、现场签到与评估表发放收取、照片上传至公共文档等行政准备工作 ● 负责各阶段的宣传工作，完成会议通知、横幅设计、海报设计、微信群互动图片设计、公众号新闻报道、项目总结视频剪辑等宣传工作

案例 3-3　J 建筑企业的课程开发项目

背景：

J 建筑企业于 2022 年上半年举办了一次课程开发项目，本次开发的课题 90%是工程技术类课题，邀请的都是企业内部相关领域的技术人员。由于该企业不是第一次举办课程开发项目，因此，前期的选题、组建团队等工作都独立自主地完成了，只是在培训环节邀请了外部咨询顾问。同时，考虑到工程技术类的讲师在自己专业领域的技术实力很强，而做课件的能力比较弱，该企业也邀请了外部咨询顾问对课件进行在线辅导（本次项目的培训和辅导工作皆在线上进行）。

项目开营、课程开发培训、课件辅导等工作都在线上如期顺利地实施，课程开发团队的学习热情也很高。经过一个多月的课程开发及两次线上辅导，终于迎来了课题验收和讲师认证。然而，就在认证会现场，出现了一件很尴尬的事情：多个技术课题验收不过关。究其原因，是现场技术评委认为课题中涉及的技术已不符合当下的业务现状。

思考：

为什么在课题验收的那一刻才发现课件中的技术不合格，不匹配企业当下业务呢？课题开发小组花费了时间和精力，用心开发出来的课程却不能通关，这种情况未免太让人扫兴了，会显著影响开发团队的动力和感知。

案例反思：

如果能在专业技术类课程大纲输出时进行审核，是否就不会出现这种尴尬情况了？这个案例给我们最大的启示就是，企业在开发技术类课题时，一定要邀请相关的资深技术领导加入课程内容评审委员会，同时在课程成果输出的关键环节一定要等前期审核通过后再进入下一个环节，做到层层把关。在本案例中，这位技术评委就是该企业的技术总监，对各大工程涉及的技术都非常熟悉，因此在选题环节、课程大纲输出环节和课件初稿的审核过程中就应该让他参与进来，而不是只在最后的验收环节才邀请其出席。

课程开发项目团队中开发层的角色与分工

课程开发项目团队中开发层的角色与分工如表 3-12 所示。

表 3-12　课程开发项目团队中开发层的角色与分工

项目角色	工作职责
课题经理	经常由部门指定的主题专家担任，主要工作包括： ● 召集与管理本课程组的参与者，特别是招募匹配该主题的主题专家 ● 组内协调与分工 ● 课件成果的收交与版本迭代的管理
主题专家	部门指定的专家，主要工作包括： ● 参与课题开发的前期素材准备 ● 对目标对象进行课前调研 ● 在工作坊现场积极发言，贡献经验 ● 审核与验证课件中的知识
课件开发师	部门指定的课题开发助理，主要工作包括： ● 应用 PPT、Word 等软件，参照课件包 5 件套的格式开发课件 ● 在课件开发过程中做辅助性的经验萃取和文档管理
讲师	部门指定或小组协商确定的课题主讲老师，主要工作包括： ● 课程的小组内部测试 ● 说课与磨课环节的试讲 ● 在评审阶段进行汇报与示范讲解 ● 未来的正式授课

续表

项目角色	工作职责
教学设计师	主要由现场的课程开发讲师担任，也可由组内过往有课程开发经验和受训经验的主题专家担任，主要工作包括： ● 为组内成员讲解与辅导应用教学设计的专业工具和知识 ● 在课程开发过程中，参与辅导课程中的任务分析、情境分析、目标设定、结构设计、教学活动设计、案例开发等教学设计的专业技术工作

开发层的团队人选与工作机制将在第 4 章做重点介绍，因为具体的人选与角色分工无法在课程开发的工作坊之前正式确认，需要在课程开发工作坊中的团队建设这个环节，由小组成员研讨协商正式形成，这样的研讨有助于每个人明确自己的角色职责，并形成相应的承诺。

3.4 预测项目风险

3.4.1 项目风险的属性

如何理解项目风险？通俗地说，项目风险就是"可能导致项目损失或失败的不确定性"，也可以理解为"某一事件的发生会给项目目标带来不利影响的可能性"。例如，一种不确定的事件或条件（范围、进度、成本和质量）一旦发生，会对至少一个项目目标造成影响。这种不确定性和可能性使项目风险管理成为项目经理必须做的事。俗话说，风险计划是项目经理的第一天职。

项目风险通常有 3 个属性：一个事件、发生概率、造成的影响。一个事件指的是可能发生风险的某个节点或某个场景，如在"课程开发选人"这个事件中的某个场景。发生概率指的是风险发生的可能性、发生风险的触点等。例如，课程开发选人环节最可能发生的风险事件就是选了没有参与课程开发意愿的人员。造成的影响指的是该风险事件发生后对项目的相关要素的影响，如延长了项目周期、导致课件包验收不合格等。

《项目管理知识体系》一书指出，项目风险管理的内容包括风险识别、定性风险分析、定量风险分析、风险应对计划和风险监督与控制。在执行过程中，项目风险管理可以简化为风险识别、风险度量、制定应对措施和风险监控 4 个步骤。本节以课程开发项目风险管理阶梯模型的方式来讲述项目风险的领域和风险等级，同时给出了常见风险的应对建议。风险监控部分将在第 5 章讲述。

3.4.2 课程开发项目中的风险

在课程开发项目管理中，存在哪些风险呢？又该如何识别、监控和应对这些风险呢？根据多年的课程开发项目管理经验，我们发现项目经理经常会根据过往的经验将项目风险总结为如下几个方面。

➢ 项目预算不足。
➢ 开发的课题缺乏依据和体系指引，实用性和传承性不强。
➢ 开发课题数量多，时间紧，有项目延期和开发质量风险。
➢ 开发团队的积极性和主动性不够，导致项目难以推进。
➢ 合作的外部团队不懂企业内部的业务和专业，难以保证课件成果。
➢ 开发的课件被束之高阁，没有在企业中落地运用。

以上对风险的描述有些凌乱和笼统，而且风险的原因往往属于难以控制的外部因素。识别风险的目的是让项目经理能够更好地采取应对措施，因此必须更加精准地关注内部可控的因素来避免外部干扰。建议多从项目经理更可控的"项目设计"和"课程开发"的角度来做风险分析，这样更容易找到应对风险的办法。图 3-6 是我们总结的课程开发项目风险管理阶梯模型，能更加结构化地展示课程开发项目中常见的风险。

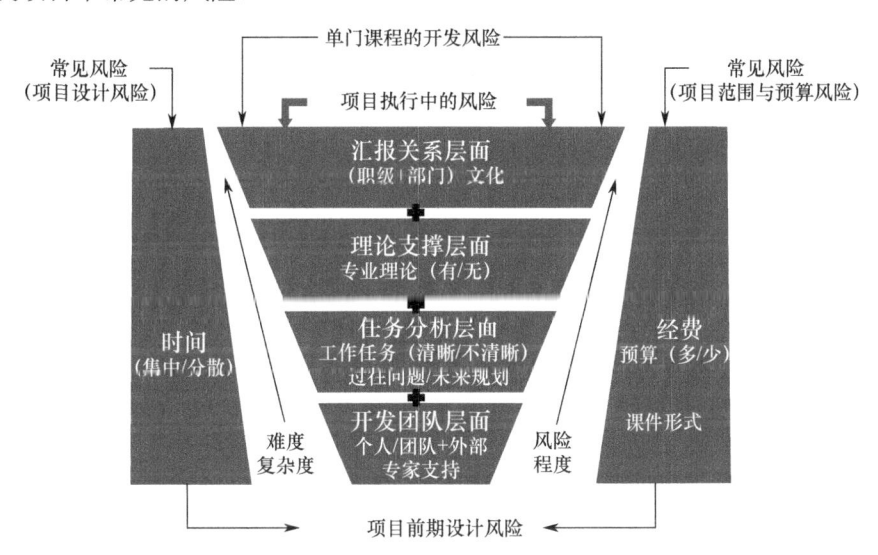

图 3-6 课程开发项目风险管理阶梯模型

在图 3-6 中，将课程开发项目风险分为常见风险和单门课程的开发风险两大类。

常见风险

项目范围与预算风险

需要了解一个课程开发项目的范围，即最终输出课程包的形式要求是什么，以及有没有充足的预算。具体来说，就是回答以下几个问题：一门课程需要开发出多少件套？是5件套、8件套，还是18件套？课件包未来要支撑绩效改进吗？这些内容决定了项目周期及最后课件包的交付数量，也是衡量项目难度的重要指标。

同时，还要关注项目运营中应该有的资源是否具备。例如，是否有相应的预算和经费，包括请讲师的费用、教室租用费用、学员住宿费用及给学员准备的培训文具、午餐、课间茶歇食品等福利？当项目出现偏差，需要额外邀请专家介入时，是否还能协调相应的经费？在协调公司内外部资源的过程中，是否能安排一定的接待礼仪和礼品？等等。如果这些问题的答案都是肯定的，就意味着项目有了更多的成功保障。

项目设计风险

项目选题如果是通过前期的学习地图绘制梳理的，有可能会降低课程开发的难度，但这些课题有可能是课程开发者平时执行频率比较低的、无成功实践的，这样整个课程开发项目的难度会陡然升级。如果课程开发选题是内训师按照个人的熟悉程度，选择自己最擅长的主题开发的，每门课程的开发难度就会降低，但是整个项目的质量有可能会下降，因为各门课程之间的关联性不强，显得松散凌乱，无法形成课程的系统合力。

在时间"集中/分散"这个选择项上，如果项目选择多次集中，可以通过持续的开发和反馈，保障课件包逐步达到验收标准；但多次集中也有可能导致团队成员无法全部出勤，使课程开发面临中期"破产"的风险。如果项目选择单次集中，项目出勤率会高，项目成员的开发负荷也小，但由于集中次数不够，开发团队又没办法自觉地在集中之外的时间开发课件，很容易导致课件包质量不高，无法达到项目标准。我们过去见过很多有经费实力的国有企业偏向于选择单次集中，在酒店培训，选择3天2晚的模式，将课程一次性开发完成，这样可以全面降低风险。如果企业缺乏经费实力，不能执行3天2晚的集中开发模式，最好在项目前期吸引企业总经理对项目的关注，让课程开发的指标嵌入到当年的绩效管理指标或管理干部的晋升指标中，这样才能更有效地干预项目的外部环境，在资源有限的情况下获得充分授权，督促开发团队利用个人时间完成课件包的开发。

单门课程的开发风险

从单门课程开发的角度看，课程开发的风险会出现梯级层次，共 4 个级别，自下而上逐级叠加，风险也逐级递加。

第 1 级别的风险范围：开发团队层面

先看"有没有人"，即课题是一个人开发的还是团队开发的。如果是一个人开发的，估计开发周期长、难度大、风险高。如果是团队开发的，会比个人开发容易一些，但要避免"三个和尚没水喝"的情况。因此，理想状况是由团队开发，团队中有先锋型个人引领整个团队完成任务。此外，如果能有外部专家或辅导顾问的支持，让理论开发得更专业，任务完成得更及时，项目成功的可能性就更大。

第 2 级别的风险范围：任务分析层面

门课程如果涉及实际工作任务，且这个工作任务是大家正在实践的，只需稍加提炼总结，课程开发任务相对简单。如果涉及的工作任务是未来规划的，课程开发任务就相对更艰难。例如，在互联网时代，业务发展有很多不确定因素，很多人都不知道该如何操作，开发课程时需要借鉴一些外部理论或实践，根据外部的理论和实践进行推导，得出新的实施方法，经过后期项目验证后再进行传播。

第 3 级别的风险范围：理论支撑层面

实践性任务有理论支撑，有指导原则，容易达成共识；如果没有理论支撑，就需要找外部专家，或者团队内部继续讨论沉淀，花费较长时间进行提炼、总结。对于企业独有的操作型业务，如果专家只会做，没有理论总结，就会面临这一层级的风险。如果能提前预测到这样的风险情况，可以在项目前期为该团队匹配经验萃取的顾问，提前进行访谈萃取，沉淀出企业专有理论。

第 4 级别的风险范围：汇报关系层面

汇报关系指的是项目中期或结束时需要面对的汇报对象的级别和"距离"，其风险把控与企业文化、管理风格有关。在组织结构比较扁平化的企业（如互联网企业），项目成果只需要向一个人汇报，由这个人代表客户提供一些反馈意见，相对简单高效很多。在比较传统的企业，需要向多部门或跨多个层级汇报，多次听取领导对课件成果的反馈意见，这容易导致开发成果收到多个方向的反馈意见，需要更改的次数也会增加，这意味着课程开发周期被拉长。此外，还需要注意跨部门交付课程开发成果的风险，交付难度比较大，会有更多领导参与进来。因此，在项目规划阶段需要对这些情况进行了解全面，从而做好应对措施。

综上所述，为了更好地识别和管控课程开发项目的风险，需要提前预估常见风险，参考上述风险分类及风险管理阶梯模型，再结合自己企业的特点，提前制定风险策略，尽可能把各种风险降到最低，甚至从一开始就避免风险的发生。

我们辅导过华为终端公司的课程开发项目，该项目中各个课程的主题专家是从全国各地抽调过来的，没有课酬补贴，但参与者能做到招之即来，来之能战，每天讨论到晚上10点也没有任何怨言。当时的项目执行是在华为大学（现在称为"战略预备队"）完成的，课程开发到凌晨两点多，我们一起租车离开校区的时候，还碰到了其他项目组的华为同事，他们都是同样的执行态度：团队没有完成开发任务，个人不会擅自离开。"力出一孔，利出一孔"，"烧不死的鸟都是凤凰"，这些都是华为的项目组织者和领导们反复强调的精神信条。这些精神信条为华为课程开发项目的执行带来了强大的保障力量。

与之相反，在某民营企业的经验萃取项目中，销售人员在组织体系内有更多话语权，课程开发培训现场有企业营销副总裁和人力资源总监参与，培训课堂上的讨论氛围很热烈，现场研讨的成果也很丰富，但课后各组的作业都无法按期交付。人力资源总监带领的课程开发小组也完不成后续作业，导致下一阶段的课程无法正常开展，项目最终夭折。

这两个企业的课程开发项目之所以出现完全不同的结果，就在于华为拥有巨大的项目执行力，这种执行力的差异首先体现在人力资源条线领导的个人威望上，更体现在企业的组织文化上。如果企业的组织文化不重视执行力，项目交付风险就很高，项目经理更应该提前做好风险管理预案，如提前制订更详细的交付跟踪计划、让小组出具交付承诺书并签字、延长现场制作课件的时间、让参与项目的高管在项目中澄清自己的角色与责任、避免影响其他项目成员的认知和承诺等。

案例3-4 一门定制课程开发的崎岖之路

背景：

Z公司是国内知名的金融企业，在全国30多个城市都有营业网点和营销人员，需要给予大量的培训支持。该公司培训中心每年都会做多个咨询培训项目，开发课程，认证讲师，用培训支持各地的营销人员。尽管每个项目的预算不充裕，但培训中心对项目的交付要求很高。因为培训中心有很多伙伴都是咨询培训公司顾问出身，所以在每个项目上都抱着"必出精品"的信念，让每分钱都花在刀刃上，让每个项目都产出满满，这样也能让领导更信任和赏识他们。

Z公司今年遇到了转型期，原来的信用卡产品逐步到了市场边界，需要从过往广泛发卡"跑马圈地"的阶段转型到深耕运营的阶段。营销人员除了销售信用卡，还需要叠加销售新的创新金融产品。此时公司管理层看到了国外同类产品的发展趋势，对新产品也有了很多新的想法和规划。

因此，在转型阶段，Z公司希望培训中心先推出一门课程，让广大营销人员看到未来的发展趋势和转型方向，也对公司的发展和未来的业务发展增加更多信心。同时，Z公司还希望将开发出来的课程共享给各地的内部讲师，进行全员覆盖。培训中心领导李总对这门课程的开发充满了期待，要求课程向精品化的方向开发，要把一线业务伙伴的优秀经验同时萃取出来。他还特别给整个培训团队的核心人员展示了他过去参加的某品牌培训课程用胶圈封装的培训课件的样式，叮嘱他们一定要做好这个项目，要首先确保让销售部门的业务领导张总满意。

该项目在年初就立项了，费用预算也批复了，但因为费用有限，再加上项目有一定的复杂度，一直没有找到合适的供应商。小D是新加入培训中心的培训项目经理，他临危受命，接手了这个看似不大的项目。小D也很想抓住这个机会，借助这个项目展示自己的能力。

挑战：

按照当时的定制开发课程和认证课程讲师的市场行情，该项目的预算实际上只能覆盖一半的项目范围，而且培训中心对交付的要求一向很高，所以很多乙方咨询公司听到这个需求后都迅速打了退堂鼓，没有参与该项目。

由于从来没有机会跟业务部门张总进行详聊，所以小D完全不清楚张总对这个课程有哪些期待。此外，开发课程需要各地专家的投入，小D暂时还不太清楚如何把他们邀请到总部。小D当时心中充满了忐忑，但能做的也只有这些了，先启动项目要紧。他找到了跟自己比较熟悉的一家咨询公司的顾问S，说服他先把这个项目承接下来，开始前期的调研，按照正常的咨询程序逐步往前走。

过程：

项目前期进展比较顺利，S进入项目后，首先借助已有的资源，对来总部轮岗的几位优秀的销售骨干进行了采访，勾勒出了现有销售人员的销售路径和成功策略。他还对市场部的代表进行了访谈，了解了最新的产品信息和未来的市场规划，尽管了解的内容不多，但最起码有了一些素材。随后，他与业务部领导张总的沟通也比较顺畅。张总很儒雅，不仅没有提出太多的要求，还派出了部门内很有想法也很有影响力的新生力量小 Y 担任部门的总协调员，由她来协调业务部门的人员参与课程开发工作。

小 Y 对这门课程的开发有很多想法，她很早就买了这个领域的专业图书来研读，她期望这门课在这些图书提到的理论上有所突破，更加贴合信用卡领域，并实现多个方面的创新。在协调部门内人员参与时，她又向部门领导张总提出了新的想法：未来实施培训时应该进行系列培训，在业务淡季实施培训，出几门连续的课，正好可以填补部门的业务课程空白，让各地有更充裕的选择。张总也接纳了这个建议，同意从各地调派精英力量，同时开发 4 门课程。

小 D 得知这个消息后，觉得很为难，但还是拼命说服 S 把新的需求也承接下来，费用不变，但开发过程要改为一个工作坊，让 1 门顾问定制课和 3 门团队开发课同时在工作坊里完成。S 也觉得这个任务很有挑战性，但架不住小 D "死缠烂打"，最后同意了这种做法，还专门从项目经费里扣出一部分，招了一位讲师小 Q 担任开发助理，这样就可以兼顾定制开发课和其他 3 门课了。

工作坊终于顺利召开了，培训中心的李总亲临现场，给了大家很多精神鼓励。但是，工作坊的总体进度一直令人担忧，大家花了一整天的时间，各门课程的总体框架却定不下来，来自各地的业务伙伴分享的经验很多，但没有被及时记录下来，而且课件 PPT 中制定的分工也不清晰，当天布置的课后作业，大家都没有完成。S 因为需要兼顾其他 3 个组，所以无法长期关注定制开发这一组，现场没有成果产出。等工作坊结束和小 Q 在饭桌上重新捋思路时，S 已经非常困倦了，回到酒店房间后根本无法坚持把课件 PPT 做出来。

工作坊第二天，各组的课后作业没有及时交上来，大家只能在上午补进度。业务部小 Y 因为家里有事请了假，上午 11 点才赶到。等她赶到项目组时，看到大家的成果一塌糊涂，而且根本没有按照她预想的方向行进，于是她的态度陡然发生了转变，她觉得肯定是这次请的顾问 S 有问题。她把小 D 叫出教室，诉说了很多对 S 的不满。

听到业务部门小 Y 的各种抱怨，小 D 更坐不住了，不停地在教室外踱步，想看看有什么办法。在这种情况下，小 D 已经不能跟 S 直接沟通了，他最后打通了乙方咨询公司商务经理的电话，给商务经理施加压力，让她赶紧想办法。最后，商务经理又跟老板协商，最后想出了临时调换项目经理的做法，由小 Q 兼任项目经理，再找一位讲师来主导工作坊的现场工作。经过几番沟通，把自己不喜欢的 S 赶走了，小 Y 终于放下了紧张的情绪。她随后又说服定制开发组的几位成员改签了机票，再多待一天，赶上最后的开发进度。

经过几番波折，课件终于在第三天开发出了雏形。业务部领导张总听取汇报时，看到了课程的框架和业务伙伴们分享的案例，也没有表达太多的反对意见，还进一步强调了课件的精美程度需要继续提升，一定要注意课程内容应能起到振奋人心的作用。

S 实际上并没有正式退出项目，他在场外默默地关注项目的动态进展，还找到了设计公司完成了课件包的整体设计，并组织完成了项目后期的课件包定制开发和讲师认证工作。开发助理小 Q 不是咨询公司的正式顾问，所以他后来也退出项目了。这个项目后期的讲师认证工作的项目经理又变成了小 F，小 F 又协调了另一位讲师完成了课程的示范授课和认证工作。这个项目历经磨难，几经易手，总算在 2 个月内完成了收尾工作，认证的新讲师在全国 30 多个城市开启了培训的覆盖工作。

结果：

该项目认证了 30 位讲师，讲师们对精美的课件、课程中的一些内外部案例都很欣赏，课程中的游戏设计能带动现场的氛围，学员体验也不错，同时也绕过了那部分根本说不清楚的未来业务内容，这让讲师讲起课来更容易。

小 D 和 S 后来再没有联系了，这个项目最终是结项了，但小 D 内心的阴影直到他在培训中心慢慢站稳脚跟后才开始消退……

启示：

按照课程开发项目风险管理阶梯模型进行分析，该项目的交付成果形式是清晰的，但项目预算不足，项目的参与人员前期不清晰，更没有工作坊的预先规划就仓促启动了项目，这为后期的项目实施埋下了很多隐患。

临时增加的 3 门课程让这个课程开发项目的范围急剧扩大，这也给项目的交付带来了极大的风险。

从课程开发项目风险管理阶梯模型的内部梯级风险看,该项目的问题主要是在目标培训对象的工作任务分析上不清晰,这就给课程内容的产出带来了极大的风险。根据过往的经验萃取实际上是很难推导出未来的业务模式的,更无法推测销售人员围绕新产品的工作任务的展开模式,这是课程开发中比较大的内容风险,也是整个课程内容反复延迟的主要原因。

项目中的汇报关系让整个项目压力倍增,尽管业务部门张总并没有提出很苛刻的要求,但是这种跨部门的汇报层级关系背后隐藏了莫名的压力。为了让业务部门的领导满意,项目经理需要背负很多不确定的压力。如果对公司不熟悉,对业务部门领导的风格和需求不熟悉,就会在项目前期走弯路。因此,甲方项目经理在组织内的人脉资源和经验也是项目顺利进行的一个关键保障。

归根结底,要想保证项目成功,最关键的是选对乙方的项目顾问。有经验的项目顾问能够提前预测风险,果断给予建议,拒绝不合理需求,让项目避免走入更多的不确定区域。因此,在项目前期的供应商选择和顾问选择上应特别慎重。本案例中的项目实质上属于课程定制开发项目,从某种意义上看,单门课程开发项目的项目风险甚至大于群课程的引导式开发项目。

3.4.3 风险识别及管理预案制定

上述提及的风险,虽无法穷尽,却有相当的代表性。我们将这些常见的课程开发项目风险进行了分类,并针对不同的类别给出了常用的管理预案建议,如表3-13所示。

表3-13 常见项目风险类别及管理预案

风险类别	风险特点识别	管理预案
项目预算风险	• 外请专业咨询培训公司的经费不足,领导对项目的预期目标和要求超过了内部培训团队的能力 • 行政经费不足	• 分析外请专业咨询培训公司的费用组成,进行谈判,让好钢用在刀刃上 • 分析内部培训团队能力与项目目标和要求之间的差距,降低领导期待 • 考虑是否有其他层面的经费补贴
项目范围风险	课件形式要求多件套,没有考虑与人力和时间的匹配	• 在项目规划阶段就要界定清楚项目范围,确认开发几件套更合理 • 评估项目范围与投入时间、经费之间的匹配度

续表

风险类别	风险特点识别	管理预案
项目范围风险	课件形式要求多件套，没有考虑与人力和时间的匹配	• 分析课件形式的实用性，迭代性强的课题可以把主体部分先开发出来，如大纲、授课PPT+备注，而不是要求一次性开发课件包的5件套、8件套，要根据需要和实际情况来取舍
选题风险	课程选题缺乏系统性和实用性，导致企业管理层和未来学员不认可项目成果	• 从企业出发，以课程体系为基石，以企业员工适用为终点选择开发课题 • 选题后邀请内部的专业审核委员及外部的专业顾问进行分析和审核
项目设计风险	• 无法一次性集中开展工作坊，需分散几次进行 • 无法分散多次开发，只能集中一次开展工作坊	• 项目启动前需要设定每次集中的节点成果，除了线下集中工作坊，线上的跟进工作和社群管理工作要细化和有黏性 • 如果只能集中一次，则需要全面考虑如何充分运用工作坊白天和晚上的精力，选派最恰当的人选和团队组合，一次性完成所有成果，并提前想好个别组如果无法一次完成开发工作，后续补救方案是什么
培训交付风险	• 因客观原因，如雷雨导致的飞机停运、疫情导致的讲师无法到达培训现场 • 因讲师个人身体原因或意外导致无法按期出行	• 首先要有备选讲师的预案 • 没有备选讲师的预案时，让该讲师推荐另一名符合条件的讲师，且尽可能在同一城市
开发团队风险	• 不投入：组建课程开发团队时忽略了成员的意愿度，导致后续的投入度出现问题 • 不匹配：直到项目中后期才发现课程开发团队的专业和经验与开发的课题不匹配	• 争取企业领导层和管理层的重视及参与，用"自荐+推荐"的方式组建开发团队 • 补齐并颁布相关的项目激励机制 • 基于课题来选择开发团队，团队成员一定是课题领域的业务专家或骨干，对课题有充分的研究，确保内容的专业深度和可实践性
课程内容开发风险	• 任务分析风险：产品与业务不成熟，岗位工作任务不清晰，无法开发课程 • 理论借鉴风险：没有相应的经典理论参考，无法推导演绎出可执行的工作任务	• 在课程开发工作坊前就请顾问介入，对业务成熟度和工作任务做一次摸底调查，做好预案 • 找到熟悉该任务的外部主题专家，请其分享经验和素材 • 利用经典理论，通过顾问的分析，推导出工作任务，并快速进行实践验证

续表

风险类别	风险特点识别	管理预案
课程内容开发风险		• 借助顾问的创意想法，将课程调整为引导式或活动式课程方案（由学员进行头脑风暴，而不是传递标准知识）
培训现场风险	• 学员因突发事件，临时离开了工作坊现场 • 学员被领导叫走 • 培训场地临时被企业征用 • 讲师对现场课堂氛围、内容产出、知识讲授的把握与项目经理的个人预期不一致	• 提前跟部门领导做好沟通，知会所有成员培训纪律和奖惩手段 • 发生风险时，及时知会学员的领导调整课程开发人选、场地或课程开发计划 • 及时与乙方的销售顾问沟通，澄清组织需求，识别各种需求之间的矛盾，及时调整讲师、补入顾问资源，调整授课方案，或者调整个人对课堂氛围、成果产出、知识学习的看法
项目进度风险	项目受阻：项目执行跟不上计划节奏，阶段性延期，项目推进很困难	• 人力与工作量不匹配：说服业务部门领导增加课程开发人选 • 团队投入不够：更新或重申激励机制 • 与团队核心成员单独沟通，说服其承担责任，赶上进度
项目质量及实用性风险	• 不专业：开发内容的专业度、科学性不符合标准，不符合成人认知和组织实践 • 不落地：课程开发输出后，未在后续的组织学习和人才发展中使用 • 不匹配：输出的课程与听课学员的工作岗位和工作任务不匹配，案例不适用	• 邀请的导师、顾问需要对成人学习和课程开发领域有深入的研究与实践 • 确定开发课程之前需要进行充分的调研 • 开发团队是本课题领域的业务骨干 • 设立专业审核委员会，阶段性审核成果 • 课程输出后有课程发布会和培训计划 • 如果在项目过程中已经识别了内容风险，则应及时与项目组成员协商，为课题组拓展资源，增加人手或素材
项目评审与项目汇报风险	• 把握不准领导的需求与想法 • 需要多层逐级汇报 • 汇报对象对项目背景和目标不了解	• 将汇报对象纳入项目指导团队 • 在项目启动阶段需要充分调研汇报对象 • 阶段性地汇报成果，阶段性地了解需求 • 找到能影响汇报对象的内部关键人 • 提前告知参会人会议目标、参会角色与职责、应有的评审态度和尺度 • 在汇报现场请积极支持项目的领导多发言

案例 3-5　餐饮行业员工能否应对课程开发的挑战

背景：

T 集团是一家老字号餐饮集团，集团层面有包括党群在内的十多个职能部门，以及食品制造中心、食品营销中心、餐饮管理中心、信息技术中心四大中心，下属二级公司中包括饭店、西餐厅、食品加工厂等十余家餐饮企业。集团以前举办过很多管理培训，2022 年计划正式举办 TTT 培训，支持下属公司开发和实施内部培训课程。集团的培训项目负责人在一开始接洽的时候便清楚地提出了明确的项目需求：举办一期培训，近 50 人参与项目，需要人人都开发课程，未来可以在自己所在的企业讲授。培训项目负责人还特别强调，集团举办了很多管理培训和技术培训，这是第一次举办开发课程类型的 TTT 培训，这在集团 80 多年的历史中是第一次，所以组织起来一定要慎重，而且项目必须成功。

挑战：

50 人参与课程开发项目，而且要求人人都有课讲，这本身就是一个很大的项目设计挑战。参与人员素质参差不齐，有很多人是从中专和技校毕业后进入 T 集团，从一线的餐饮员工晋升上来的干部。他们对于炒菜和制作腊肠等的流程与做法张口就来，但对于萃取经验和开发课程的工作总是有一种"猫咬刺猬，无从下口"的感觉。还有很多管理者在工作中不会操作电脑，平常都是由部门助理代为操作的。

过程：

针对这种情况，项目组在项目启动前做了认真分析，特别是根据课程开发项目风险图中的要素做了细致的分析、沟通和准备。为了尽可能降低风险，保障培训顺利进行，项目组说服集团的培训负责人，确认了团队开发、优势互补、模板操作的干预原则。

团队开发：人人都需要讲课，但不一定人人都需要独立开发一门课。项目组建议以团队的形式开发课程，将课程开发成果共享。课程开发后，大家各自回自己所在的下属企业进行讲授，从而实现"人人有课，人人讲课"的初期目标。

优势互补：将在集团从事文职工作的 HR 和熟悉培训工作的管理者平均分

配到各个小组，起到组内引导的作用，同时配合完成课件PPT的制作工作。

模板操作：在培训前就设计好课件包4件套和专门的PPT课件模板（内含讲师介绍页面、目标页面、大纲页面、常见教学活动页面等），还给各个主题匹配了大量现成的内容素材。开发者在制作课件的过程中，只需要把想到的文字依序填入PPT，把需要的页面粘贴到课件中即可。这就大大降低了课件制作者在PPT学习和使用上的难度，还保障了课件的风格统一且有理论知识支撑。

结果：

在实际的培训课程开发现场，很多学员都没有带电脑，而且现场也想不出真实案例；还有的人在课程中全程两眼放空，听不懂培训内容。但由于进行了有效的前期干预，每个小组都借助团队协作的力量完成了现场的各个讨论环节，而且都把课程的框架构建完毕了，课件PPT也做得有模有样。培训结束后，参加培训的很多集团领导都在微信群里说，这次培训的组织工作非常有序，没想到在2天的时间里，这组人还真能开发出一门完整的培训课程。

3.5 制定激励机制

3.5.1 理解配套机制

如何理解配套机制？这里指的是为课程开发项目保驾护航而特别制定的相关制度和办法。一系列机制会贯穿整个项目过程，如规划阶段的需求采集办法、成功验收标准、供应商评审管理表等，启动阶段的开发团队组建规范及管理办法、开发团队及内训师激励办法等，执行阶段的各个过程质量控制要点、交付验收流程、项目收尾归档管理制度等。其实在本书第2章关于规划阶段的阐述中，已经包含了很多项目机制，如需求采集表、项目验收标准、团队组建等。本节将重点阐述开发团队及内训师激励办法，第5章重点描述各个过程质量控制要点，第6章阐述知识管理等相关措施。

大家可以想一下，在开展课程开发项目时，有没有因为某个机制设立得好而让项目顺利开展？有没有因为某个机制的缺失而让项目停滞不前或导致项目的失败？在我们的经验中，有企业遭遇过以下不同情形。

情形1：开发队伍不是该课题的资深员工或专家代表，导致课件内容在很长时间内都无法形成，或者勉强形成的课件内容只停留在浅层次，甚至是由网络资料拼凑而成的，根本达不到内部课程开发的真正目的。

情形2：企业好不容易组织了一支课程开发队伍，却因为没有良好的激励机制，导致开发人员在本职工作之余敷衍应对开发任务，经常以忙于本职工作为由缺席重要的培训和辅导。

情形3：立项时的团队组建，没有把使用课件的学员代表、使用课件的部门领导纳入验收团队，导致开发好的课程在推行落地阶段遇到很大挑战，如领导不满意、学员使用不匹配等。

……

从上述企业的遭遇来看，不少企业理想地认为只要能召集一支队伍开发课程，就能达成项目目标，从而忽视了相关机制的设定。上文中的情形1和情形2就是因为忽视了团队组建规范及激励办法而导致了不良结果，情形3则是因为缺乏交付验收流程及标准管理机制。由此可见，在课程开发项目管理的每个阶段都需要考虑相关配套机制的设定。配套机制设定的原则有以下3个。

> **以终为始**：促进项目成果的达成。
> **简单易行**：不是为了制定机制而制定机制，机制一定要容易被认同和执行。
> **分类设定**：根据机制的不同用途，设定不同的功能，应对不同的问题。

在所有的配套机制中，大家最重视的是对课程开发者的激励。如果课程开发者拥有管理者和内训师的身份，就可以借用相应的管理制度条文进行激励。常见的配套机制有公司的任职资格管理制度、绩效考核制度、干部管理制度、内训师管理制度和培训管理制度，如表3-14所示。

表3-14 配套机制与相关激励条款

相关制度	相关激励条款	企业实践示例
任职资格管理制度	晋升为更高级别专家需要在知识管理方面做出的专业贡献	万科晋升专家为资深专业经理的条件是：该专家担任新人入职引导人或教练；开发一门专业课程，并在本公司或区域内讲授3次
绩效考核制度	积累年度的学习积分	中国移动对所有员工的年终绩效考核都会设定相应的学习积分，员工需要每年积累相应的学习积分，在内部授课或开发课程也可以获得相应的学分

续表

相关制度	相关激励条款	企业实践示例
干部管理制度	管理者每年需要做内部分享的次数	平安保险要求每位管理者都必须承担讲师的角色,在公司范围内免费分享和授课
内训师管理制度	内训师授课的物质奖励	在华为公司,兼职讲师的级别有4个,分别是讲师、高级讲师、副教授、教授,教授的课酬最高可以达到16 000元/天
培训管理制度	课程开发方面的物质奖励	海大集团的专家开发一门课程可以给予开发团队高达3万元的奖励

但仅有配套机制是不够的,不会有人因为读了机制中的文字,就立刻激情满满,持续有热度地开发课程和讲授课程。有效的激励应该是一系列有针对性的综合措施的集合,对激励对象内心的需求有更深刻的分析、更深度的认识,从而形成一套完整的激励机制。

3.5.2 构建激励机制的6个原则

人们对激励的一般定义是"激发、鼓励"。起初激励一直被视为管理学问题,自20世纪20年代以来,"激励"成为多门学科研究的热点问题。从管理学角度来看,激励是指管理主体为实现期望的目标,从人们的需要出发,运用有效的方式或手段激发人们的行为动机和热情,并鼓励积极行动的活动过程。要做到有效激励,必须以人为本,设立有效的奖酬(刺激物)。从心理学角度来看,激励可以被视为人的某种行为的动力,是指为实现期望的目标,以一定的刺激物诱发人的行为动机,并引发、鼓励行为的活动过程。从组织行为学角度来看,激励是指通过高水平的努力实现组织目标的意愿,而这种努力以能够满足个体的某些需要为条件。该定义中的3个关键要素是努力、组织目标和需要。

从上述不同的学科角度对激励的定义可以看出,激励是为了实现某一具体目标,采取有效的方法或使用刺激物来鼓励人们表现某种行为的过程。在本书中,我们结合课程开发项目的任务场景给出激励的定义:在组织系统中,为实现课程开发项目目标,培训管理者运用多种激励手段与激励客体相互作用、相互制约的结构、方式、关系及演变规律的总和。从人的需要出发,以人的动机激励理论为依据,构建综合性激励机制,确保在项目全程持续地激励课程开发者。这个综合性激励机制遵循以下6个原则。

> **潜能最大限度发挥原则**。美国哈佛大学的管理学教授詹姆斯认为:"如果没有激励,一个人的能力发挥不过20%~30%;如果施以激励,一个人的

能力则可以发挥到80%~90%。"从这一差距可以看出,通过构建恰当的激励机制,可以使人的潜能得到更大限度的发挥。

- **以满足人的需要为出发点原则**。激励活动是一种心理活动过程,应以人的需要为依据构建激励措施。
- **差异化原则**。不同的课程开发者,其兴趣、需要皆不同,其动机具有多样性、动态性、层次差异性、功利性等特点,因此对不同学员需要匹配不同的激励机制。
- **目标导向原则**。目标是目的与行为之间的桥梁,确定目标可以为项目参与者提供一条实现理想、达到目标的策略。被激励人员根据制定的策略执行相应的行为,可以避免无目的、无方向的行动,提高工作效率。
- **及时性原则**。人的需要是有阶段性的,恰当及时的激励可以提高激励的效率,滞后的或超前的激励会削弱人的内驱力,因此激励应及时做出。
- **创新性原则**。激励方式应确保多样性、时尚感和体验感,能给人创造欢乐、谈资和美好的回忆。

3.5.3 课程开发项目激励机制的设计挑战

工作干扰多

企业内部开发课程的岗位专家都有自己的本职工作,在工作中会遇到很多干扰,如跟进项目、服务客户、统计报表、参加会议,还有领导随时安排的任务、同事临时咨询的问题等。他们的工作本身就是碎片化的,而课程开发需要集中时间,所以他们很难有时间和精力聚焦在持续的课程开发工作上。

过程阻力多

课程开发需要做需求分析、目标设定、工作任务分析,需要学习各种复杂的跨领域知识,还需要了解各种复杂的课件载体。这对很多业务骨干和专家来说,相当于多了一项"负担"。如果课程是分次交付的,就成了持续的工作负担。

物质资源少

从大部分企业面临的现实情况来看,哪怕企业非常重视课程开发工作,也不可能有巨额的奖金用于项目激励,给开发专家的奖金激励往往抵不上专家一天的工资。因此,很多培训管理者对"调用专家全情投入参与课程开发"这件事有着深深的无力感。

3.5.4 课程开发项目的综合激励模型

针对以上情况，培训管理者需要从另一个角度或多角度结合来寻找契机，激发一批兼职的课程开发者，而且这种情况在很长一段时间内都会成为组织的常态。因此，我们建议在项目管理过程中使用综合激励机制。

综合激励模型

根据激励的核心原则和对课程开发项目成员共通心理需求的分析，我们制定了课程开发项目综合激励模型，如图 3-7 所示。该模型是根据激励要素在项目中的效用发生时机从上至下排列的。我们根据过往的经验对每种激励所产生的效用大小设定了相应的模块尺寸，尺寸大的模块表示该种激励所产生的效用较大。

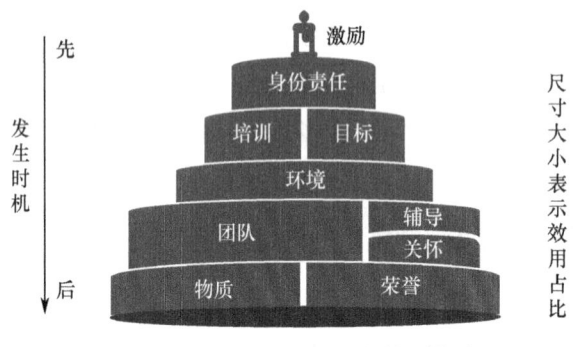

图 3-7 课程开发项目综合激励模型

要素 1：身份责任激励。 常见的激励方法有 3 种，第一种是招募内训师，让有强烈的个人发展需求的人参与项目，通过通关设计让其充分感受到身份变化，激发其担任内部讲师的身份感。第二种是选择后备干部或高潜人才来担任内部讲师和课程开发者，利用其已有的身份责任，再叠加一个课程开发者的组织角色。第三种是根据企业内的任职资格要求，要求高级别的岗位专家做出专业贡献，通过课程开发的形式来拿到通过任职资格考察的认证分数。

要素 2：培训激励。 满足部分参与者对新知识的需求，提高其胜任能力，为未来的职业发展做更多储备，这是最核心的需求。在专业领域有新的探索和发现，与同领域的专家在开发过程中有充分的交流，也能充分激发参与者的学习热情。向开发者讲明学习成长的空间，是第一位的激励。

要素 3：目标激励。 制定清晰的目标，让开发者达成每个阶段的课件开发任务目标。目标激励中除了分阶段的课件成果交付目标，更加有效的是未来的授课计划激励。有了具体的排课计划，讲师开发课程的动力就会更足。

要素 4：环境激励。努力给开发者创造一个适合开发课程的环境，如环境优美的酒店、舒适的独立酒店房间、宽敞明亮的教室、适合开发者讨论的研讨区域、舒适惬意的茶歇，这些优质的环境是对开发者最好的过程奖赏。

要素 5：团队激励。让开发者享受到和谐的人际互动，并被团队之间的竞赛氛围激发，动力满满。通过团队竞赛的方法还能强化团队成员的责任感，在责任激励上继续加码。

要素 6：辅导激励。在整个项目过程中，请顾问或课程开发导师提供及时的辅导和反馈，降低任务难度，减少挫败感，增加沉浸感和享受感。

要素 7：关怀激励。请企业领导重视项目，及时给予关心和支持，从而激发开发者的激情和创造性。在 3 天 2 晚的工作坊中，请领导为开发者送上礼物和祝福，或者送上提前录制好的视频问候，或者在晚上给加班改稿的同事准备一些甜品或夜宵，都是很好的关怀方式。

要素 8：物质激励。发放相应的奖励和补贴。如果开发的课程报名人数多，或者在线课程点击量大，应给予开发者学习积分奖励。对于质量高、对企业贡献大的课程，应该给予开发者较大金额的奖励，让所有开发者都感受到企业对好课程的态度。重赏之下，必有勇夫。

要素 9：荣誉激励。设置一定的企业内部奖项，认可开发者的贡献和杰出才能，可以满足人的自尊需求。在项目过程中的关键节点，尤其是在课程开发工作坊结束时，可以颁发一些有创意的奖项。奖项的表现形式可以是有游戏特征的积分、勋章和证书。

对接外部的讲师专业标准，为讲师申请各种协会或专业机构的认证，是对讲师更正式的认可与激励。也可以让开发者带着作品参加全国微课大赛、好讲师大赛等外部奖项评选，让他们更充分地感受到外部认可和荣誉激励。

激励措施的筛选与裁剪

通过综合激励的方式能提升激励的有效性，也能很好地解决项目成员需求的差异性问题，还能充分体现项目管理者人本导向的管理理念。但如果要将综合激励模型中的所有激励措施全部用上，会在一定程度上导致组织资源的浪费，并给项目团队带来极大的组织负担。因此，在实际的项目设计过程中，要根据项目周期和必要性对激励措施进行适度的筛选。如果一定要将这些激励措施排出先后顺序，我们认为最重要的还是责任和目标。要让课程开发者的领导为其明确责任，让其明白这就是领导交办的任务，必须想尽办法完成，尽到自己的责任。此外，还要清晰地告诉课程开发者未来的授课计划,用授课时间表来督促课程开发者,这样课程开发者就算再忙也能利用正式授课前的时间将开发工作突击完成。

与企业的人才管理一样,项目成员的招聘比培养更重要,如果在一开始就选有责任心的人,在项目后期就能减少大量说服和跟催的工作。

总之,最有效的激励仍是引发人们的内在责任感,而不是靠外在的物质条件来刺激。

激励措施的呈现形式

综合激励模型只是理论模型,在实际实施的过程中还需要进行多种形式的组合呈现。

形式1:积分机制

单个工作坊形式的积分机制示例如表3-15所示。

课堂积分示例如下。

课堂上的过程积分可以用纸币的方式进行"兑付"(见图3-8)。这种方式能给培训现场增加很多趣味性,现场"数钱"也能给学员带来很多愉悦感和兴奋感。

表3-15 单个工作坊形式的积分机制示例

班级积分细则		
积分项目	分值	说明
线上签到	10分	线上签到,奖励准时到齐的小组
线下签到	20分	奖励先到齐的前3个小组
	10分	奖励按时到齐的小组
完成作业	20分	每组将有3~5次作业任务,先提交的前3组奖励20分/组,按时提交的小组奖励10分/组
	10分	
课堂积分	课堂上按授课老师规定的积分方式进行小组PK,课后统一计算小组积分	

图3-8 印有王可老师头像的"可币"

项目形式的积分机制示例如下。

(1)积分方案:

个人积分=准时出勤(28分)+课后作业(30分)+知识回顾(6分)+实践练习(10分)+课堂表现(30分)+积极分享(10分)

本次培训班达标线为75分,个人

总分或小组平均分需达到达标线方可参与评优。

（2）评分细则：

准时出勤（28 分）：项目集中期间每天上午和下午按时出勤，每次出勤得 2 分。每缺勤 0.5 天倒扣 1 分，每请假 0.5 天倒扣 0.5 分。

课后作业（30 分）：准时提交个人作业，每人每次总分 10 分，按照作业质量给予评分，每次最高为 10 分。

知识回顾（6 分）：小组代表在群内完成一次知识点语音分享任务（超过 5 分钟），全组成员每人得 3 分。

实践练习（10 分）：提交个人授课实践证明（照片与视频形式），每人每次 5 分，总分上限为 10 分。

课堂表现（30 分）：每次课堂表现按 10 分计算，根据课堂的现场练习效果给予评分。

积极分享（10 分）：每阶段的培训结束后在群内提交个人学习总结和学习感受（超过 50 字）可得 1 分，在朋友圈发布培训相关报道可得 2 分，在公司级刊物或公众号发表文章可一次性得 10 分。该项分数上限为 10 分，在项目收尾阶段统计，请个人保留好分享记录。

形式 2：勋章

制作专门的勋章，根据奖励的对象和激励的方向进行命名。示例如下。

> **一鸣惊人**：课程开场的介绍或导入有创意、抓人眼球。
> **神狙击手**：目标设置精准清晰、行为化。
> **结构卫士**：课程结构严谨。
> **教学达人**：教学活动设计有创意。
> **案例小仙**：课件案例与知识匹配，能还原真实场景。
> **萃取小咖**：知识萃取有创意、容易记。
> **冠名大师**：给课程起的名字符合课题命名原则，有创意，抓本质。
> **默契拍档**：给予队友最大的帮助与支撑，或者两人配合默契，高效产出。

形式 3：奖状

根据学员的各种优秀表现和个人优势特征，设置相应的奖项和奖状，示例如下。

> **优秀个人系列**："课件男神"奖、"课件女神"奖、"PPT 才子"奖、"PPT 佳人"奖、"才高八斗"奖、"登峰造极"奖、"颜值与才华齐飞"奖、"中国好课件"奖、"脑洞大开"奖、"打酱油打出黄金"奖、"最强挖掘机驾驶员"奖、"最牛课件打工人"奖、"最浪的后浪"奖、"课件硬核玩家"奖。

> **突出专项系列**："老黄牛"奖、"小蜜蜂"奖、美化大师、游戏大师、沟通大师、案例大师、协作大师、教学设计大师、技术突破大师、迭代大师、超级"表哥"、超级"表妹"、数据大师、流程达人。
> **身份特质系列**：销售大师、保险女神、安全教士、风控大王、"不倒翁"奖、"绝地反击"奖、"逆袭"奖、"快乐按钮"奖。

形式4：自助式颁奖法

颁奖仪式往往设在课程开发工作坊的结尾，临近下课时间，此时大家可能着急结束培训，所以这个仪式不能花太长时间。可以只颁发优胜团队奖和优胜个人奖，并请优胜个人发言；也可以使用自助式颁奖法，这种方式比较快捷，而且比较轻松、有趣味。其组织方式如下。

第1步：自写姓名。请学员在奖状的印章位置写下自己最希望获得哪个机构的认可，如联合国教科文组织、湖南卫视、CCTV、国际足球联合会、联合国粮食及农业组织、联合国世界妇女大会等，在获奖者的位置上写下自己的姓名。

第2步：互相抽选。主持人统一收回奖状，然后让每个人抽选。（注意按整组收齐证书，并将整组证书交给教室内斜对角的组，避免将证书发回给本人。）

第3步：拟定奖项。拿到其他学员的证书后，结合对方在工作坊中的表现及其突出的特质拟定一个奖项，用粗线笔将奖项名称写在奖状中央的空白位置。

第4步：颁奖仪式。请学员上台颁发奖项，颁奖词中应先说出对方的课堂表现和贡献，再说出奖项名称，最后说出获奖者的姓名。在颁奖过程中要努力营造一种神秘、兴奋和欢庆的氛围。（这一步可分快速版本和慢速版本，快速版本是群体起立后互相颁奖，慢速版本是请学员一个个颁奖。）

学员亲自参与、亲自设计和亲自颁发的奖项，会使其享受到更多的参与感和快乐感。

以上这些激励形式的设计都适度地结合了一些游戏理论。举例如下。

> **点数（Point）**：一种计分形式，用来激励玩家完成任务。常见形式有经验值、探索点、学习积分。
> **徽章（Badge）**：点数的集合，是视觉化的成就系统，易于学员展示。常见形式有里程碑、成就奖杯、检查表（Check List）等。
> **排行榜（Leaderboards）**：用来帮助玩家定位自己在众多玩家中所处的具体位置，从而激发玩家斗志。常见形式有积分榜、排名（Rank）系统等。

游戏理论中特别重视使用这几种大家喜闻乐见的激励形式。这些形式对年轻的学员来说很熟悉，所以容易取得他们的共鸣和认同感。

激励设计的注意事项

注意事项 1：重在参与。一定要将激励形式的设计空间让渡一部分给学员，让他们亲自参与设计和主持仪式，这样能让他们感觉更快乐。

注意事项 2：综合心理体验。实施这么多激励措施，满意度效果很难评估，也很难用问卷的方式进行调研，因此培训管理者要注意观察学员在培训结束后 5 小时内的反馈。如果学员在从培训场地回家的路上，不停地转发照片、视频，在微信群里撰写课程回顾和感谢，转发朋友圈，兴奋的心情久久不能平静，就说明综合激励机制取得了成效，一系列努力赢得了学员的心。

注意事项 3：提前分工。这么大的激励交付量，其实背后依赖的是课程开发项目运营团队的努力，所以提前激励课程开发项目运营团队的成员，让他们做好分工，提供创意，一起参与激励仪式，享受即时反馈的快乐。只有他们被激励到位了，以上这些激励措施才能被有效地执行，才能更好地发挥激励效用。

3.5.5 课程开发项目的长线激励设计

除了项目内的激励，还应考虑项目外的长线激励。在表 3-16 中抽选相应的激励措施，形成讲师激励方案，在每年的教师节重点表彰一批优秀讲师，以此拉动内部专家及讲师的长期贡献和参与。其中一部分激励措施可以嵌入到课程开发项目中，也能起到立竿见影的激励效果。

表 3-16 讲师长线激励设计一览表

领域	分类	方法
发展激励	培训	• 认证培训 • 晋级培训（授课技巧、课程开发、内部咨询） • 外派培训
	授课支持	• 评估反馈 • 顾问辅导 • 集体备课
	日常支持	• 用邮件做知识分享 • 发放书籍
	讲师活动	• 拍砖会 • 内部经验分享会 • TED 演讲会 • 线上读书会 • 技能比武大赛 • 与外部专家交流 • 外派参观（其他公司/学校）
回报激励	物质激励	• 授课补贴

续表

领域	分类	方法
回报激励	物质激励	• 其他补贴（课程维护/课程开发/顾问服务） • 赠购书卡 • 积分兑换礼物 • 赠教学设备（翻页器/激光笔/U 盘/培训道具箱）
	精神激励	• 颁发讲师认证证书（内部文件/颁证仪式） • 颁发讲师襟章 • 定制个人漫画像或泥人像 • 讲师分级（授权、资深、首席） • 年度工作反馈 • 各类新闻报道 • 评选年度优秀讲师 • 在公司年会上颁发园丁奖 • 评选首席讲师 • 评选十佳讲师 • 培训室内悬挂优秀讲师照片
	感谢关怀	• 发感谢信（讲师个人+上司） • 教师节感谢（邮件/贺卡/鲜花）

因此，在项目启动之际，需要充分思考，打造一套完整的激励机制，从而更好地为后续的项目开展保驾护航。

总之，对课程开发者的激励应以精神激励为主，因为他们开发课程不是为了挣加班费。课程开发工作可以让他们找到一个新的途径来展现自己，挑战人生更多的不可能，打造一个个见证个人成长的里程碑。

3.5.6 课程开发项目运营团队的自我激励

以上激励主要针对课程开发项目团队中开发层的核心需求。要实施好这些激励，还需要提前做好指导层和运营层的激励（见表 3-17 和图 3-9），他们只有在内心需求被满足后，才能迸发更多的激情和创意，最终实现对开发层的激励。就像海底捞的客户服务一样，要想让客户满意，首先要让员工满意。而且激励的方式一定要侧重精神激励，这才是项目运营团队自我激励的本质。

表 3-17 项目运营团队成员的核心需求与激励手段

激励对象	核心需求	激励手段
项目指导委员会成员	安全、尊重	不要给领导找麻烦，听从领导的指示，尊重领导的意见和决策
课程内容评审委员会成员	尊重	聆听和认可专家的意见；为专家做好内部宣传，扩大其影响力

续表

激励对象	核心需求	激励手段
行政事务团队成员	尊重、归属与爱	及时感谢与认可对方的付出
宣传报道团队成员	尊重、归属与爱	认可其技术与创意
项目顾问	尊重、自我实现	认可其专长经验和分析技术
课程开发讲师	尊重、自我实现	认可其授课技术的精湛程度和对项目需求的精准理解
商务经理	业务收益	加速公司的财务支付进程,并知会商务经理自己所做的具体努力;向其赠送公司的小纪念品;承诺未来的持续合作;推荐行业内其他客户
项目经理	安全、爱和归属、成长、自我实现	建立专业人脉,扩展组织内的影响力和掌控力,促进个人学习与成长,找到工作成就感

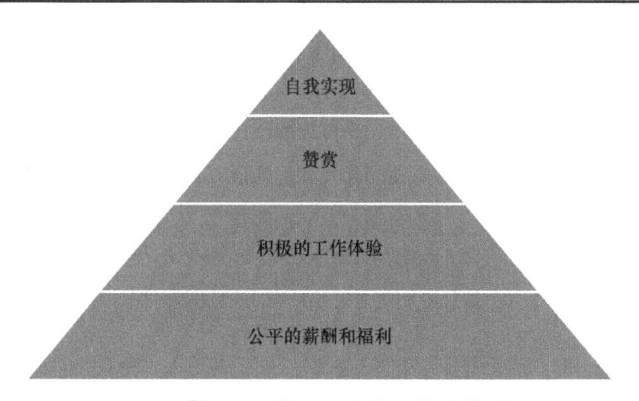

图 3-9 简化版的需求激励模型

在所有的激励方式中,赞赏是成本最低、最容易实施的一种,所以项目经理要学会毫不吝啬地赞赏。多样性赞赏是项目经理可以快速应用的一个好工具,遇到团队成员有杰出表现时,应及时给予组合性赞赏。赞赏的方向与语言如表 3-18 所示。

表 3-18 赞赏的方向与语言

赞赏的方向	赞赏的语言
振奋、感叹成果	哦,太棒啦
肯定对方努力的过程	这可真不容易
认可对方的价值	多亏有你啊
钦佩对方的技术优势	你是怎么做到的
代表第三方表示感谢和认可	学员都好感激你啊/领导都不停地夸奖你啊

注意事项:应流利和真诚地说每句话,这样才能起到真实的赞赏效果。在熟练使用惯用句后,应给予差异化和个性化赞赏。

制定好为课程开发项目保驾护航的配套激励机制后,接下来就要进入细化项目计划阶段了。

3.6 细化项目计划

3.6.1 项目计划的内容

通过前面的工作,就做好了非常周详的准备工作,但接下来仍需根据确定的项目目标制订具体的项目实施计划。一个好的实施计划是保障项目成功的关键。计划决定了需要做什么,谁去做,花多长时间去做,花多少费用去做,每项工作的预估成果是什么,等等。投入一定的时间做一个考虑周全的计划,对任何项目成果的实现都是很重要的,因为计划是为完成一个目标而进行的系统的任务安排,是评价实际进度的基准,如果项目出现了偏差,可以围绕计划采取纠正措施。

根据我们的经验,许多课程开发项目都超出了预算,延误了完工期限,或者仅有部分课件成果达到了评估标准,这些都是因为在项目启动时没有制订一个可行的计划,以及对项目执行过程中风险的预估和策略的准备不足。那么,项目实施应该包括哪些内容呢?主要包括以下 3 部分。

- WBS。
- 进度计划。
- 资源估算。

WBS

WBS 的英文全称是 Work Breakdown Structure,翻译为工作分解结构,是指以可交付成果为导向对项目要素进行分组,它归纳和定义了项目的整个工作范围,每下降一层,代表对项目工作更详细的定义。WBS 是项目管理中重要的专业术语之一。WBS 总是处于计划过程的中心,是制订进度计划、资源需求、成本估算、风险管理计划和采购计划等的重要基础,同时也是控制项目变更的重要基础。创建 WBS 是把项目可交付成果和项目工作分解成较小的、更易于管理的组成部分的过程。项目范围是由 WBS 定义的,所以 WBS 也是一个项目的综合工具。用一句话概括 WBS 的作用,那就是使复杂变得简单,使难以预测变得易于预测,使难以控制变得易于控制。

课程开发项目的 WBS 是对整体工作的层次化分解,通常有以下两种分解方法。

➢ 按照课程开发项目的阶段分解,如图 3-10 所示。
➢ 按照课程开发需要提交的成果分解,如图 3-11 所示。

以上这两种方法仅供参考。

WBS 分解的原则:将主体目标逐步细化分解,底层工作包可支持对进度和成本进行充分的估算。

WBS 分解的方法:自上而下与自下而上的充分沟通、一对一个别交流、小组讨论。

WBS 分解的标准:分解后的活动结构清晰;逻辑上形成一个大的活动;集成了所有的关键因素;包含临时的里程碑和监控点;所有活动都定义清楚。

进度计划

首先要识别处于 WBS 底层的工作包的可交付成果,称为工作细目。工作包还可以被分解为更小的组成部分,称为进度活动,又称计划活动。进度活动是估算、制定进度、执行和监控项目的基础。在项目管理中,制定进度的工具、方法有很多,课程开发项目中常用项目进度计划甘特图(见图 3-12)来制订进度计划。

编制项目进度有以下 4 步。

第 1 步:定义活动。

第 2 步:排序。

第 3 步:估算活动持续时间。

第 4 步:制定进度表。

资源估算

资源指的是完成整个项目需要投入的人工成本、设备材料费、供应商和顾问费、差旅费等,这部分内容在第 2 章已经做了阐述。这里其实应该将总的预算费用匹配到每个项目阶段甚至每个工作包的资源估算中。

资源估算包括两个步骤。首先,将项目成本估算分摊到 WBS 的每个工作包中。其次,将每个工作包的预算分摊到整个工作包的工期内,这样才可能知道任何时点的预算。

因此,让某项具体工作及其相关成本的负责人估算成本是一个好办法。这会让估算结果得到该负责人的认可,并防止一个人对整个项目的全部成本进行估算所带来的偏差。

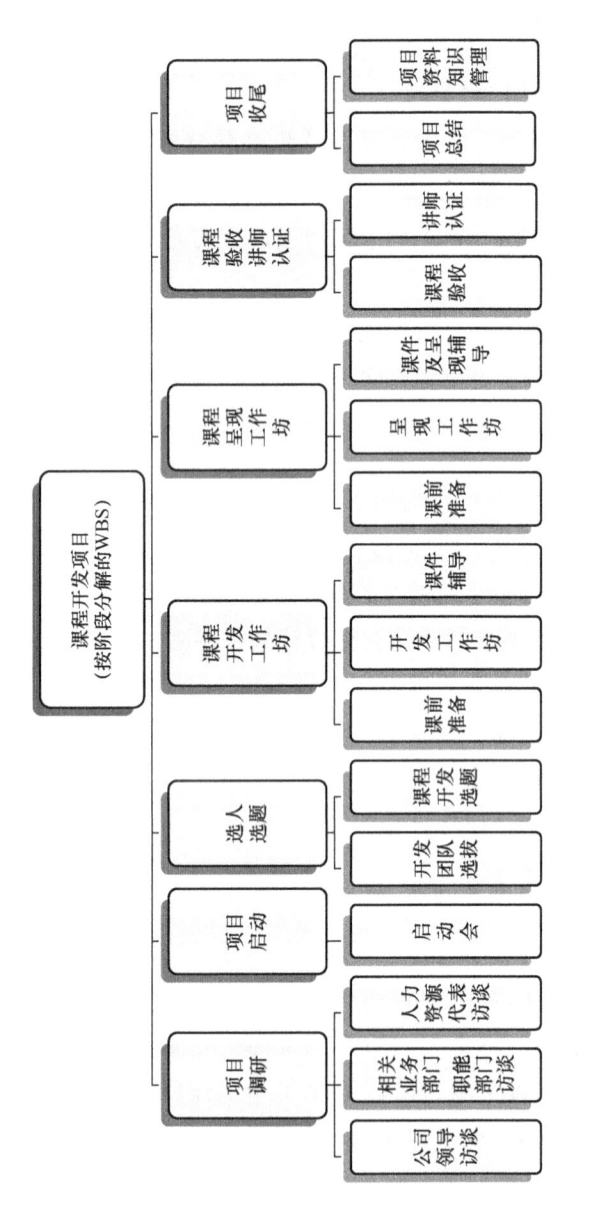

图 3-10 课程开发项目 WBS 成果分解图（按项目阶段分解）

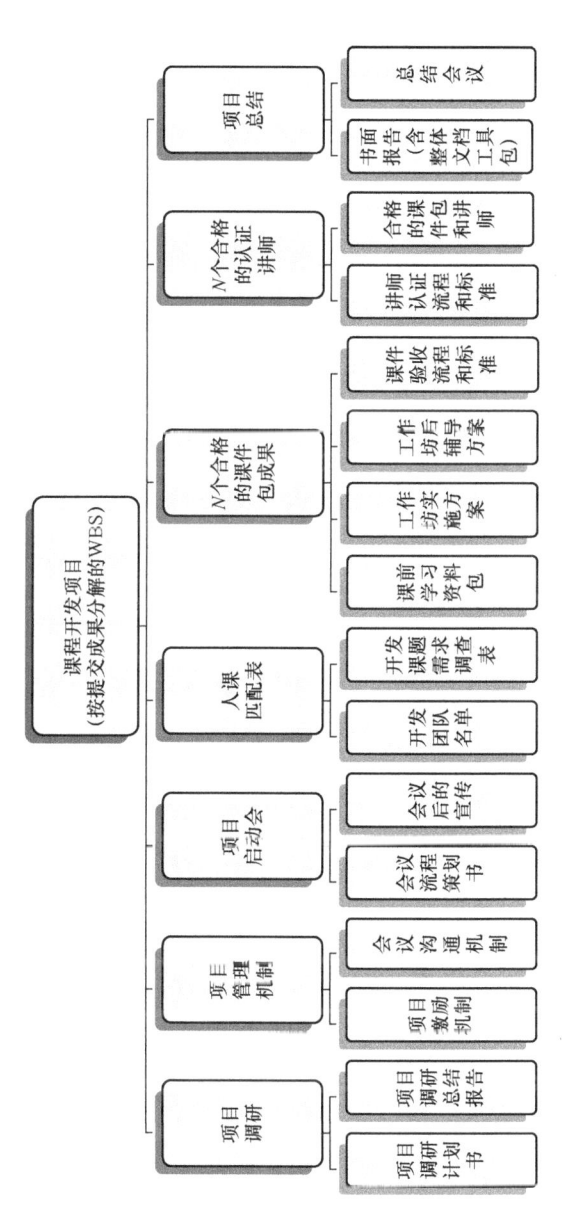

图3-11 课程开发项目WBS成果分解图（按项目需求分解）

项目阶段及主要工作任务	时间(天)	开始时间	完成时间	第11周 7/29至8/4 M T W T F S S	第12周 8/5至8/11 M T W T F S S	第13周 8/12至8/18 M T W T F S S	第14周 8/19至8/25 M T W T F S S	第15周 8/26至9/1 M T W T F S S
第4阶段：培训系统构建及讲师赋能								
1.培训系统构建沟通会（基于前面梳理的《销售指引手册》和《销售管理指引手册》的内容，设计一套课程体系图								
2.课程开发工作坊					1 1 1 0 1 2			
3.课程开发成果的过程跟进及答疑、辅导反馈								
4.专项TTT及试讲成果跟进工作坊							2 2 2 2 3 4 5 6	
5.课件包成果的过程跟进及认证相关事宜的答疑、辅导反馈								
6.课件包成果的预验收								2 8
7.课件包验收+讲师认证								
8.项目结项汇报会								

图3-12 项目进度计划甘特图

针对项目实施计划的上述 3 项主要内容,后面将逐一阐述,从而让课程开发项目的项目经理更好地做好项目的启动工作。

3.6.2 项目阶段的划分

项目生命周期是描述项目从开始到结束所经历的一系列阶段。在群课程开发项目中,项目经理实际上管理的是一系列课程的开发,因此把握好整个项目生命周期中的宏观发展趋势和整体阶段划分非常重要。

不少项目经理都遇见过以下情形。
- 不知道实施一个课程开发项目具体要做哪些事。
- 在项目规划时不清楚各个阶段的工作边界在哪里,导致阶段成果不明显。
- 在项目实施过程中发现自己忘了一些关键工作或加了一些额外工作。
- 不知道项目都有哪些具体任务,所以无法估算项目工期、进度、预算。
- 不清楚如何分节点把控一个项目,从而确保整个项目的成功。
- ……

针对以上各种情形,要设定好项目发展阶段,并清楚地知道达成里程碑的路径,这样才能让项目如期完工,才能实现最终的项目成果。明确项目发展阶段和阶段成果对成功的项目管理和优化工作流程至关重要,具体体现在以下几个方面。

- **可以让课程开发的成果化整为零。**课程开发是一个有阶段、有步骤的过程,每个阶段都有阶段性成果的输出和验收,设定项目阶段可以很好地确保阶段性成果的输出和验收。
- **可以降低项目过程中存在的风险。**在项目监控过程中,可以根据项目阶段进行阶段性成果验收,及时监控并发现项目过程中出现的延期风险、成果偏离风险、项目团队投入度风险等,及时调整进度,及时对存在的风险做出应对措施,尽可能让整个项目如期、保质地完成。
- **可以让开发流程可视化。**设定项目阶段可以让项目成员看到项目或流程处于什么状态,还有什么要做好,更有利于团队成员之间的合作和沟通。

3.6.3 项目阶段的规划

那么,如何规划项目阶段呢?不同的企业有不同的课程开发项目设计,不同的项目设计有不同的关键里程碑。这里列举 5 种常见的与课程开发相关的项目类型(见图 3-13)。这些项目类型的设计,实际上在项目规划阶段的项目方案中就会出现，但当时只是一种初步的规划，需要得到领导的审核通过。等领导审核通过以后，就可以进一步按照这种规划进行澄清和细化了。

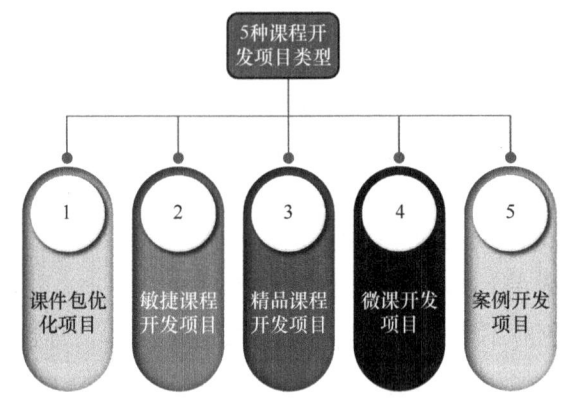

图 3-13　5 种课程开发项目类型

课件包优化项目

该类型项目产生的背景需求是课件包版本升级，包括内容升级、案例升级、版面升级等。课件包优化项目规划如图 3-14 所示。

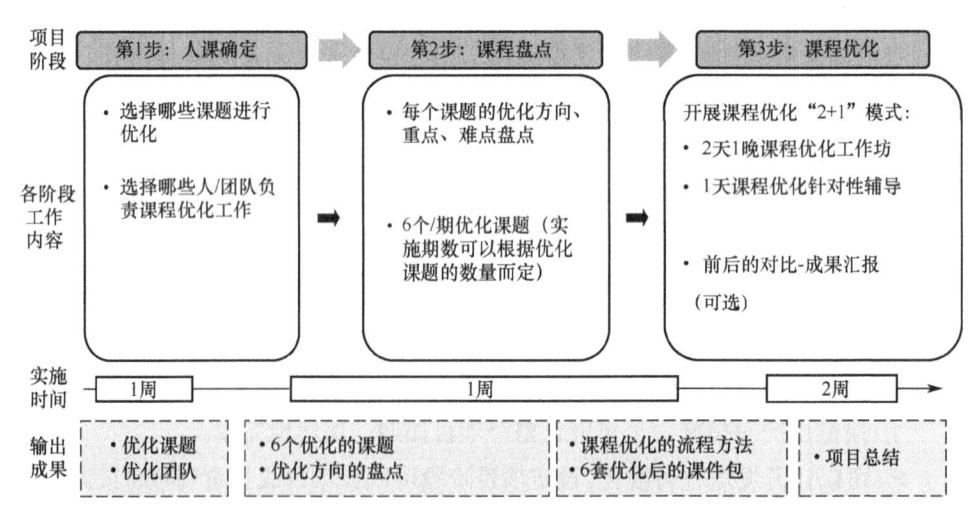

图 3-14　课件包优化项目规划

敏捷课程开发项目

该类型项目的主要特点是根据敏捷理念，集中、快速、一次性地由多个课题组同时开发多个课件包。敏捷课程开发项目规划如图 3-15 所示。

第3章 启 动

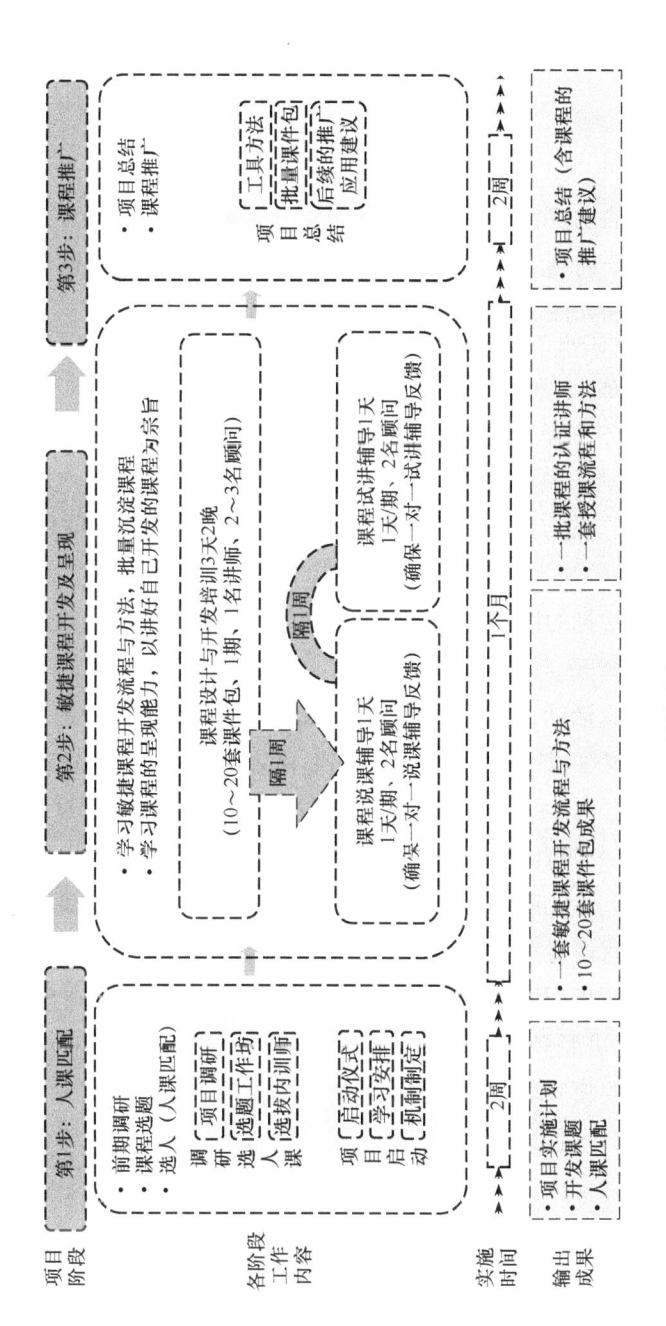

图3-15 敏捷课程开发项目规划

精品课程开发项目

该类型项目的主要特点是重点打磨精品课程和认证金牌讲师；精品课程成果要求包括学员资料包、讲师资料包、培训管理资料包。精品课程开发项目规划如图 3-16 所示。

微课开发项目

该类型项目的主要特点是课程开发的输出成果为微课。微课是指以传递某个知识点或解决某个问题为主要目的，短小精悍（5～10 分钟）的数字课程形态。微课开发项目规划如图 3-17 所示。

案例开发项目

该类型项目的主要特点是输出成果为企业案例，案例的类型可以根据企业的应用目的而定。在项目后期将文字型案例转换为 PPT 课件，并教授案例引导的方法或微课制作的方法，便于案例的后期传播。案例开发项目规划如图 3-18 所示。

以上是企业常见的课程开发类型。要做好课程开发项目的规划，需要遵循以下 4 个步骤：

第 1 步：**定义活动**。活动必须是为完成可交付成果而进行的。例如，某敏捷课程开发项目定义了以下活动：项目调研、确定开发课题及匹配的开发团队、课程开发工作坊、专项 TTT 工作坊、课程开发辅导工作坊、课程试讲工作坊、课程验收及讲师认证工作坊。

第 2 步：**排列活动顺序**。对定义好的活动进行逻辑排序。课程开发项目里程碑的设定遵循先有课再有讲师、先有课再试讲的排列顺序。

第 3 步：**估算资源和资源平衡**。估算活动需要的人、财、物资源。例如，估算开发 10 个课题需要多少名专家投入多少时间，需要组织几次集中培训或辅导多少个工作日，需要哪些场地及其他培训物资的投入，等等。

第 4 步：**制订项目进度计划**。项目进度计划至少包括每项详细活动的开始和结束日期。项目进度计划的表示方法有里程碑图、甘特图、项目网络图。其实，在这一步可以完成项目实施阶段的划分，详细内容则可以在完成工作细分和时间预估后制定。

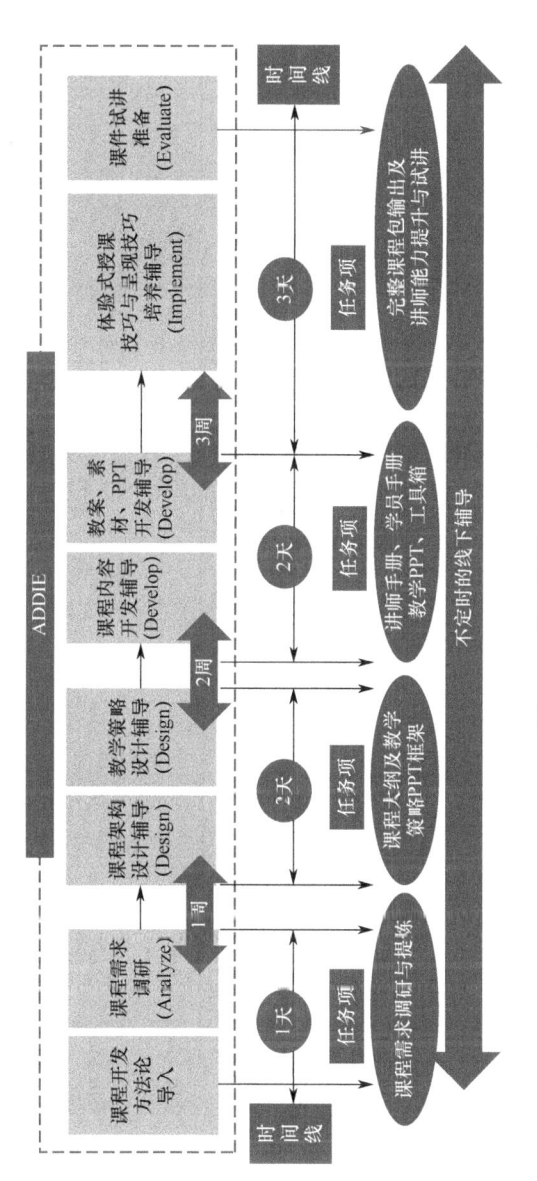

图3-16 精品课程开发项目规划

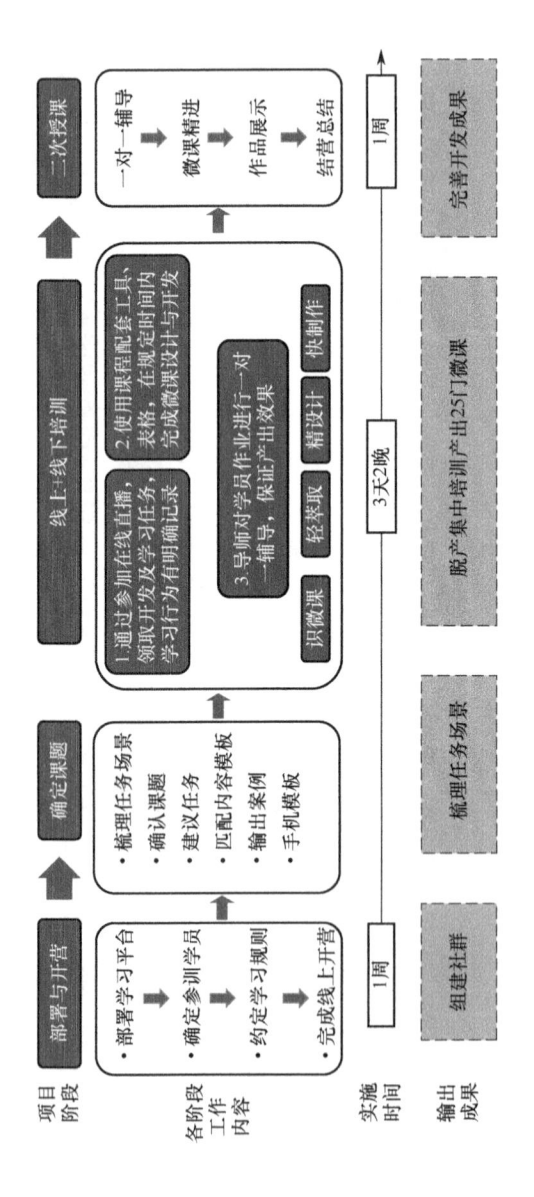

图3-17 微课开发项目规划

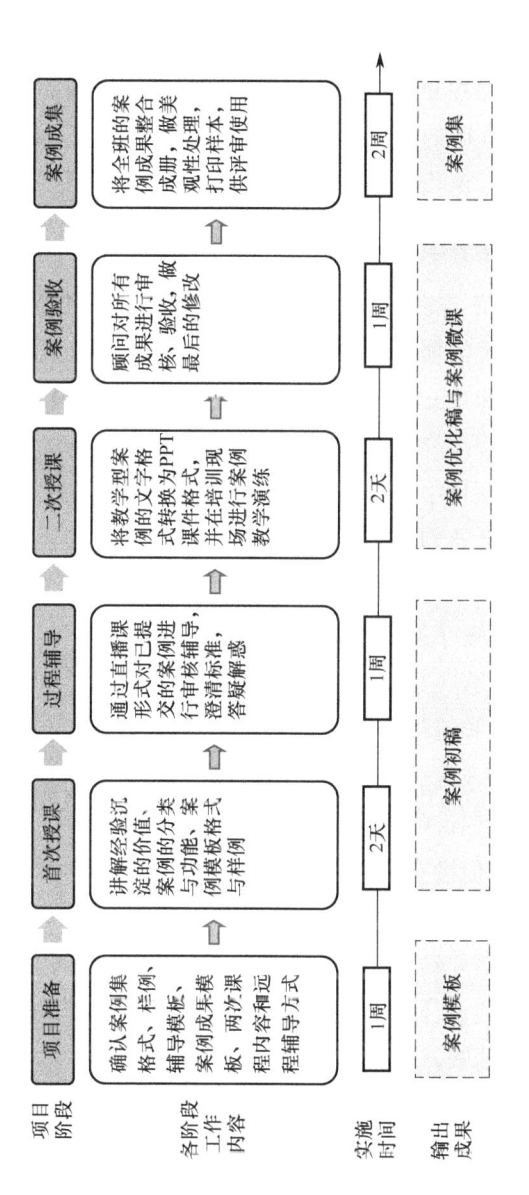

图3-18 案例开发项目规划

3.6.4 项目的设计与剪裁

课程开发项目的设计，本质上是基于公司的现实资源情况和组织的期待进行的一次筛选编排过程，我们建议在过往大量成熟的项目经验基础之上进行剪裁式项目设计，这在敏捷项目管理领域也被称为"Tailoring"。

前文提到的 5 种课程开发模式是基于不同的课件形式提出的最常见的几种项目设计方法和项目里程碑的分解形式。课程开发者如果能再掌握项目剪裁的基本原则，就可以自主进行课程开发项目设计了。

课程开发与讲师培养项目设计模板

图 3-19 是我们日常与客户沟通的时候，经常使用的一个项目设计模板。在这个模板中，我们用关键的项目步骤覆盖了客户在做课程开发项目过程中的关键需求，其中包括第一年和第三年做课程开发项目的企业在项目运营过程中可能会遇到的各类问题。

企业在课程开发项目中经常遇到的问题如下，括号中标注了第几年实施 TTT 讲师培养项目时可能会遇到这些问题，这些问题表明了项目的精细度和项目团队对项目的执行力度。

- 课题选择不清晰（第一年）。
- 素材准备度不够（第一年）。
- 缺乏理论指导和流程支撑（第一年）。
- 成果难以产出（第一年）。
- 有课程内容，但讲师讲不了该课程（第二年）。
- 有课程内容，但没有机会讲课（第三年）。
- 有课程内容，但讲师讲不好（第三年）。

围绕这些问题，需要结合公司的资源（能投入的培训预算和能协调的专家时间）来进行项目的剪裁设计。例如，企业第一次做课程开发项目，由于专家对自己要开发的主题还不清晰，又没有时间准备，所以应该安排一次面对面的调研访谈（图 3-19 中的第 2 步），让外部的课程开发顾问进行一对一沟通，引起专家对项目的重视，清楚培训课题的选择方向，提升项目准备度。如果一线的业务专家平常很忙，很容易失去对课程成果的开发承诺度，就需要增加一些推动成果产出的步骤，定期安排专家"集中"，在集中听线上反馈（图 3-19 中的第 3 步）和听授课技巧培训（图 3-19 中的第 5 步）的过程中发布课程开发的进度信息，跟催课程开发小组的成员共同关注课程开发进度，再次明确分工和近期的行动计划。有

第3章 启　动

	第1步	第2步	第3步	第4步	第5步	第6步	第7步
	1小时线上启动会	1天调研	2天课程设计与开发培训	1次远程反馈	2天授课技巧培训辅导	磨课辅导	课程评审
目标	时间安排、阶段任务介绍 教学团队、分工介绍 课程开发选题与素材收集方法	组织需求分析 摸清项目准备度	提升讲师动力 形成行动承诺 课程设计理念导入 课程设计原理与步骤 课程内容梳理 教学活动设计	促成课件的更新	以学习者为中心的教学 课件内容点评 讲师授课技巧应用 授课点评辅导	课件迭代 授课技术持续提升	标准化、生动化的培训
项目内容	咨询公司：顾问介绍 如何选题 如何收集素材 客户：项目介绍 流程控制	现场访谈 提升素材准备度 厘清课程思路 结果汇总 调研现场 协调安排	内训师动员 讲师授课 顾问辅导 课程参与过程评审 现场培训组织物资支撑 领导讲话 领导参与过程评审	提供书面反馈意见 收集课件	讲师授课 授课技术标准 现场点评辅导 现场培训组织物资支撑	现场提供反馈意见 现场培训组织物资支撑	提供评审组织流程建议 提供评审前辅导答疑 收集专家及领导的评估意见 完成评估分数统计与认证表彰
成果输出	项目启动	调研成果汇报	授课PPT初稿 课程大纲 学员承诺 行动计划	授课PPT更新稿 《讲师手册》初稿	《讲师手册》《学员手册》 讲师工具箱初稿	授课PPT《讲师手册》完善版	完整的课件包5件套

图3-19　课程开发与讲师培养项目设计模板

的企业在连续做 TTT 类型的项目两年后，会发现讲师们有课程，但课程很容易成为"库存"，没有机会讲。出现这种情况的原因有很多，如公司没有安排专业课程的培训计划，或者有培训计划，但学员报名不积极。讲师个人也很容易懈怠，导致课程没机会讲，个人的授课技术也无法持续提升。对于这种情况，我们建议客户选择磨课辅导（图 3-19 中的第 6 步），增加磨课会，通过磨课会让讲师接触学员，并在过程中接受外部 TTT 讲师的专业辅导，这样有助于讲师快速提升授课技术，打磨课程，并获得公司的培训授课积分，维护自己的内训师聘任等级。

课程评审（图 3-19 中的第 7 步）其实是一个非常重要的环节。在传统组织（典型的科层式组织）中，权力往往集中在公司高层，只有借助公司高层的力量，才能推动各业务部门的领导关注项目，所以评审会的设计必不可少。同时，在评审会设计环节，还可以促成公司高层领导和部门领导及业务骨干之间的交流，扩展部门和业务专家在组织中的影响力，让高层领导对一线的业务难点和专家知识有更深入的了解，所以课程评审会的意义非常大。在项目启动之初就应该及时明确这一环节，这样就可以随时借助高层领导的权威来驱动各业务部门配合工作。

如果企业是扁平化组织，员工的成熟度很高，个人的学习实践动力很强，自驱力也够，而且课程开发已经成为一种工作习惯，就没有必要安排专门的课程评审环节了。因此，课程开发项目的设计高度依赖项目经理对企业的理解能力。项目经理只有准确预判各部门的配合与投入度，以及专家的开发实力和授课实力，才能做好对项目的精准剪裁设计。

课程开发项目看似在开发课程，本质上是在开发讲师的授课实力，只有讲师有信心讲课，并能把课程演绎得很好，这门课程才算真正开发成功了。课程开发项目看似在开发课程，实际上是通过这个项目充分检验和展示人力资源部的项目设计能力与项目运营实力。

因此，我们把课程开发项目剪裁设计的原则归纳为以下 3 个。

> **成果导向**：一定要围绕课程开发成果（课件包 5 件套）进行设计，分步交付，持续跟催，逐步成熟。
> **趋势借力**：了解各部门对业务的需求，找到他们最关注的主题。借助乙方顾问的专业力量，给予主题专家支持。借助公司高管和部门领导的权威力量，促成主题专家的持续投入。
> **平衡适度**：注意成果和投入之间的平衡，不过度压榨业务部门的开发人员，也不一味妥协，放弃成果产出。在设计和运营中及时协调两者的矛盾，把握好两者的平衡关系。

企业大赛组织模式

近年来，很多大型企业为了保障项目成果的产出，创新推广培训品牌，纷纷推出了企业大赛组织模式（见图 3-20），在过往传统的讲师培养或课程开发项目之上叠加设计大赛，以赛促学，赛学结合；以赛带课，人课两得。这种模式有效地提升了学员的关注度和参与度，可以更好地吸引优秀人才参与项目，更好地调动参与者的积极性。

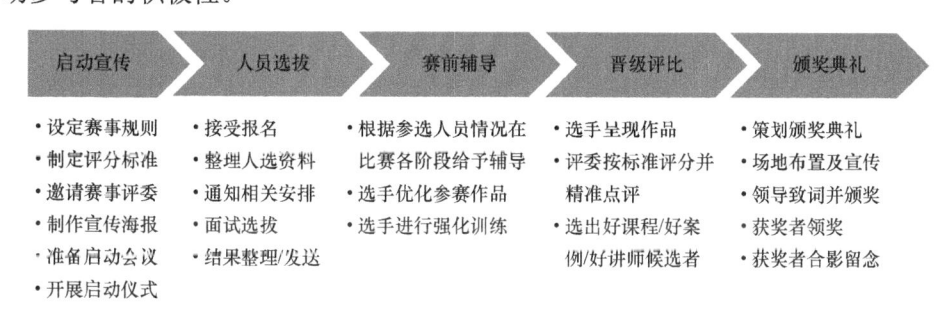

启动宣传	人员选拔	赛前辅导	晋级评比	颁奖典礼
·设定赛事规则 ·制定评分标准 ·邀请赛事评委 ·制作宣传海报 ·准备启动会议 ·开展启动仪式	·接受报名 ·整理入选资料 ·通知相关安排 ·面试选拔 ·结果整理/发送	·根据参选人员情况在比赛各阶段给予辅导 ·选手优化参赛作品 ·选手进行强化训练	·选手呈现作品 ·评委按标准评分并精准点评 ·选出好课程/好案例/好讲师候选者	·策划颁奖典礼 ·场地布置及宣传 ·领导致词并颁奖 ·获奖者领奖 ·获奖者合影留念

图 3-20　企业大赛组织模式

该模式的宣传声势更大，消耗甲乙方的组织资源比较多，需要企业的运营团队具备足够的人手和强大的组织资源调动能力。这种模式也会引发大众对项目成果的高期待，引发大众对第二年的大赛创新成效的高期待，这给项目团队带来了非常大的挑战。为了用好企业大赛组织模式的优势，又不至于过多地消耗资源，我们建议在课程开发项目的中后期嵌入企业大赛组织模式，将评审会升级为课程开发大赛，邀请各个部门的学员代表参与评审汇报环节，进行大众投票，这样可以实现资源与宣传效果的平衡，既给项目运营团队留有空间，又能提升项目的宣传效果。

3.6.5　细分工作计划

阶段性成果的工作内容细化

完成了项目的剪裁设计和项目阶段的划分，制定了项目实施进度表，预期了成果输出，接下来要细化每个阶段的工作要点及完成这些工作要点所需要的时间。这项工作可以进一步细化课程开发项目进程，确保每个里程碑的达成。

有项目经理心里对每个阶段需要完成哪些工作及花多少时间没谱，导致在制订项目实施计划表时比较茫然，对后续的项目把控也信心不足。我们认为，如果能对每个阶段的细分工作了如指掌，再借助有经验的专家的时间预估和指导，就可以解决这个问题了。

在上一节，我们阐述了不同的企业会设计不同的课程开发项目，如课件包优化项目、敏捷课程开发项目、精品课程开发项目、微课开发项目、案例开发项目等，还介绍了课程开发项目的剪裁设计，不同的项目设计有不同的关键里程碑。同理，达到不同的关键里程碑会涉及不同的工作细分和时间把控，表3-19以通用的项目类型（敏捷课程开发项目）对项目里程碑及工作细分做了详细解释。其实，只要掌握了一种课程开发项目模式，就能触类旁通地理解其他课程开发项目模式了。

表 3-19 项目时间预估表

序号	项目里程碑	工作细分	时间把控	温馨提示
1	项目全面调研	1）拟订项目调研计划。通常情况下，调研分为案头调研、面对面一对一访谈调研、工作坊一对多调研等，可以根据企业需求进行灵活选择 2）根据调研计划实施调研 3）总结调研信息，为后续项目提供参考	1~2周	遇到调研样本量大的情况，可以分两组调研团队同时进行
2	确定开发课题及匹配的开发团队	1）如果初拟的开发课题在提出需求时已经敲定（即确定了课程开发方向），那么可以通过项目调研对开发课题方向进行细化和最终确定 2）确定开发课题后，再根据具体情况对初定的开发团队进行摸底或筛选，最后确定名单	3~5个工作日	必要的情况下可以开展选题工作坊和开发团队选拔会
3	课程开发工作坊	1）发布开发课题及对应的开发团队名单 2）工作坊前宣传造势 3）成立项目学习群，给开发者布置目标对象的学习需求调研和素材准备任务，必要时可以开展线上学习 4）组织线下课程开发工作坊（2天或3天，视情况而定） 5）布置工作坊后的课程开发任务并做好跟进工作	1周	定好工作坊的时间，提前一周准备；定好工作坊导师，沟通细节；参与人沟通，通知到位
4	课程开发辅导工作坊	1）课程开发工作坊结束1周后，各课题组有了课件初稿，带着反馈更新课件初稿，参加课程开发辅导工作坊（可以与下一步骤的专项TTT工作坊连期举办） 2）组织课程开发辅导工作坊（1天或2天，视课题数量而定） 3）布置辅导工作坊后的课程优化任务并做好跟进工作	1周	如果跨地域的学员较多，可以考虑与下一步骤的专项TTT工作坊连期举办

续表

序号	项目里程碑	工作细分	时间把控	温馨提示
5	专项 TTT 工作坊	1）课程开发工作坊结束 1~2 周后，各课题组有了课件优化稿，带着课件优化稿参加专项 TTT 工作坊 2）组织专项 TTT 工作坊（2 天） 3）布置工作坊后的课程试讲任务并做好跟进工作	1 周	针对课件的 TTT 专项训练，而不是通用 TTT 培训
6	课程试讲辅导工作坊	1）专项 TTT 工作坊结束 1~2 周后，各课题组从演绎呈现的角度对课件进行进一步优化，带着课件的定稿版参加课程试讲辅导工作坊 2）组织课程试讲辅导工作坊（1 天或 2 天，视讲师数量而定） 3）布置工作坊后的课程验收任务和讲师认证工作并做好跟进工作	1 周	可以视试讲的课题和讲师数量进行投入天数和辅导者人数的协调
7	课程验收及讲师认证工作坊	1）确认课程验收流程和标准、讲师认证流程和标准（已在规划阶段初定了验收标准） 2）发布验收和认证通知，让课题组做好准备（必要时可以额外安排认证彩排） 3）组织验收会和认证会（1 天或 1.5 天，视具体情况而定），一般每半天安排 6~12 个课题	1 周	通常在认证会上进行项目颁奖
8	项目总结	项目总结及后续展望，可以与企业的课程体系优化、学习地图更新及内训师队伍打造结合起来进行后续安排规划	1 周	举办专门的总结会，或者提交纸质项目总结报告

预估每项工作的完成时间

参考上述项目时间预估表，企业可以根据自身情况，结合整体的人力资源年度培训规划，对课程开发项目进行短则 1~2 个月、长则 3~6 个月的规划。不同的企业情况会有所差异，有些企业非常重视课题的选择，仅课题的背景调研及课题共识就预估 2~4 周不等；有些企业则非常重视课程开发后的落地应用，会融入课题的宣传包装发布，然后试讲轮训，再复盘定稿入库。关于课题的宣传包装等内容，将在第 6 章阐述。每位项目经理都应掌握好通常情况下的项目工作细分及时间预估，再结合自己企业的特点随加随减，灵活应用，以不变应万变。

制订项目进度计划

明确了项目里程碑，对每个项目阶段的工作内容进行了细化之后，就可以结合时间进度、资源及成果验收标准，制订一份具有指导意义的、清晰的、切实可行的项目进度计划了。

其实制订项目进度计划并不难，难的是如何按照进度计划进行落地执行和监控。如果项目执行进度与计划时间不符，应该及时采取相应的措施并进行合理的调整。因此，项目进度计划还是后续监控的重要工具之一。

项目责任分配

领导在审批项目时给予的指示和嘱托往往是非常笼统、抽象的。例如，要扩展影响力，要建立品牌意识，要做好宣传工作，要树立员工对项目的关注度、认知度、信赖度、忠诚度。实际上，要达到这些目的，需要巨量的人力投入和资源协调，需要项目经理在前期做好非常细节的规划和分工，需要把一项项工作分派到具体的岗位和具体的人来完成，否则这些大的口号最后都会成为枷锁，成为项目复盘时被审判为不合格的"罪名"。

项目中涉及的行政接待工作也应事无巨细，不可掉以轻心。例如，现场桌位摆放不对，会让课程效果大打折扣；讲师的行程安排不合理，会影响讲师现场的授课效能；领导现场来访时接待不周到，会导致项目的整体评价大打折扣。任何一项工作做不好，都会带来不可估量的影响。要想提前把各项事务想好，把分工做好，就需要有一个好的工具——项目责任分配矩阵，如表 3-20 所示。

表 3-20　项目责任分配矩阵

WBS 细目	工作细目	李蓓	张传	郑行	王宫
项目宣传	拟写讲师招募宣传文案	D	X		
	拟写培训通知邮件	P	X		
	项目标识设计	D	X		
	横幅设计	P	X		
	学员手册封面设计	P	X		
	背景墙设计	P	X		
	承诺墙设计	P	X		
	签到墙设计	P	X		
	讲师宣传易拉宝设计	P	X		
	拍照手牌道具设计	P	X		
	结业证书设计	P	X		

续表

WBS 细目	工作细目	李蓓	张传	郑行	王宫
项目宣传	撰写视频拍摄脚本		X		
	现场拍照		X		
	拍集体照		X		
	拟写朋友圈宣传稿		X		
	阶段回顾视频		X		
	阶段新闻报道	P	X		
	节日问候卡设计		X		
	微信群跟催图片设计		X		
	公众号宣传稿	D	X		
	项目总结报告	D	X		
	申请外部奖项	D	X		
社群运营	发送参训提醒			X	
	主持线上启动会			X	
	发送课程花絮			X	
	发送结业集体照			X	
	群发言量统计与发布			X	
	群积分统计与发布			X	
	催交作业			X	
	关怀后进			X	
	收集学员作业成果			X	
	项目文件归档上传			X	
物资采购	预借款			X	
	培训物资采购与接收			X	
	学员餐饮住宿安排			X	
	预订茶歇			X	
	采购奖品与礼品			X	
	订购学员制服			X	
	供应商打印台卡与证书			X	
	摄影师费用结算			X	
	汇总发票并报销			X	
行政接待	汇总学员名单			X	
	收集课前作业			X	
	分配学员住宿			X	
	讲师接待与支持			X	
	邀请与接待摄影师		X	P	

续表

WBS 细目	工作细目	李蓓	张传	郑行	王宫
行政接待	引导学员扫码签到			X	
	组织学员拍讲师形象照		X	P	
	领导接待陪同		X	P	
	学员生日会策划执行	D	P	X	
培训现场支持	场地布置			X	X
	挂横幅			P	X
	调试设备			P	X
	发放学习资料与文具			X	
	物资整理与回收			X	
	学员考勤分数统计			X	
	学员技能分数统计呈现			X	
活动主持	撰写主持稿	X			
	主持开营仪式	X	P	P	
	课程开场主持	X			
	课前活动主持	X			
	关注学员学习动态	X			
	现场收集学员反馈意见	X			
	学员生日仪式主持	X	P	P	
	提醒与收集培训评估	X		X	
	结业典礼主持	X	P	P	
	汇总与分析评估数据	D		X	

注：D 表示做决定性决策，P 表示做参与性决策，X 表示做执行性工作。

项目责任分配矩阵决定了谁对哪项工作负责。它是一种很有用的工具，因为它强调每项工作细目由谁负责，并表明了每个人在整个项目中的角色和地位。在项目责任分配矩阵中，D 表示某项工作细目的主要责任人，做决定性决策；P 表示某项工作细目的次要责任人，做参与性决策；X 表示项目的具体执行人，做执行性工作。项目责任分配矩阵显示了在工作分解结构中与个人有关的每个工作细目，以及与所有工作细目有关的每个工作人员。

看完这个项目责任分配矩阵中的工作内容，你是否觉得这根本就不是一个人能扛得下来的工作？所以，一个课程开发项目实际上开发的不仅是课程，更是你的组织影响力，你需要让这个项目在启动阶段就变成团体游戏！

思考题

1. 向上汇报方案的 6 步汇报流程及辅助技巧有哪些？其与汇报对象的心理曲线规律是如何匹配的？
2. 企业采购的常见形式有哪些？在哪种形式中可以较多地运用项目经理的谈判技巧？
3. 课程开发项目的利益相关方有哪些？与其匹配的常见沟通影响策略有哪些？
4. 课程开发项目管理团队分哪 3 个层面？
5. 项目团队中的指导层和运营层分别有哪些角色？
6. 课程开发项目风险管理阶梯模型包括哪些维度？常见风险与单门课程的开发风险之间是什么关系？
7. 课程开发项目的综合激励模型中有哪些要素？其中哪些属于典型有效的精神激励？
8. 课程开发项目有几种类型？其中敏捷课程开发项目的项目里程碑主要有哪些？
9. 课程开发与讲师培养项目设计模板包括哪 7 步？裁剪应用时应注意哪些原则？

第4章 执 行

可以将执行理解为把规划付诸行动的过程，或者理解为把项目设计整体方案细化执行的过程，它是一个付诸行动的过程。在项目的执行阶段，只有按照项目进度计划及其关注点来实施，才能将前期计划执行到位，才能把一纸计划变成真正对企业有价值的项目成果。

在课程开发项目的执行阶段，相当于把"一纸蓝图变成现实"的过程。在执行阶段，主要内容有以下几项。

1. 开展项目全面调研。
2. 选择开发课题及团队。
3. 做好项目启动会与课程开发准备。
4. 组织课程开发工作坊与课件迭代辅导。
5. 组织专项TTT工作坊。
6. 组织课程验收与讲师认证。

课程开发项目执行是指正式为完成项目而进行的一系列工作的过程。由于项目最终可交付成果是在这个过程中产生的，所以该过程是课程开发项目管理中进入实质性交付的环节。在这个过程中，项目经理要协调和处理各方面的事宜，如召开各类项目会议、澄清最近一个阶段的工作准备事项、发布各类通知和提醒、在工作坊现场进行监控和协调、在工作坊结束后组织大家对执行过程中存在的问题进行复盘反思、完成阶段性的项目报告等，这些都是为了将前期规划的内容顺利转化为项目预期成果。

因此，这个阶段的主要内容有计划的执行及执行过程中的每个关键点。其中，计划的执行是对项目进度计划的执行和落地，本章将分小节进行详细阐述；项目执行过程中的关键点监控问题将在第5章阐述。另外，关于执行过程中团队的建设与沟通的相关内容将在第7章重点阐述，第7章还会介绍项目经理的学习成长路径和能力提升建议。

在执行一个课程开发项目之前，项目经理必须先做好一系列的准备工作，以便为后续的项目执行工作创造有利的环境。一般来讲，需要准备的工作有：清楚项目执行人员架构，确认每位项目成员的权责利；再次核实项目计划；开发课题和开发团队的匹配确认；项目团队启动沟通；项目执行动员；等等。由于前文已经把组建项目团队、团队激励机制等相关准备工作介绍完毕了，这里不再赘述，下面重点介绍项目调研、开发课题及团队选拔、启动会的实施及开发前的准备工作、具体的开发过程等。

4.1 开展项目全面调研

4.1.1 调研的作用与4步流程

任何项目的有效实施都离不开执行前的细致调研，调研是为了让后续的项目执行更准确、更有效。课程开发项目调研4步流程如表4-1所示。

表4-1 课程开发项目调研4步流程

序号	步骤	具体内容	辅助工具
1	共识调研目标与对象	• 针对企业领导层：对项目的期望和建议，能给予的资源支持 • 针对企业人力资源部/学习发展部：对企业课程体系及学习发展的规划和建议，对本项目的期待 • 针对相关业务部门：对本业务部门开发课题的设想和期待，能给予的资源支持；对开发团队成员的推荐 • 针对项目学员代表：对学习内容和方式的期望，对自己参与项目的顾虑和承诺	一对一访谈提纲
2	明确调研流程	• 拟订调研计划 • 下发调研通知 • 做好调研准备 • 实施面对面访谈	调研计划书
3	选择调研方法	• 案头调研、资料阅读、标杆研究 • 现场面对面访谈 • 如有必要，用电话、问卷进行补充调研	—
4	调研结果分析	• 访谈信息汇总、分析 • 提取与项目后续执行相关的信息进行重点标注 • 将项目调研报告分版本发送给相关参与人及项目成员	调研总结报告

在整个调研访谈过程中,最重要的是设计有效可行的访谈提纲,针对不同的访谈对象提出不同的访谈问题,从而收集信效度更高的信息,提高对后续项目执行的帮助。表 4-2~表 4-5 分别给出了针对企业领导层、企业人力资源部/学习发展部、相关业务部门、项目学员代表的访谈提纲,仅供参考,企业可以根据自身的特点及项目的个性化要求进行调整。此外,本套访谈提纲更适用于第一次启动内训师培养和课程开发工作的项目。应用访谈提纲中给出的问题时,需要考虑主访人是内部人员还是外部顾问,两者的提问角度稍有区别。表 4-2~表 4-5 是以外部顾问作为主访人的参考访谈提纲。在访谈中不必所有的问题都问到,顾问可以根据自己对信息的掌握程度和调研报告的实际需要进行筛选使用。

表 4-2 针对企业领导层的访谈提纲

访谈对象:	针对企业领导层
访谈时间与地点:	____年____月____日(具体时间与地点请以调研通知为准)
访谈形式:	一对一面谈
访谈时长:	30~40 分钟/人

具体访谈内容:

一、企业战略及关键成功因素

1. 宏观行业环境、市场特点对企业的发展有哪些影响?目前企业面临的内外部挑战主要有哪些?

2. 面对这样的环境、市场特点和内外部挑战,采取的竞争战略是什么?未来 3~5 年的主要战略目标和规划是什么?

3. 您认为要实现 3~5 年战略目标,关键成功因素是什么?可能会遇到的问题有哪些?

二、对人员能力提升及学习发展的要求

1. 从支持企业战略达成的角度来看,您对各个业务部门人才的培养要求是什么?

2. 对于人才能力的提升,您认为企业应该用什么样的内容和方式进行培养?

3. 您认为企业在人才能力提升的学习发展工作(包括学习需求调研、人才培训规划、培训课程开发、内部培训人才培养等)中有哪些方面做得比较好?在您看来,目前亟待完善的是哪个部分?

4. 您认为本次项目中哪些部门的哪些课程和哪些讲师应予以重点关注?

三、对本次课程开发项目的期待

1. 您评价项目成功的标准是什么?

2. 您对本次项目的期望和建议有哪些?

3. 本次项目非常需要企业高层领导的支持,您预计可以给本次项目提供的支持有哪些?

表 4-3 针对企业人力资源部/学习发展部的访谈提纲

访谈对象：	针对企业人力资源部/学习发展部
访谈时间与地点：	____年____月____日（具体时间与地点请以调研通知为准）
访谈形式：	一对一面谈
访谈时长：	30～40 分钟/人

具体访谈内容：

一、人才战略与相关背景信息

1．贵部门在今年承接了企业的哪些战略要点？

2．贵部门在今年的人力资源上有哪些大的变化？

3．这样的变化和挑战，对部门内人员的能力和知识结构等有哪些新的要求？

二、企业培训体系的构建及学习发展情况

1．请简要介绍目前企业培训体系的构建情况，如课程体系、师资体系、培训管理机制和平台的构建情况。

2．您认为目前课程体系需要开发哪些新的课程或优化哪些课程才能更好地推动业务工作，或者支持整个企业的绩效改善？

3．您如何评价目前企业的讲师数量和质量？您认为哪些方面需要重点补强？

4．您认为目前企业的学习发展是否与今年的业务发展相匹配？重点缺失部分或待发展部分是什么？

5．在企业推动学习与发展项目计划时，您最担心的是什么？或者您认为难点在哪里？

6．您认为本次项目中哪些部门的哪些课程和哪些讲师应予以重点关注？

三、您对本次项目的期望和支撑

1．您是如何看待本次课程开发项目的定位和价值的？

2．您认为课程开发项目最主要的内容或过程是什么？

3．您对本次项目有哪些期待和建议？

4．在本次项目中，您可以为项目运营团队和课程开发团队提供的激励和支持有哪些？

表 4-4 针对相关业务部门的访谈提纲

访谈对象：	针对相关业务部门
访谈时间与地点：	____年____月____日（具体时间与地点请以调研通知为准）
访谈形式：	一对一面谈
访谈时长：	30～40 分钟/人

具体访谈内容：

一、部门的战略与业务背景信息

1．贵部门今年承接了企业的哪些战略要点？

2．贵部门在今年的业务上有哪些大的变化？

续表

3．新的业务挑战对部门内各级人员的能力和知识结构等有哪些新的要求？

二、培训的支撑情况

1．您认为部门内的专业课程和讲授能力是否与今年的发展相匹配？重点缺失部分或待发展部分是什么？

2．您认为需要开发哪些新的课程来推动部门内的业务工作，或者支持整个企业的绩效改善？

3．您对部门内专业课程讲授的讲师数量和质量是否满意？您认为哪些方面需要重点补强？您还可以推荐哪些更好的业务讲师？

4．对于今年待开发的课程主题，您认为部门内与这个课题最匹配的业务专家是哪位？他是否能参与本次课程开发工作？是否需要为其配备一位助理，做一些辅助性开发工作？

三、您对项目的期望和支撑

1．针对本次项目的课程开发工作，您有哪些想法和建议？

2．您在企业内训师的管理方面有哪些好的想法和建议？

3．在课程开发项目中，您可以为开发团队提供的支持是什么？

表 4-5　针对项目学员代表的访谈提纲

访谈对象：	针对项目学员代表（内训师/业务线讲师候选人代表）
访谈时间与地点：	＿＿＿＿年＿＿＿＿月＿＿＿＿日（具体时间与地点请以调研通知为准）
访谈形式：	一对一面谈
访谈时长：	30～40 分钟/人

具体访谈内容：

一、对现有课程体系的认识和建议

1．针对企业目前的业务趋势和市场特点，您对搭建业务线（如某金融企业的各业务部门有业务部、风险管理部、信贷管理部、授信执行部、内控合规部等）的课程体系有何建议？（该问题针对业务线讲师候选人）

2．针对企业目前的业务趋势和人才学习发展规划等战略要求，您认为需要增加哪些综合素质类课程（如人力、综合、工会、安全、监察等）进行匹配？原有的哪些课程需要进行相应的优化？（该问题针对综合线讲师候选人）

二、对内训师管理制度的认识和建议

1．您所了解的企业在培训管理和讲师激励管理方面的信息有哪些？您对本次项目的项目管理与团队激励有什么建议？

2．您希望自己在内训师队伍中如何成长与发挥个人价值？

三、对课程开发项目的期望

1．本次项目是以开发课程为主线来认证讲师的，您认为课程开发团队最需要学习哪些知识？

续表

2. 您觉得在学习课程开发及呈现技巧的过程中，最好的学习模式或辅导方式是怎样的？
3. 假如您参加本次项目，您会选择哪个方向的课题进行开发？个人开发还是团队开发？
4. 您是否已经为要开发的课程主题做好了相应的素材准备？请简单说一下您对本课程的构想。
5. 您在项目参与过程中希望得到哪些资源支持？
6. 您参与本次项目的信心和承诺是怎样的？有什么担心吗？
7. 您会在项目结束时选择什么样的方式与您的课程开发团队一起庆贺？

访谈前期准备

在访谈前期，应该做详细的材料分析工作。了解整个公司的业务背景、组织架构、各开发小组的名单，理解上下级关系，提前做课题的风险预判，选择重点关注对象，以便及时调整访谈计划，匹配比较合适的访谈时间。

对于课题比较大、理论挑战性比较大或触及一些不明确的未来业务的课题，也应重点花一些时间做材料分析工作，预先与该课题领域的外部专家进行沟通，为未来的访谈做好铺垫，以免在访谈中被"伪专家"带入课程开发的盲区。

访谈的要点把控

在整个访谈过程中，除了要收集项目前期信息，还要介绍项目规划，传递项目期望，收集信息，激发对方的参与和支持，把控课程开发风险。因此，要注意以下5个访谈要点。

➢ 轻松开启访谈。
➢ 澄清访谈目的。
➢ 说明保密事宜。
➢ 探知开发风险。
➢ 共识行动计划。

深入了解待开发课程的选题背景、课程素材准备度、课程的结构和案例收集情况、课程开发团队搭配及具体分工，并在过程中适当地进行干预和指导。以下几个问题可供筛选使用。

Q1：基于公司今年的战略规划，对目标参训学员在待开发课程主题上有哪些新的能力要求？

Q2：您希望这门课程能够帮学员解决哪些问题？学员听完课后能有什么收获？

Q3：对于本次开发的课程，素材准备是否足够？

Q4：目前素材的准备进度如何？

Q5：目前课程结构是否已经确定？是什么样的结构？

Q6：目前案例收集情况如何？有哪些案例支撑？

Q7：就课程开发团队的搭配来看，您是否有候选人（主题专家、课程开发师）推荐？

Q8：在正式开始工作坊之前，您还会做哪些补充性的准备工作？

访谈人数

访谈的学员代表人数建议达到整体学员的 1/3 以上，对于预先看到的"危险"主题，要尽可能覆盖，提前沟通，降低课程开发风险。

访谈地点

如果访谈地点选择在固定的会议室，比较方便整体访谈工作的组织，节奏也会比较快。访谈对象按约定时间进入访谈室，可以避免各种地点迁移和会议室协调所带来的不便。

如果访谈地点选择在领导办公室，则会显得相对轻松和隐秘，也能创建更好的沟通氛围和互信感觉。

最好的访谈地点应该是以上两种方式的结合。将大多数访谈安排在一个会议室内，重点访谈则安排在领导办公室。

访谈时间

按照访谈习惯，一般将访谈时间分为 30 分钟、45 分钟、60 分钟、90 分钟。要特别留意访谈中主要使用的**聆听、尊重、询问、总结**这几种访谈技巧，都是偏向双向互动的，还要加上寒暄环节，这都需要花时间。访谈时间如果选 30 分钟，就意味着访谈中没有需要深入了解的内容，只是为了让访谈双方快速认识，告知基本的准备信息。如果是准备度非常低的课题，或者公司特别重视的课题，建议留足 90 分钟，并在会场准备好相应的白板、大白纸等沟通工具，便于访谈双方就课程中的关键任务做详细的任务分析，或者对课程内容的结构编排和案例挖掘做详细的探讨。

前后两场访谈之间最好留出 15 分钟的空隙，这样可以预防因为访谈延误或延迟造成的时间误差，也避免给下一位被访谈者带来不尊重的感觉。在这 15 分钟内，访谈者也可以调整放松，快速整理笔记，并为下一场访谈做好衔接准备。

访谈顺序

访谈的流程可以是高管—人力资源部门管理者—业务部门管理者—课程开发者，也可以是课程开发者—业务部门管理者—人力资源部门管理者—高管。

这两种顺序的安排服务于不同的目的，如果采用第二种顺序，意味着需要在整个访谈流程中收集各类信息，最后向高管汇报，而不是一开始就从高管这里获取信息。这种方式可以减少一次专门安排的汇报会，尽早与高层领导见面和沟通。但在这种方式下，汇报是在项目中一气呵成的，不借助 PPT 文件，更考验顾问的信息汇总能力和总结表达能力。

访谈的主要目的是收集信息、为项目做好准备，访谈过程也是各方沟通互识、建立信任的过程。在这个过程中，乙方的顾问有机会与企业的管理层见面并互通信息。这有助于项目经理在后期开展工作，项目经理可以借助领导的权威，征用更多的资源，为项目做好服务，也可以将访谈新闻相片发布出来，让大家感受到项目正式启动的氛围，让项目成员做好心理准备，进一步强化参加培训学习和开发课程的动力。

4.1.2 形成项目调研报告

调研报告的结构

> 调研概况。
> 访谈设计。
> 访谈侧重点。
> 访谈发现。
> 课件诊断。
> 项目设计。
> 准备事项。

调研报告中的重要建议

建议课题与团队匹配：根据访谈情况增加或调换专家人选。

建议采取分组形式：把相关的知识主题归为一个大组，一个大组包含几个同类型课题的小组，方便主题专家在工作坊现场相互交流与反馈。

建议培训现场做好教室准备和物资准备：附上工作坊物资准备清单，方便工作坊现场的引导和管理。

需求文件的进一步分析与澄清

调研报告的核心部分是需求文件的整理。

需求文件是关于各种单一需求将如何满足项目商业需求的描述。一开始的需求也许只是企业高层的需求，后期随着商务程序和访谈程序的开展逐步细化。只有明确的、可跟踪的、完整的、相互协调的且主要利益相关方认可的需求，才能作为需求基准。

需求文件的格式多种多样，既可以是一份按利益相关方和优先级分类列出全部需求的简单文件，也可以是一份包括内容提要、细节描述和附件等的详细文件；既可以是客户提供的文件，也可以是乙方的咨询顾问随时记录的文件。在课程开发项目中，如果有乙方参与，往往会通过项目调研报告的方式记录和分析项目需求。因为通过调研，乙方深度接触了业务部门利益相关方和课程开发团队核心成员，需要把他们的需求进行汇总和文字化报告，这样的文件才算一个正式的项目需求文件，才能将项目规划阶段获取的复杂需求和项目执行阶段通过访谈了解的新需求进行文字化汇总，并向组织正式宣告。

通过以上的全面项目调研过程，可以对开发选题及开发团队的匹配性有一个初步的把握，也可以对启动阶段初步拟定的配套机制进行有针对性的优化，保障项目的质量和效果。总之，项目调研环节非常有必要，通过这个过程可以预先排除很多风险。如果项目调研工作做得细致，企业就不用再专门开展选题选人工作坊，可以直接进入课程开发工作坊。

4.2 选择开发课题及团队

4.2.1 选题选人的重要性

在项目全面调研阶段，项目负责人自上而下访谈了相关的业务部门，为课题开发方向和开发团队的选拔提供了一定的基础和参考指引。接下来，需要把选题和选人当成非常重要的事来完成，因为课程开发项目成功与否跟选题选人有着密切的关系。那么，究竟是先选人还是先选题？答案是因企业而异！有些企业是"以题选人"，即定好了需要开发的课题，再来发布课题招募开发团队。有些企业则"选人带课"，即通过科学的内训师选拔流程和标准，先选拔一批准内训师，然后以他们的意愿为主，让他们上报开发的课题。这两种方式各有优势，企业可以根据自己的实际情况进行选择。当然，也可以将两者适当兼顾和调配。

下面我们以"以题选人"的思路来介绍课程开发项目的选题。

课题的选择和确认是课程开发项目的基础。课题选择非常重要，它不仅直接影响后续开发成果的质量和课程落地的实效性，还是打造企业课程体系的基石。大家想想，众多知名企业的课程体系是如何构建的？例如，大家耳熟能详的惠普商学院之"惠普之道"。惠普商学院经过了几年的研发，从选题开始，提炼了惠普公司 70 多年的管理经验精华，才形成了"惠普管理之道""惠普销售之道""惠普服务之道"这三大系列课程，组合起来就构成了完整的"惠普之道"课程体系。由此可见，罗马不是一天建成的，企业的课程体系都得从选题开始。只有先选好题再进行课程开发，最终才能形成有效的课程体系，这种思路适合很多企业。当然，也有些企业先进行学习地图的构建，等有了清晰的课程体系架构后，再从课程体系的课题列表中排序，逐一开发。

4.2.2 课程开发选题的 5 个雷区

课程开发选题的 5 个雷区如表 4-6 所示。

表 4-6 课程开发选题的 5 个雷区

雷区	具体内容
雷区 1：课题太大	定的课题模块太大，更像一个课题开发方向，还可以划分为几个小课题，如"中层管理培养技巧""项目管理"等，甚至将"新员工培训"这样一个大项目的名称作为课题
雷区 2：课题太泛	定的课题太宽泛、太通用，与企业内部的业务结合得不够紧密，针对性不强，如将课题定为"引导技术""教练技术""压力情绪管理"等
雷区 3：缺乏开发价值	定的课题受众面很小，缺乏传承性，不适合企业花费经费和选择专家投入时间与精力进行开发
雷区 4：课题散乱	定的课题过于随意、散乱，缺乏课程体系规划依据，课题之间出现交叉重复现象，不利于课程开发项目的长期规划和发展
雷区 5：个人不擅长	企业内没有与这个课题相对应的主题专家，指定了开发人后，开发人没有充足的资源开发这门课程

4.2.3 课程开发选题的 4 个原则

以下是避免课程开发选题雷区的 4 个原则。

原则 1：课题的颗粒度要合适。企业内部课程不能像外部商业课程那样一次持续 2 天、3 天甚至更长时间，其原因有二：一是课题大，开发难度就大，时间也长，开发出来后有可能落后于业务发展；二是为了顺应互联网电子化、碎片化的学习趋势，应该追求快速有效的学习。遵循这一原则可以避免课题太大的雷区。

原则 2：紧密结合企业发展战略和业务。选题应与岗位、业务、关键技能之间有非常高的关联度。网络信息时代，通用的知识技能可以在网络上学习，企业内部的课题一定要个性化，高度契合本企业的文化和业务特点。遵循这一原则可以避免课题太泛的雷区。

原则 3：拥有一定的受众规模，适合传承推广。培训学习应该追求投资回报，追求效益。企业内部开发课程不仅需要花费企业组织项目的费用,还需要花费内训师(业务骨干、技术骨干)的时间和精力。企业希望开发出来的课题能解决员工的实际问题,匹配员工的需求。开发课题时,应该重点考虑课题是否适合重复讲授和广泛传播。遵循这一原则可以避免缺乏开发价值的雷区。

原则 4:课题之间有内在逻辑关系。在选择课题时,应考虑以下几个问题:通用素质类课题是否对应企业的核心价值观?是否对应通用素质要求和岗位要求?系列课题是否属于营销系列、质量系列、安全系列、研发系列?是否属于岗位课程体系、企业培训体系?遵循这一原则可以避免课题散乱的雷区。

那么,如何在这些原则的指导下,选出适合的开发课题呢?下面分享 3 种思路。

4.2.4 课程开发选题的 3 种思路

课程开发选题的 3 种思路如表 4-7 所示。

表 4-7 课程开发选题的 3 种思路

思路名称	具体操作	应用建议
自上而下法	1)从企业的战略和文化价值观出发,站在企业角度先规划好课程体系 2)从课程体系内选择开发课题 3)根据需要开发的课题进行内训师选拔	优点:充分贯彻企业的战略和文化价值观,从业务出发 风险:个别课题如果找不到有意愿的合适的开发者,就需要强制要求 建议:适合有一定规模的企业、学习发展和人才培养比较成熟的企业,以及已经构建或着手构建课程体系的企业
自下而上法	1)充分"发动群众"(各部门各团队)主动提供意向开发课题 2)发展迅速的中小型企业通常采用"自下而上"的方法选择开发课题,鼓励个人和团队开发课题和主动分享传播	优点:考虑了每个有意愿开发课程的个人和部门的需求与规划 风险:未来难以统筹到企业课程体系规划中 建议:适合业务发展和变化较快、课题迭代频繁、课程开发目的是激发员工主动分享和传播的企业
上下结合法	1)项目前期调研:从组织的战略、文化和业务发展角度找到需要开发的课题;从各部门或个人意愿出发找到希望开发的课题 2)举行工作坊,组织企业领导层、部门领导和个人共同参与研讨,最终共识开发课题	优点:上下兼顾,取平衡 风险:项目需要花费更多的时间和人力投入,其间需要更多的决策和判断 建议:适合大多数愿意投入时间和精力进行课程开发项目选题的企业;可以帮助企业从无到有,在短时间内培养大量内部讲师,快速建立课程体系

上下结合法可以参考的工作坊流程如图 4-1 所示。

图 4-1　上下结合法选题工作坊流程

4.2.5　课程开发人员的选拔流程

课题方向确定后，需要匹配开发团队。有些企业在选题工作坊之前已经招募好了准内训师，可以请他们在选题工作坊现场张贴自己的开发意向，领取任务，确保开发的意愿。有些企业想在选题工作坊结束后以课题选人，则可以参考下面的选拔流程。

官方发文

由主办部门拟定《准内训师招募通知》并在企业内部下发。通知需要包括招募条件、报名流程、截止时间。发文的同时可以配合项目的宣传造势，让有志之士感受到项目的价值，愿意主动报名贡献自己的专业和特长能力。

个人申报

员工个人按照选聘条件与要求，自愿申报。有些企业也会结合实际情况，要求使用部门推荐的方法进行邀请报名。申请时通常要求申报人提交相关材料，包括个人基本资料及面试所需的相关材料。

资格审核

人力资源部或学习发展部按照选聘条件与办法，对自愿申报的员工进行资格审核。审核内容通常包括岗位工作年限、专业积累、学习经历、开发或授课经历、相关荣誉证书等。

现场面试

对通过审核的员工，项目专家顾问团队统一组织现场面试选拔，面试流程可以参考以下几步。

第 1 步：1 分钟自我介绍。

第 2 步：2 分钟主题呈现，届时抽取主题（与内训师相关的主题）。

第 3 步：3 分钟课程开发构思呈现。

第 4 步：4 分钟现场互动问答。

不同的企业可以根据自己的实际情况酌情调整这 4 步流程，并结合面试评估标准选出匹配的人。

当然，这一步也可以与上一步资格审核同时进行，具体取决于报名人数的多少。假如报名人数太多，需要先筛选一部分人选，那就只让通过资格审核的人选进入现场面试环节，因为现场面试涉及组织资源和时间分配问题。

综合评议

对通过现场面试的人选，项目管理团队进行综合评议，综合考虑各业务线、综合线的培训需求和人员数量，确定不同专业方向的内训师比例，再考虑每个人选过往的分享经历和相关人员的反馈，最后做综合评议。

公布结果

结合综合评议，将通过的人员纳入本次项目课程开发及内训师培养发展计划。为了体现选拔的正式性和企业对入选人员的重视和恭贺，在这个步骤除了运用企业的官方渠道公布结果，还可以给被录取者发送一份录取通知书/人选通知书，通知书可以结合项目名称、定位等要素进行相应的设计，让入选人员充分感受到被重视，有一种强烈的归属感和仪式感。

4.2.6 准内训师面试选拔标准

这里所说的准内训师指的是项目中的课程开发人员，通过项目的学习实践与考核，可以将他们认证为企业的合格内训师。结合课程开发人员的选拔流程，相应的内训师面试选拔标准如表 4-8 所示。

表 4-8 内训师面试选拔标准

课程开发团队/准内训师现场面试选拔标准	
前言	为了让×××企业选拔出适合各专业条线的内训师，从而推动各专业条线的课程开发工作，本次选拔采用"资格审核+现场面试+综合评议"的方法。 现场面试的内容从内训师的 5 项胜任力出发，测评目标对象目前的 5 项胜任力水平
资格审核条件	1）在本岗位任职 1 年以上 2）有担任企业内训师的意愿 3）拥有××××、××××等证书者优先考虑 4）有课程开发及授课经验者优先考虑
胜任力说明	仪容仪态（5%）：保持与授课场合相符的仪容仪表，具备良好的职业仪态，主要包括： 1）保持干净整洁的专业妆容，以微笑示人 2）着装合适得体 3）匹配专业的眼神、手势动作

续表

课程开发团队/准内训师现场面试选拔标准	
胜任力说明	专业积累（20%）：课程开发及 TTT 既是一门技术，也是一门艺术，既要具备岗位的专业知识，又要具备课程开发及 TTT 的专业和艺术，主要包括： 1）业务经验和专业素质能有效支持课程内容，对专业有独到的见解和深入的研究 2）具备丰厚的知识底蕴，对业内外多个领域都有深刻的理解和认识，并能很好地融会贯通，使课程讲授深刻且具有前瞻性 3）了解成人学习的特点及企业培训相关专业知识 4）对课程开发的流程和方法及 TTT 的流程技巧有一定的认识
	逻辑思维（20%）：善于总结提炼所在岗位/专业的工作过程和方法经验，思路清晰，有层次，有逻辑，并且能把握关键点，从而归纳升华出有价值的经验、方法论、模型等，主要体现在以下几方面： 1）熟悉岗位知识、技能及个人工作经验的提炼总结流程、方法、工具 2）能够有效运用工作任务分析方法、工具，提炼关键点和问题场景 3）善于用逻辑化的结构和图形呈现课程内容
	表达呈现（30%）：使用正确的方法来呈现课程开发成果，让学习者更愿意、更容易接收，让学习效果最大化，这是一项非常重要的能力，主要包括： 1）清楚、简洁、准确地开发内容，呈现的课件符合学习者的认知逻辑 2）避免不必要的专业术语或复杂、艰涩的语言 3）针对有意向的学习者的需要和特点组织呈现材料 4）有良好的呈现结构，并运用恰当的教学策略来影响、感染和说服学习者
	学习创新（15%）：只有不断学习创新，才能确保课程开发及 TTT 技术不断更新、与时俱进，从而更好地促进业务发展和密切推动人才培育发展。因此，该能力不可或缺，主要包括： 1）学习热情高，好奇心和求知欲强，能够持续地学习 2）对新的知识、信息有很强的敏感性，能够快速学习新任务和快速记住信息 3）善于学以致用，反思总结所学内容并应用到实际的课程开发及授课培训中

注：在"资格审核条件"栏，不同的企业会有不同的资格审核条件，重点围绕工作经验、授课经验和授课意愿 3 项来审核。而授课意愿是通过整个报名环节的配合度和面试环节的问答互动来综合考察的。

4.3 做好项目启动会与课程开发准备

4.3.1 项目启动会的意义

在调研工作及开发课题和开发团队匹配完成后，紧接着需要做好项目启动会。强调项目启动会的目的有 4 个：一是体现项目的重要性；二是确保相关部门的资源投入；三是告知项目的相关规划和激励制度等；四是举办签约仪式，获得课程开发团队和准内训师的投入承诺。如何让项目启动会实施得更加顺利呢？

- ➤ 正式隆重，高管出席。
- ➤ 时机恰当，节奏明快。
- ➤ 发言提纲，提前准备。
- ➤ 预先彩排，不省细节。
- ➤ 结尾仪式，圆满闭幕。

从企业的现实情况来看，项目启动会的形式有两种，一种是线下启动会，另一种是线上启动会。我们认为，无论哪种形式，只要都达到了上述目的即可。下面对这两种形式分别介绍，企业可以参考或综合考虑。

4.3.2 线下启动会

通常情况下，线下启动会包括以下内容。

- ➤ 项目背景、价值、目标。
- ➤ 项目管理团队介绍。
- ➤ 内外部项目运营团队的主要成员及职责、权限、各个层次接口的说明。
- ➤ 前期调研结果的汇报呈现。
- ➤ 项目初步计划与预期成果。
- ➤ 项目管理制度及相关的激励机制。
- ➤ 承诺墙的签约仪式。

其中，承诺墙的签约仪式是承诺一致原则的应用。根据《影响力》（*Influence*）一书的作者罗伯特·西奥迪尼（Robet B.Cialdini）的研究，人们对"言出必行"的承诺度从低到高分别如下。

暗自承诺：自己心里默默做了一个计划，如"今年要开发一门课程"。

口头承诺：口头说"今年要开发一门课程"。

书面承诺：把承诺的内容用文字写下来，并在承诺书上签字。

广而告之：在朋友圈发布消息，或者在公众面前大声承诺要在规定的时间内开发一门课程，请大家监督。

承诺度越高，人们"言行一致"的可能性越高。因此，使用承诺墙的方式，其实就是为了促使一个人提升承诺程度，给自己立下决心，一定完成任务，避免中途放弃。

表4-9是线下启动会流程，企业可根据实际情况进行个性化的修改和调整。

该流程比较偏重对内训师身份的强化和仪式感的烘托。

表4-9 线下启动会流程

时间	
地点	
主持人	
邀请嘉宾	
与会人员	

阶段	预计时间安排	会议议程	事项	负责人
1	8:45—9:00（15分钟）	与会人员进场	播放背景音乐	
2	9:00—9:05（5分钟）	主持人开场	致欢迎辞，介绍嘉宾、会议目的与流程 （提前准备好主持稿）	
3	9:05—9:10（5分钟）	合唱《×××》	领唱《×××》 （提前准备好碟片，与项目的主题设计相关）	
4	9:10—9:25（15分钟）	领导致辞	1) 项目背景概述 2) 项目期望 （提前准备稿件或PPT）	
5	9:25—9:40（15分钟）	内部项目经理发言	1) 项目背景 2) 项目管理团队及运营团队介绍 3) 项目工作要求 4) 激励机制介绍 （提前准备稿件或PPT）	
6	9:40—9:50（10分钟）	外部公司项目经理发言	1) 公司简介，展示自己的专业性 2) 项目思路、进度简介（说明学员工作时间与模式，展示学员管理） （提前准备PPT、《学习指南》、《学员管理手册》） 3) 项目成果说明 （提前准备项目进度PPT） 4) 课程开发的前期准备工作	
7	9:50—10:10（20分钟）	承诺仪式	提前准备好签约的承诺墙（图文海报版）	
8	10:10—10:15（5分钟）	结束合影	启动会结束，感谢大家参与，邀请大家扫码进入项目学习群	

181

4.3.3 线上启动会

线上启动会的举办时机

线上启动会可以在工作坊开始前 2 周召开，也可以放在工作坊开始前一天晚上召开。特别是有条件安排学员集中住宿的培训，可以在培训前一天晚上召开，这样容易督促大家及时到达酒店并安顿好自己，也可以为培训节省一个多小时的时间，让第二天开始的培训更快地进入课程主题。

如果启动会与工作坊合并在一起，在工作坊正式开始前 1 小时召开，则可以参考线下启动会的流程。然而，如果启动会与工作坊合并在一起，则意味着很多课前的准备工作需要提前向大家交代，这时候就有必要在建立线上班级群组时马上召开一个线上说明会，有企业称之为"线上启动会"或"学习动员会"。

线上启动会的流程

一般线上启动会受形式和时间所限，内容偏重对课程开发前期准备工作的说明，其内容主要分为 4 部分。

➢ 项目时间安排与阶段任务介绍。
➢ 项目团队成员介绍。
➢ 项目激励机制与纪律要求介绍。
➢ 课题选题、课前准备工作介绍与相关答疑。

线上启动会流程如表 4-10 所示。

表 4-10 线上启动会流程

时间	××年××月××日
地点	线上会议
主持人	项目经理
邀请嘉宾	主讲老师、项目顾问
与会人员	全体成员

阶段	预计时间安排	会议议程	事项	负责人
1	20:00—20:10（10 分钟）	主持人开场	1）课前 15 分钟提醒大家做好准备 2）宣布线上启动会开始 3）欢迎大家参与本次课程开发项目	项目经理

续表

阶段	预计时间安排	会议议程	事项	负责人
1	20:00—20:10（10分钟）	主持人开场	4）介绍项目成员 5）介绍项目目的 6）介绍项目设计、时间计划与重要节点成果 7）宣布项目纪律要求 8）介绍项目成员与分工 9）隆重邀请老师/顾问出场	项目经理
2	20:10—20:40（30分钟）	讲师/顾问讲解	1）讲解课程开发的选题方式 2）讲解课程开发的素材收集方式 3）讲解课程开发的调研方式 4）讲解课前需要安装的部分软件，如 PPT 美化大师 （以上内容也可以用视频形式替代，让学员找时间看视频学习）	
3	20:40—21:10（30分钟）	答疑时间	请学员就项目组织和课程开发的专业问题进行提问 （有部分学员会晚几分钟上线听语音，可以等他们看完群里的沟通内容后再请他们提问）	
4	21:10—21:15（5分钟）	结束仪式	1）主持人宣布结束（播放一段节奏感强、催人奋进的视频，鼓励每位学员） 2）启动会合影	

线上启动会的优势是比较高效，操作也比较简便，学员可以通过听微信语音的方式快速了解整个项目的信息，也能和讲师建立初步的连接。但在线上启动会中，因为大家无法面对面交流，难以达到预期的热度，所以在整个过程中，要特别注意全程快速地输入文字，方便大家浏览。还要注意在整个过程中使用语音的方式，这样能让大家有真切的感受。在线上启动会开始前，也可以找几个"托儿"，请他们在群里及时响应一下，发一些幽默的语言和表

情，这样能更好地营造积极的互动学习氛围。当然，在有条件的情况下，如果学员配合度极高，可以保障一次出席率，也可以采用直播或即时会议的方式，会议效果更佳。

线上课程学习

在学习项目设计中经常会用到翻转课堂的理念，该理念提倡让学员在线下培训前提前学习部分课程知识，以便在培训课堂上留出更多的时间来进行提问研讨、实践练习、产出成果、获得反馈。这样的设计模式是非常好的，但在具体的课程开发项目设计中，因为课程开发领域的知识与学员日常的工作关联度低，所以部分课程知识通过线上学习的方式来学，效果并不佳，而且在一定程度上增加了学员的学习负担。因此，我们建议在项目前期安排任务导向的线上课程内容，与学员实际需要完成的工作高度关联，如课前的访谈调研和素材收集。如果是比较专业的课程开发知识，如目标设定、结构设计、教学方法选择等，可以考虑将它们放在课程开发工作坊之后，作为知识回顾来学习。

4.3.4　课程开发准备之课题调研

项目启动会结束后，开发团队还需要抽取待开发课题的学员代表进行调研。课题需求调研表如表 4-11 所示。

表 4-11　课题需求调研表

问题参考提纲
温馨提示：如果待开发课题的受众群体层级较多，需要选择不同层级的代表进行调研（如专员、高级专员、主任、经理）。然而，建议开发课题要聚焦某一层级。 调研方式：面对面、电话、邮件、微信均可（双方协商），最好能面对面访谈。 开发课题组可以分工调研，也可以每个组员自行调研，最后由课题组组长汇总。 1）目标学员对课程的期望 （简单介绍本次交流的目的：了解目标学员即将开发的课程的期望和要求） a）在工作中遇到的问题是什么？是什么原因导致的？ b）期望通过课程开发解决哪些问题？得到哪些能力提升？ c）希望听完课有什么收获？ 2）目标学员的领导对课程的期望 （简单介绍交流的目的：了解领导对即将开发的课程的期望和要求）

续表

问题参考提纲
a）目标学员目前遇到的业务问题是什么？是什么原因导致的？ b）希望待开发课程能够帮助学员解决哪些问题？ c）希望学员听完课有什么收获？ d）期望课程的交付成果是什么？

课题需求汇总表可以参考表 4-12。

表 4-12　课题需求汇总表

课题需求汇总表					
一、目标学员对课程的期望					
访谈问题序号	学员 1	学员 2	学员 3	学员 4	汇总
1					
2					
3					
二、目标学员的领导对课程的期望					
访谈问题序号	领导 1	领导 2	领导 3	领导 4	汇总
1					
2					
3					
4					

注：该表选取的调研内容没有按照专业的任务分析方式来进行调研，主要原因是在做专业的任务分析课堂培训之前，尽量不把专业的任务分析工作布置给课程开发者，以免给课程开发者及其调研对象带来不必要的课前工作负担。

在做课程需求汇总时，建议课程开发小组召开一次工作坊前的碰头会，针对各自的调研信息进行充分的交流，通过组内人员的彼此探讨和共识，可以将调研信息分析得更透彻，对未来课程开发的定位、重难点的把握也更准确。在会议中，也可以让企业方的项目经理提前把课程开发的风险识别出来，并及时与外部供应商的讲师、顾问进行有效的沟通，提前采取有效的干预措施。

4.3.5　课程开发准备之素材收集

课程开发需要丰富且不断的输入，才能更好地保障输出的结果。有些输入指的是专家头脑中的经验，有些输入指的是行业标杆信息或案例，有些输入指的是待开发课题相关的知识和技能理论、模型。总之，在课程开发之前收集资料、做好素材准备非常关键，不能期待"两手空空"地参加 2~3 天课程开发工作坊就能输出满意的课件成果。项目经理不但要下发素材收集的任务，更要激励各个课题组做好本课题的素材收集工作，最后还要对各个课题组收集素材的效率和质量进行评估。我们在过往的操作项目中，会把"素材收集"这个环节作为一个积分考核项，从而让课题组重视这个环节，真正做好素材收集工作，为后续的课程开发成果多一份保障。

素材收集的 4 个原则

- 围绕和贴近课程主题定位与课程目标。
- 重"质"而非重"量"。
- 贴近现实，能够引起学员的兴趣和共鸣。
- 做好分类，便于查找阅读。

素材的 5 个来源

素材的 5 个来源如表 4-13 所示。

表 4-13　素材的 5 个来源

来源	具体内容
专业原理/理论	与开发课题相关的专业理论（专业著作、杂志、文章等，需要明确具体的章节或知识点内容）
课件 PPT	与开发课题相关的课件，如果是大课件，需要明确使用哪个单元或哪些 PPT（注意过往是否有其他内训师分享过这个课题）
案例材料	案例库中与开发课题相关的素材（正面和反面素材、内部和外部素材）
业务资料	与开发课题相关的业务资料（如公司管理流程、制度、政策等资料，确定具体是哪些条款）
经验总结	与开发课题相关的经验总结（如相关专题汇报、工作宝典、领导汇报材料、项目成果汇报、优秀经验分享会等）

注：以上素材的存在形式不限，文字、模型、图片、数据、音频、视频均可，后续可以进行二次加工。

素材收集后如何进行分类和储存、课题小组如何共享等，也是需要考虑的问题。要让素材共享更高效，也要防止同一素材被多人多次使用，造成课件内容雷同。因此，项目经理可以要求各课题组按照文件夹分类的方法进行素材整理（可以参考下文素材收集第 1 步：盘点资料），然后建立课题组的共享网盘，最后把网盘链接和密码提交给项目经理，以便项目经理查阅和评估文件夹内容的质量。

4.3.6 素材收集的步骤

第 1 步：盘点资料

课题组的各位成员首先要盘点自己手头已有的资料，然后按照项目经理要求的分类方法将资料存放在不同的文件夹中（见表 4-14，仅供参考），文件夹的具体数量可以由课题组内部商量酌情增加，只要在项目经理要求的大框架下提交文件成果即可，便于项目经理统一管理和评估。

表4-14 资料分类文件夹

资料分类	内容
文件夹1：理论资料	与主题相关的原理、模型、规范、参数等
文件夹2：方法论资料	工艺、流程、步骤、方法、工具、诀窍等
文件夹3：案例素材	内部案例与外部案例、正面案例与反面案例、故障现象、风险点、设备真图、微信截图、往来邮件、工作总结、汇报材料

第 2 步：询问达人

课题组的人可以充分挖掘身边的人脉资源，也可以请项目经理为他们牵线搭桥，找到课题的专家和达人。请教专家问题解决的常规框架是什么，问问身边人某个领域的理论达人和最佳实践企业有哪些。然后找到相关资料，如重点图书、公众号、网站、杂志等。当然，如果能通过人脉资源拿到相关素材或课件PPT作为参考，也是非常不错的。

第 3 步：网络搜索

让课题组的人发挥强大的网络搜索功能，可以搜大纲、搜图书、搜课件、搜素材，先搜索免费资源，必要时也可以考虑付费资源。有些企业会在项目启动时专门为各大课题组申请搜集资料和购买相关图书的经费，这一点根据不同企业的特点而定。

总之，课件的专业性塑造从素材搜集开始。

4.4 组织课程开发工作坊与课件迭代辅导

前文已经做好了充分的课程开发准备，接下来就可以进入课程开发阶段了。

这个阶段有两个非常重要的里程碑，一是课程开发工作坊，二是课件迭代辅导。

课程开发工作坊一方面是为了让课题组通过封闭式培训来学习课程设计和开发的专业知识与方法，另一方面是为了给课题组创造一个面对面研讨课件的绝好机会。在工作坊内，可以在专业的课程开发讲师的带领下，借助相关的工具模板，输出课件初稿。

课件迭代辅导则是为了让初稿得到进一步完善，形成优化稿，从而让课程目标更加聚焦，逻辑结构更加清晰，课程内容匹配目标且实战落地，授课方法匹配内容且有效，课件呈现简洁美观，等等。

4.4.1 课程开发工作坊组织的常见问题

对课程开发项目组织经验较少的项目经理来说，在这个环节会遇到哪些困难呢？

- ➢ 课题开发的主要成员缺席，导致课件内容欠缺专业度。在某个课程开发项目中，课题组共有 5 人，然而到达工作坊现场的只有 2 人。经沟通发现，这 2 人还不是该主题的内容专家。结果可想而知，这个课程开发项目进度严重受阻。
- ➢ 当工作坊现场涉及课题的某个专业问题时，课题组成员无法达成共识，导致进度停滞不前。这个问题经常发生在课题组成员对各自的角色不清晰的情况下。
- ➢ 课题组成员只顾着讨论，没有及时记录讨论结果，最终无法提交课件成果。
- ➢ 工作坊的流程不够清晰，阶段性成果要求不够具体，导致工作坊输出不理想。

4.4.2 课程开发工作坊组织的 5 个关键点

基于上述问题，我们结合项目经验总结了课程开发工作坊组织的 5 个关键点，如表 4-15 所示。

表 4-15 课程开发工作坊组织的 5 个关键点

关键点	具体内容	参考材料/工具
下发通知	确保人员到位，携带课题相关素材包，做好充分的工作坊物资准备	通知模板 工作坊物资准备清单
重视开场	邀请公司领导开场致辞，请项目经理介绍清楚整体流程和目标，以及参与人员的责、权、利	—

续表

关键点	具体内容	参考材料/工具
明确团队角色定位及公约	确保课题组内分工明确，沟通有效	团队角色定位及公约
任用好讲师与顾问	与讲师和顾问设计好现场的讲解与引导方案，让讲师和顾问在工作坊中发挥后引导管理与激励促动的作用	课程开发流程图、工作坊管理工具
下发成果指引	确保配套的工具、模板和成果范例科学且清晰	课件包模板范例、相关参考素材

关键点1：下发通知

每场培训都需要提前至少5个工作日下发通知，课程开发工作坊更需要确保提前1周左右下发正式通知，因为工作坊区别于纯听课培训，是基于成果输出的学习模式，需要课题组在工作坊前做好充分的准备，如完成课题需求调研分析工作、完成课题开发的素材收集工作。如果没有完成这些工作，就会影响工作坊现场的成果输出。因此，提前1周左右下发正式通知，有助于提醒课题组完成前期准备工作。在工作坊正式开始前一两天再通过学习群提醒大家按时参加工作坊，甚至有些企业会提前一周在学习群内进行每天的倒计时发图仪式，同时安排线上的前置学习，即在工作坊开始前学习课程开发理论知识的相关微课，这也叫"课前翻转学习"。每个企业都有不同的学习通知模板，这里不再赘述。需要注意的是，要站在项目的角度而不是单一的培训角度来下发通知。通知中通常需要包括以下内容。

> 项目意义、整体流程安排和成果应用。
> 本次培训时间，强调开始和结束时间。
> 培训主题和目标，强调学习收益。
> 工作坊主导讲师简介，突出讲师的优势和经验。
> 工作坊流程结点，可以用形象的图文来介绍。
> 工作坊相关要求，强调这一点是为了更好地产出成果。

关键点2：重视开场

邀请公司领导开场致辞，请项目经理介绍清楚整体流程和目标，以及参与人员的责、权、利。邀请领导开场致辞的作用不言而喻，可以突出项目的重要性，激发开发团队的信心和投入度。此外，项目经理一定要再次强调开发团队的激励机制和后续的评估事项。

关键点 3：明确团队角色定位及公约

在工作坊现场讲解表 4-16 和表 4-17 中的内容，明确课题组成员中的角色、分工及责任，约定共同义务，方便后续团队的内部管理和沟通。这里需要督促每个课题组在表 4-16 中的各角色栏标好负责人的姓名，然后写好团队公约及签名承诺。团队成员自行约定如果没有按照进度和质量要求完成各自的工作，应接受哪些处罚。

表 4-16　团队角色定位及公约

姓名	项目经理（课题组组长）	主题专家 SME[1]	课件开发师	讲师	教学设计师 ID[2]	学员

团队公约（目标、价值、沟通平台与机制、出勤、分工、庆祝成功）：
_____
_____
_____

签名：_____

表 4-17　课程开发团队的角色及能力要求

角色	能力要求	人员选择
课题经理	相当于课题组长，在整个项目的规划下推动组员完成各自负责的任务，并扮演团队沟通和协调角色	意愿强、有影响力、组织协调能力强的人
主题专家	对所开发的课题有深入的理论研究和成熟的实践经验，需要从他们身上萃取经验，形成课件进行学习和传承	岗位专家、业务骨干、职场能手
教学设计师	在课程开发理论模型、流程方法、工具模板方面比较擅长，在课程开发过程中关注目标设定、结构设计、教学方法应用的科学性和专业性	培训人员、辅导老师、咨询顾问
课件开发师	具备编写、制作技能，通俗理解就是做材料的能手、做 PPT 课件的高手，需要懂得 PPT 制作技术、美化技巧等，还需要关注课件提交的样式要求（如 PPT、Word、电子视频等）	PPT 制作高手、材料制作能手

---

[1] SME：英文全称为 Subject Matter Expert，中文是指精通某一领域或主题的专家。
[2] ID：英文全称为 Instructional Designer，中文是指教学设计师。

续表

角色	能力要求	人员选择
讲师	能站在课程演绎的角度对教学活动和课堂互动的设计做出贡献，并对课程进行说课和试讲	合格的内训师
目标学员	在课件的内部试讲阶段，以未来学员的身份学习课程内容，并评估内容是否匹配学习需求，教学方式是否匹配未来学员的学习偏好	小组中最熟悉目标学员心理和学习需求的人选

关键点 4：任用好讲师与顾问

主导讲师对工作坊的效果起着决定性作用，建议企业在选择主导讲师时结合工作坊的定位和学员的特点来综合考虑。不管是企业内部讲师还是外部讲师，都需要熟悉课程开发流程，对课程开发的每个步骤有清晰的把控，同时对工作坊的整体引导和现场管理有丰富的实战经验，知道现场的开发团队会遇到哪些难点和挑战，也知道课程开发工作是一个非常烧脑的过程，现场需要使用适当的激励手段。更理想的情况是，导师有较好的引导技术和辅导反馈技巧，这样工作坊现场成果的输出才有保障。如果在工作坊前期，主导讲师已经想好了引导方案和双方的配合措施，就需要给予主导讲师足够的信任，由主导讲师按照双方认可的既定方案去做现场的执行工作。

通常情况下，课程开发项目会根据课题数量的多少而适当配备 1~2 名顾问作为现场的辅导老师，与主导讲师一起交付本次工作坊，确保每个课题在同一时间内能得到足够、及时的专业辅导和有针对性的反馈。

那么，如何评估主导讲师和辅导老师的交付能力呢？可以从以下 4 个方面评估。

- **工作坊的流程节点是否清晰**。看讲师是否在工作坊前就展示了非常清晰的工作坊节点流程设计，并基于过往学员的开发状态和现场学员的开发能力提前预设了每个阶段的关键交付物和整体进度。
- **每个节点输出成果的标准是否清晰**。3 天工作坊要求每个课题组必须形成课程大纲、授课 PPT 的初稿及后续课题小组的行动计划和具体分工。当然，进度比较快的课题组还可以根据导师在第 3 天提出的其他课件包套件的模板要求，进行案例、讲师手册、学员手册和测试题等的分工编写。
- **能否提供专业实用的工具、模板和范例**。这一点很重要，因为大多数企业在启动课程开发项目时，招募的课程开发者更多的是业务专家或技术骨干，他们在日常工作中鲜少接触课程开发，对课程开发成果的各类载体形式也不熟悉，需要依赖课程开发讲师和顾问向他们提供简单易用、与课程开发流程配套的工具和模板,让他们将精力聚焦在课件的专业内容而非形式上,课件的制作呈现可直接套用模板。

有项目经验的主导讲师能提供一些课件范例,确保全班学员的课件水平跟着范例的指引和激励,快速从 40 分左右提升到 75 分左右(假设满分为 100 分)。

> **是否有一套课堂管理流程和技巧**。持续 3 天的课程开发工作坊不同于 1～2 天的培训。如果是单纯的培训,只要把培训课堂活动设计好了,学员就比较容易投入参与。而课程开发工作坊不仅要关注学员的投入程度,更要关注每个节点成果的输出,过程中还需要对成果进行及时有效的干预辅导,这对现场的引导者和辅导者来说,需要平衡学习、成果和氛围 3 个诉求(见图 4-2),多角度地关注学员,变通地应对现场的需求。例如,课题组在做"定位表"时会遇到很多困难,对任务和情境讨论不清楚,主导讲师知道在这个节点需要做怎样的干预和辅导;课题组在先做 PPT 草图还是先做课程大纲的问题上会陷入一定的误区,引导者需要进行及时的澄清和引导。

另外,还要制定一些视觉管理的看板,让各个课题组的阶段性成果随时"上墙",这不仅可以让课题组有成就感,还可以让课题组和辅导老师更容易掌握课题开发进度并达成共识。例如,课程开发进度管理表(见表 4-18)是最简单的一种监控模式,可以在进度栏画"☆",完成一步就奖励一个贴纸等。企业可以做更多现场的视觉呈现和成果"上墙"动作。因此,在课程开发工作坊前期选择场地时,最好选择比较宽阔和有大幅墙面的地方。

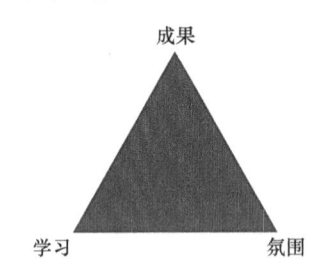

图 4-2 课程开发讲师在课堂上面临的三个诉求

表 4-18 课程开发进度管理表

课程名	课题组长	课题成员	完成进度汇总				
			成果 1:定位表	成果 2:知识图谱	成果 3:PPT 草图	成果 4:课程大纲	……

注:本表根据敏捷课程开发工作坊的顺序,先完成课件内容,再填写课程大纲。

关键点 5：下发成果指引

课程开发项目输出的主要成果之一就是课件包。本书第 2 章已经展示了完整的课件包组成部分，在执行阶段要将课件的各个组成部分逐一开发完成。当然，每个企业都有不同的课件包要求，通常情况下，基本的课件包 5 件套包括课程大纲（有的企业称其为课程说明书，有的企业称其为课程简介，内容大同小异）、授课 PPT、讲师手册、学员手册、讲师工具箱（工具箱中有测试题、练习、案例、视频等辅助教学的素材和工具表格）。

因此，为了让输出的课件包更加统一、标准，也为了让课题组能把时间花在最有价值的专业内容的挖掘上，项目组一定要向课题组下发完整、好用、有效的成果指引及配套的工具、模板和成果范例，从而使课程开发达到事半功倍的效果。这里特别建议企业设计一系列课件包 PPT 模板给课题组，不仅是为了美观，统一风格，更是为了树立企业品牌形象。

4.4.3 课件开发师的工作效能

关注以上 5 个关键点，可以让课程开发工作坊的组织工作更加有序和有效。除此之外，课件包成果的输出与课题组内部的运作也有非常大的关系。例如，课题组组长的统筹协调能力、课题组成员沟通的有效性、彼此的信任和分工执行能力等，都与课件开发师这个角色的效能有很大关系。下面特别分享课件开发师（统合制作授课 PPT 的人）的效能问题。假如一个课题组有 4 个人，每个人都需要编写一部分授课 PPT，那么，在课程的内容分析和设计思路都清晰的情况下，这 4 个人就会从团队中的内容专家/主题专家、教学设计师等角色一起转换为课件开发师的角色。此时就需要对这 4 个人的工作效能给予特别关注，因为他们的开发速度关系到成果产出的成败。

一名课件开发师，如果平时经常制作 PPT，在自己的专业领域有大量的文字和图形素材，PPT 中又内置了 iSlide 或 PPT 美化大师软件，对图文排版等也非常熟练，那么在半小时内可以完成课件型 PPT 页面规范（见图 4-3）框架的搭建，初步完成目标页面、大纲页面、收尾金句页面，并能快速添加教学活动的模板页面。在制作复杂的知识内容页面时，也可以达到 3 页/小时的速度（20 分钟完成一页 PPT，1 小时完成 3 页复杂知识页面的 PPT 制作）。

对于并非每天都使用 PPT 软件的开发者来说，1 小时制作 3 页 PPT 可能有一定的困难。对于这样的开发者，可以安排他们更多地完成提供素材的工作，或者让他们将关键知识页面的文字先说出来或写出来，方便组内课件开发师快速转化成 PPT 页面内容。

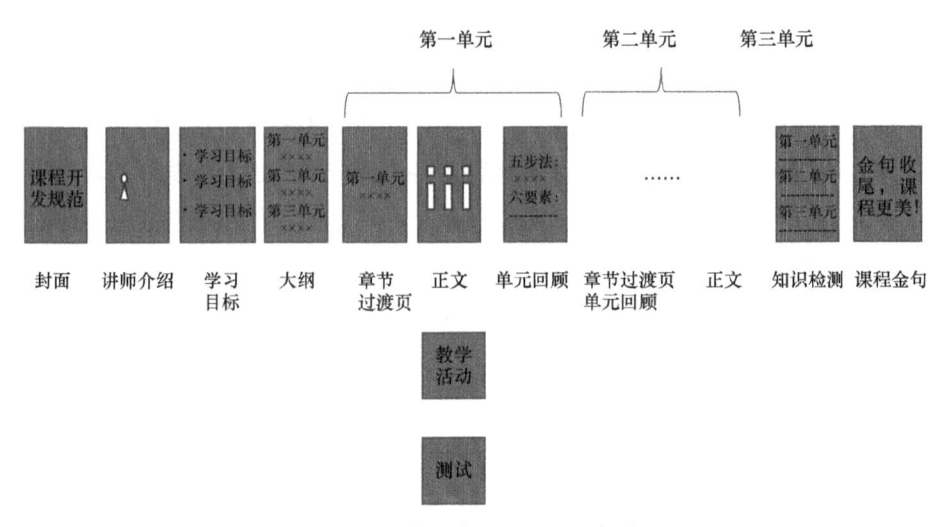

图 4-3 课件型 PPT 的页面规范

此外，PPT 课件开发师进入开发状态也比较困难。在课堂上，他们往往选择做框架性的规划工作，对于很多需要专注思考的细节内容，他们一般会等待下一个机会点再次切入。我们在很多项目中都遇到这样的情况：课件开发师在晚上课程结束后，回到酒店房间，洗漱完毕，在清醒的状态下再工作两小时，让课件内容页面有大的突破——提升整体的结构性和美观性。

根据以上效能判断，可以看出，一个 3~4 人的开发团队如果能在工作坊中全力以赴地工作两小时，实际上是可以完成接近 40 页的授课 PPT 的。在一个 2 天的工作坊中，讨论和开发一份 60 页的全新授课 PPT 材料也是有可能的。如果能为课程开发团队创建一个好的工作环境，就能更好地激发他们的潜能，让他们用好课上课下时间，高效完成开发任务。

4.4.4 课件迭代辅导

在完成课程开发工作坊 1~2 周后，应安排课程开发一对一辅导。在辅导之前 1~2 周，项目小组要做的组织工作如表 4-19 所示。

表 4-19 说课辅导工作坊的组织工作

里程碑	具体内容	参考材料/工具
说课辅导工作坊	1）确定时间节点：课程工作坊实施后 1~2 周，各课题组需要输出并提交课件初稿	—
	2）跟催课题成果：在课题组完成课件初稿的过程中，定期收集进度情况，及时反馈问题，给予必要的激励	参考各种激励方法

里程碑	具体内容	参考材料/工具
说课辅导工作坊	3）组织说课：明确说课流程和要求	说课辅导流程
	4）邀请辅导老师：确保反馈的完整性和有效性，可以同时邀请外部课程开发辅导老师、课题相关的业务领导、学员代表等	辅导反馈维度和标准
	5）确定后续修改计划：及时记录辅导反馈的信息，在接下来的1周内完成优化工作，输出优化稿	—

4.4.5 跟催课题成果的社群运营技能

课件包作业的跟催工作对部分企业来说，根本就不算一项工作，因为每个课题组都会在指定的时间内提交作业。然而，对一些"不太幸运"的项目经理来说，这确实会成为项目进度管理中的一件头等大事，因为作业按时提交与否，直接影响后续项目的安排和执行。此时，学员已经回归工作岗位，日常的作业沟通交流几乎都在线上，所以项目经理还需要学会在线上社群环境下与课程开发团队进行良好的互动。

选择学员日常使用的社群软件

课程开发项目的社群管理偏向线上社群管理。一部分企业会使用钉钉群、QQ群、企业微信群等专业的管理工具，这些工具都具有专业的管理功能，如文件存储、群通知、直播课、通讯录等，非常适合开发团队的协作交流和知识管理。如果一个企业的课程开发团队进入了非常正式的全职开发状态，建议使用这样的软件。如果是有软件开发文化的企业，如阿里系的企业，员工平常就有每天使用钉钉的习惯，就可以开启钉钉群管理。如果是3个月内的临时课程开发群组，建议使用微信群的基本功能，再配合一些适合微信群的小程序进行线上社群管理。因为一般企业的员工做不到每天按时查看微信以外的专业App，如果群内有人找不到项目通知内容和具体的课件参考材料，项目经理可鼓励他们在微信群里@群主进行提问或私下提问，这样的交流可以保证项目群的基本热度。项目文档的统一管理工作，应交给项目经理本人为宜。

总之，尽可能不要因为项目管理的需要，给项目参与者增加太多的文档管理、软件学习和汇报负担。按计划节点催收项目开发成果，让项目管理保持简洁之美，是线上社群管理的关键原则。

区分项目社群与学习型社群

区分项目社群和学习型社群，会让项目组织者放下不必要的期待，长线规划，短线聚焦。**项目社群**解决的核心问题是项目信息通知、项目节点控制和项目进度管理。**学习型社群**的重心则是群内相关主题的知识分享和专业问题的提出与共创解决。在课程开发项目中，群热度要适度，互动信息保持在每天100条以内，这样才不会增加项目成员的负担，保证项目成员及时在微信中跟上开发进度。等课程开发项目的阶段性任务完成后，课程开发项目社群可以正式转型成为长期存在的学习型社群，让项目成员在社群里持续交流课程开发知识、讲师授课知识和个人实践授课的场景图片等，相互鼓励，共同成长。

此外，在课程开发大群的管理基础上，每个课程开发小组都会形成基于单个课程主题的小群。在这个小群里，3～5个项目成员可以随时分享自己的调研信息、新收集的素材、课程开发进展信息，这样的小群更像学习型社群。课程开发的项目经理如果在小群中出现，可以多鼓励这样的学习交流。

简洁沟通，重点关注

从一开始就解决学员怕烦和怕难的情绪问题。在社群中与学员沟通，既要清晰易懂，又要简单明确。在社群运营一开始，有大量的规则和要求需要传达给学员。这时要用好公告置顶、链接通道的功能，或者用聊天记录的合集来协助学员"爬楼"。用课程安排表、成果任务表等截图（见图4-4）方式展示项目计划，方便学员一眼看到整个项目的进程和开发任务的节奏。

图4-4 课程开发项目管理训练营的课程全景

信息发布的时间要规律，按照职场人的生活节奏穿插通知各种信息，确保学员在工作间隙规律地查看群信息，了解项目最新动态。

时间规律：早上日签问候 8:00—10:00，午间任务发布 12:30—13:00，晚上运营活动 19:00—21:00。

识别行为，预查风险

首先要识别显性行为，如向他人求助的行为、给予他人帮助的行为。如果在群里看到这样的行为，要及时给予鼓励，强化这种积极学习和互助的行为。

其次要识别隐性行为，如独自解决问题的行为。项目经理通过私下沟通或学员报告的方式了解学员独自解决问题的行为后，应及时在群里表扬其持续努力的过程。

对于隐性的不参与学习的行为，要收集各种学习数据，根据学习数据进行判断，及时反馈。一定要密切留意"棘手学员"，这些学员的学习信念往往是：事前无沟通，无反馈；事中无视通知，不做作业，上课迟到或缺勤；事后抱怨、纠缠、投诉、差评。面对这类学员，最好第一时间予以关注，私下表达关心，随时澄清规则，及时沟通了解遇阻的情况，避免出现到学习结尾才"总爆发"的不良现象。

群内跟催作业的 18 种方法

群内跟催作业的 18 种方法如图 4-5 所示。

图 4-5 群内跟催作业的 18 种方法

> **发布计划**。使用正式的项目计划文件，采用截图的方式，选择在关键时段（项目启动会后、每次集中培训前、关键的收作业时段）发送项目计划，方便各个课程开发小组及时自行查阅，制订本小组的开发计划。

> **通知待办**。使用微信群的通知待办功能，让每个成员都能看到最重要的项目节点信息，如集中培训通知、线上集中辅导通知、最后交作业时间通知。

> **改群名称**。在群名称前面加上项目阶段的信息。例如，在项目启动阶段使用群名称"项目启动 课程开发训练营"，在成果汇报会前使用群名称"成果汇报-课程开发训练营"，这样可以让项目成员在没有打开微信群的情况

下也可以随时知道项目的整体进度。

> **日期倒数**。利用 Canvas、创客贴等免费的海报软件，制作倒数时间提醒（见图 4-6），让大家知道距离关键项目节点的时间，增加紧迫感。

> **追排时间**。使用微信群里的@功能，给滞后的小组指定具体的交稿时间，或者追问其滞后以后的开发计划。

> **冒泡置顶**。每天发一些问候信息、提醒信息，或者跟某个群成员简单地聊天，保持开发群的基本热度，让开发群始终处于置顶状态，或者不至于"沉底"，以免大家看不到这个群。

> **节日问候**。项目过程中如果恰逢一些重要的时间，如教师节、三八节、读书节，甚至儿童节、建军节，可以编撰一些温馨或有趣的话语发送节日问候，一方面可以让群保持基本热度，另一方面可以表达对群成员的日常关怀。

图 4-6　时代中国"王者荣耀"项目中的日期倒数海报

> **分享成果**。如果有群成员提交了成果，要及时发布截图，表扬其阶段进度。还要邀请其分享一些时间管理的经验及撰写讲师手册和案例等攻克难点的经验，这样可以督促其他课程开发小组不要落后。

> **报告排名**。制定专门的排行榜文件，公布各项目组积分和进度，让落后的小组感受到压力，知耻而后勇。

> **重述机制**。在群里重新公布积分机制和考核奖励办法，让大家再次感受到自己与激励成果更近一步。

> **派发红包**。当有项目成员在群内解答了其他项目成员的问题或分享了重要的知识和经验时，可以派发红包奖励，而且鼓励大家一起抢红包。也可以鼓励获得他人支持的项目成员派发红包，这样能让微信群保持很好的互动氛围。

> **知识分享**。可以将讲师在课堂上分享的知识和工具编辑成小文件，定期分享在微信群里，回顾课程开发知识，保持项目热度。该形式也可以转换为学员分享的形式，请每组学员派代表分享课程中的知识点、自己的学习心得和实践心得。

> **问题解决**。鼓励学员之间分享一些 PPT 使用技巧、电脑使用技巧、其他设备使用技巧等,营造自主学习和持续学习的氛围。
> **表情激励**。在淘宝店铺定制课程开发群的专属表情包,使用课程中的语言、项目经理的表情图片或特制的项目吉祥物表情,让群成员建立深刻的项目品牌印象,并获得日常幽默互动的新奇感觉。
> **图片激励**。制作幽默有趣的图片,吸引大家的关注,并催促大家早日提交课件(见图 4-7)。
> **幽默"恐吓"**。遇到项目迟延、开发进度明显滞后的情况,项目经理其实还可以用一些很幽默的方式(如唐僧碎碎念的表情包)或一些特制的微信表情进行"恐吓",这样既不影响彼此之间的关系,又表达了明确的催逼态度。
> **关怀后进**。主动打电话给进度比较靠后的学员,问其未完成作业的原因,需要什么样的支持,协商新的交稿时间,确保在不影响本职工作的情况下跟上项目的进度。也可以让组内比较有影响力的同事专程打电话给开发进度靠后的学员,让其跟上开发进度。还可以打电话给其老板,让老板了解项目进展状况,请老板协调工作冲突,督促其重新回归课程开发任务。

图 4-7 时代中国"王者荣耀"项目中的成果跟催图

> **共庆成功**。在重要的项目节点,特别是在集体达成项目目标时,举行特殊的网上庆祝仪式,如发送庆贺表情包、派发大红包、制作庆祝动画,或者用小程序发布一场特制的抽奖活动,让大家感受到浓厚的庆祝氛围,对项目留下深刻的印象。

组织线下的活动(拍砖会、学习会、读书会等)和庆贺方式(节日会、生日会等)是更好的选择,这样能更好地促成线上与线下的连续互动,增加彼此之间的亲近感和团队融合的氛围。

总之,在课程开发微信群的运营上,要特别留意微信群的"去中心化"特征,不要过度使用组织权力，也不要让大家明显地感受到被命令和被指挥，否则很容易把群变成一个冰冷的通知群。同时要注意多树立几个榜样，鼓励这些榜样多分享交流，多通过自己的力量解决问题，甚至要接纳群成员在微信群里分享除广告外的其他八卦信息或地域快播信息，让群保留一定的非正式感。

4.4.6 说课辅导的流程

收集课题组的课件初稿后，应发送给企业的专业审核委员会及辅导老师查阅，使他们有充裕的时间熟悉课件，确保说课辅导工作坊的效果最大化。提及课件辅导，不同的企业会选择不同的模式，有些企业会选择线上辅导反馈，有些企业会选择线下辅导反馈。这两种模式有相同之处，也有不同之处。

线上辅导反馈

线上辅导反馈通常是一对一的课题组辅导，每个课题组 40~60 分钟。为了方便共享屏幕中的课件，可以选择像腾讯会议这样有屏幕共享功能的线上沟通平台。线上课程辅导流程如表 4-20 所示。

表 4-20　线上课程辅导流程

时间	流程	具体内容
5~10 分钟	课题组代表说课	1）课题背景：为什么会开发这个课题？是因为这个课题可以解决某个问题还是因为它是岗位培养必修课或新员工、基层管理者培训项目中的课程 2）课程对象、课程目标、课程时长 3）课程的总体结构、框架及每个章节的要点和授课方法 4）课程特点，如采用案例式教学、工具与表格实用且接地气、教学活动有创新、课题组经验被总结成了模型等 5）用视图模式浏览全版课件
30~40 分钟	辅导老师反馈辅导	主要从课题名称、教学目标、课程结构、内容实战性、授课方法和 PPT 版面设计等方面进行在线反馈（辅导老师可以提前查阅课题组的课件，熟悉内容，将课题组需要完善的点进行简单的批注，最后配一段总体反馈的文字作为礼物赠送给课题组）
5~10 分钟	互动答疑	针对课件内容或项目相关疑问进行课题组与辅导老师之间的互动和问题研讨
温馨提示：线上辅导要确保网络信号通畅、清晰，不然会影响辅导效果			

线下辅导反馈

项目组组织一次辅导工作坊的线下课程辅导流程如表 4-21 所示。建议由辅导反馈组和课题组共同参加辅导工作坊。辅导反馈组邀请专业审核委员参加，如果专业审核委员无法到达现场参与，务必在辅导工作坊前收集专业审核委员对课题的反馈意见，确保专业内容不偏离。

表 4-21　线下课程辅导流程

时间	环节	详细流程
60 分钟	1）回顾前期情况 2）告知本次安排 3）抽签说课顺序	1）回顾课程开发工作坊的学习要点 2）总结目前课件成果的总体情况，包括做得好的方面和存在的共性问题 3）介绍本次说课辅导的流程安排和要求 4）课题组现场抽签，决定接下来的说课顺序
一个课题 10～15 分钟	课题组说课	按照抽签顺序，各课题组派代表说课，并提供说课模板
一个课题 10～15 分钟	其他课题组派代表给出反馈意见（可选）	如果各课题组之间是彼此关联的，其中一个课题组说课时，其他课题组可以倾听后给予反馈意见（这部分可以根据企业需要自由安排）
一个课题 10～15 分钟	辅导反馈组提供反馈意见	每个课题组接受辅导反馈意见，派代表做好记录，并提供辅导反馈标准
10 分钟	双方就课题内容进行互动	针对课件内容，课题组和辅导反馈组之间进行研讨互动
时间 自由安排	课题组现场修改课件	课题组根据反馈意见进行课件修改（企业可以根据实际情况安排一个自由的课室供非说课的课题组使用）
一个课题 10～15 分钟	修改后的成果汇报	随机抽取修改后的课件代表小组进行二次汇报，说明本次辅导修改的地方
15 分钟	辅导总结和收尾	总结本次辅导的情况，强调后续的项目安排

温馨提示：以上时间可以根据课题数量的多少进行微调。另外，在课题数量多的情况下，可以分教室同时进行辅导，当然这意味着需要多位辅导老师。未到辅导时间的课题组可以选择在其他教室研讨和修改课件，也可以按时间段来接受辅导，这些安排均可以根据企业需要灵活调整。

4.5　组织专项 TTT 工作坊

4.5.1　专项 TTT 与传统 TTT 的区别

什么是专项 TTT？它与通常意义上的 TTT 有什么区别？专项 TTT 指的是结合本次开发的课题进行授课和呈现的技巧，强调的是"专"和"结合"。在这个阶段有两个非常重要的里程碑，一是专项 TTT 工作坊，二是试讲辅导工作坊。前者是为了让课题组学会如何把自己开发的课题进行有效的讲授和呈现；后者是为了让开发者试讲一遍课件，从而站在讲授的角度进一步优化课件，让成果更逼近可验收的标准。

曾经有企业管理者问：项目内可否不安排授课技巧的培训，即不安排 TTT 的培训？回答是肯定的，所以本节提及的不是 TTT 而是专项 TTT，意思是可以让课题开发者直接呈现已经开发好的课件，然后由专业顾问有针对性地进行点评反馈，在反馈过程中将相关的授课技巧教给课题组。总体来说，这个阶段可以把专项 TTT 与试讲辅导融合在一起，省去通用 TTT 的培训时间。当然，有些企业为了让开发者对授课技巧进行更系统的学习，会将一套 TTT 技巧教给开发者，在这个基础上组织试讲辅导。因此，这个过程完全可以根据企业的特点和具体需要进行组合；也可以先试讲实践，再进行 TTT 培训，相当于先试错，再给予正确的培训示范，使学员印象更深刻，学习动力更强。

4.5.2　组织专项 TTT 工作坊的 4 个关键点

那么，在组织专项 TTT 工作坊及试讲辅导时需要思考哪些问题呢？

➢ 需要课题组的每个人还是其中 1~2 位代表掌握授课技巧？
➢ 试讲时如何让课题组得到有效、真实的反馈和评价？
➢ 如何任用好专项 TTT 培训老师？
➢ 如果在企业内部实施试讲辅导，流程和辅导标准是什么？

对于这几个问题，本节将从专项 TTT 工作坊的组织关键点及课件迭代试讲辅导的流程和辅导标准来回答。专项 TTT 工作坊的组织关键点如表 4-22 所示。

表 4-22　专项 TTT 工作坊的组织关键点

组织关键点	具体内容	参考材料/工具
确定试讲人数和时长	1）确定每个课题有几位讲师试讲，每位讲师试讲多长时间 2）根据人数安排试讲流程	试讲辅导流程
邀请专项 TTT 辅导老师	1）掌握专项 TTT 的流程和关键授课技巧 2）对开发课题的类型较为熟悉，如技术类、通用素质类等 3）辅导老师的类型可以多样化，这样的反馈评估会更全面、有效，如外部 TTT 专业老师、课程开发专家顾问、课题相关的业务领导、学员代表等	试讲辅导的反馈标准

续表

组织关键点	具体内容	参考材料/工具
试讲准备	1）根据上述基本信息设计专项TTT和试讲工作坊的流程安排 2）下发通知：让各个课题组做好充分的试讲准备，携带课件和相关的道具，身着符合讲课礼仪的商务装；让辅导嘉宾知悉流程和职责 3）相关的行政准备，如反馈评估表（如果是电子版，则要给嘉宾准备电脑）、辅导嘉宾的水牌、培训道具等	—
现场组织	1）熟悉现场设备，要么有专门的设备支持人员，要么张贴明确的设备使用指引，以免课题组因为设备问题耽误现场的试讲时间 2）把控流程，有专门人员进行串场和现场维护 3）及时收集辅导反馈表，统一汇总，工作坊结束后反馈给各课题组	—

通过上述关键点的把控可以让专项TTT及试讲辅导工作坊开展得有序且有效。

4.5.3 专项TTT试讲辅导流程

专项TTT试讲辅导流程如表4-23所示。

表4-23 专项TTT试讲辅导流程

试讲辅导流程	讲授内容	内容说明	用时
第1步	开场问好	与听众建立亲和关系： ➢ 环视全场，声音洪亮，迅速让听众安静下来 ➢ 对能和听众一起学习、交流表示感谢	
第2步	自我介绍	托起/建立学员的学习信心： ➢ 自我介绍清楚、有新意，给听众留下深刻印象 ➢ 发挥幽默感，与学员建立亲和关系 ➢ 介绍与主题或内容相关的从业经历和教育经历 ➢ 背景资料简单、真实可信 ➢ 多谈自己的成功经验，而不是强调自己的功绩 ➢ 不要过分谦虚（如说自己没什么经	2分钟

续表

试讲辅导流程	讲授内容	内容说明	用时
第2步	自我介绍	验、被领导临时指派、昨晚加班没怎么准备等)	2分钟
第3步	导入主题	介绍要讲授的内容： ➢ 简短、清晰地介绍所要讲授的主要内容 ➢ 制造冲击力，使学员兴奋起来 ➢ 引起学员的好奇心，创造积极的气氛	
第4步	展开讲授	就每个人负责的课题选择一个完整的知识点模块（考虑到时间限制，可选择小的知识点模块），结合在课件包制作中设计的教学方法、培训活动、素材等展开讲授，在有限的时间内充分展现个人风采	12分钟
第5步	回顾总结	➢ 就讲授过的主要内容做回顾 ➢ 制造视觉冲击，利用音乐渲染气氛 ➢ 采用游戏、故事、典故等方式结尾 ➢ 用启发性的问题或哲理、名言、金句引发学员思考 ➢ 号召学员付诸行动，祝福学员，再次致谢	1分钟

很多企业的课程开发者最终会被认证为企业的内训师，因此，在试讲辅导反馈时会参考内训师的认证标准，这个标准在第2章已经阐述过，这里不再赘述。辅导参考维度分为内容呈现、基本技巧、互动能力、教学评估4部分。

4.6 组织课程验收与讲师认证

4.6.1 验收认证环节易错点

课题组经过专项TTT及试讲后，项目组会安排1~2周让课题组对课件包进行优化定稿。在做好课件包终稿跟催的同时，还需要结合课程验收标准和讲师认证要求进行该环节的准备工作。

有人说，最终的课程验收及讲师认证环节是水到渠成的工作，如果在前期的项目里程碑中能严格把控阶段性成果，那么这个环节确实是为了让项目有个更好的收尾，也通常会和项目总结汇报会放在一起举办，对开发的课件和开发人员来说是一次展示的机会。那么，在这个环节，企业最容易犯哪些错误呢？

- 不重视项目验收和讲师认证，有点虎头蛇尾，显得不够尊重参与者的劳动成果。
- 活动现场邀请的评委嘉宾没有考虑到项目的利益相关方，如公司领导、业务领导等。
- 验收标准和认证标准没有让课题组事先熟悉，导致参与者关注点失焦。
- 活动现场的收尾缺乏仪式感，没有充分体现项目的影响力和价值。

4.6.2 验收认证环节的 4 个关键点

针对企业最容易犯的几个错误，本小节将分享验收认证的 4 个关键点，如表 4-24 所示。

表 4-24 验收认证的 4 个关键点

关键点	如何应对	参考材料/工具
重视度	1）主观上重视：项目经理要提醒自己这是一个成果展示会，是一个传播项目影响的机会，也是一个对项目参与者表示肯定和激励的最好机会 2）流程上重视：设计严谨顺畅的流程，把控每个节点，要有充分的仪式感，如场地布置、颁发聘书、表彰优异、领导致辞、代表发言、签名墙、合影留念等	验收工作备忘录
邀请嘉宾	1）发出邀请函，邀请项目利益相关方，务必邀请到位，准备有纪念意义的嘉宾礼物 2）区分领导嘉宾和评委嘉宾，提前沟通目的和职责	—
标准清晰	1）提前让课题组了解课程的验收标准和讲师的认证标准，要求对照标准认真准备，提前做好充分的彩排工作 2）让评委嘉宾熟悉评审标准，如果评审现场出现较大的评估误差，对课题组不公平，也显得不专业	课程验收表、讲师认证表
活动设计	1）开场领导致辞 2）流程介绍 3）项目回顾 4）授予证书 5）表彰优秀 6）后续行动承诺墙及合影留念	—

4.6.3 验收认证的流程及标准

基于上述验收认证的 4 个关键点，我们提供了具体的认证评审会操作流程，如表 4-25 所示；同时也提供了讲师认证流程，如图 4-8 所示。

表 4-25　认证评审会操作流程

预计时间安排	阶段	事项		
^	^	内容	物资与准备工作	
^	^	^	协办的咨询培训公司	主办方
9:00—9:10	开场	主持人宣布开始	协助拍照	欢迎词、评委嘉宾名单
^	^	主持人介绍认证流程及规则，介绍评审及认证标准	提供评审流程和评审表格（课程验收评分标准与讲师认证评分标准）	准备评审表格（含评委姓名）与统计表格
9:10—9:20	讲师致辞	讲师提醒技术要点，点评流程和动员	准备下一环节	拍照
分场				
9:30—9:40	抽签确定顺序	每场的学员进行抽签，按照抽签结果进行比赛	安排抽签（说明：如果比赛顺序事先已经敲定，现场只需要直接宣布即可）	准备一台电脑，将 5 件套复制在同一台电脑的桌面上
9:40—12:00（每场 5 名学员）13:30—16:30（每场 5 个课题）	课程评审	每名学员用 5 分钟介绍课件包，包括课程大纲、讲师手册、学员手册、授课 PPT、工具箱，接着用 10 分钟讲解课程的某个模块	及时做好现场分数统计工作 做好计时提醒工作	提前收集 5 件套，方便评委查看
^	^	每名学员分享后，评委用 5 分钟进行点评	评委点评	收表计分
16:30—16:50	结果统计	把参加比赛的学员评分进行排序整理，评出可现场发证的学员	整理准备证书	统计比赛结果、提交获奖名单
说明：有 20 人参训，分 4 场，每场 5 人，平均每人用 20 分钟左右（说课 5 分钟、授课 10 分钟，点评 5 分钟）				
17:00—17:15	项目回顾总结	项目背景、项目历程回顾、项目成果汇报	协助提供 PPT 部分材料，协助播放回顾视频	项目总结 PPT
17:15—17:25	领导致辞	邀请领导致辞	准备下一环节	领导讲话提要
17:25—17:45	公布评审结果	主持人公布评审结果	播放颁奖 PPT	邀请学员逐次上台

续表

预计时间安排	阶段	事项		
^	^	内容	物资与准备工作	
^	^	^	协办的咨询培训公司	主办方
17:25—17:45	公布评审结果	颁发奖项,获奖学员发表感言	提前摆好证书与奖品,安排好上场顺序,现场礼仪引导,播放颁奖音乐,协助拍照	颁发认证证书、颁发获奖证书
^	^	所有学员一句话总结项目收获	^	^
^	^	讲师、辅导老师发言	^	^
17:45—17:50	合影	全体人员合影留念	拍照	组织领导与讲师就位
17:50—18:00	结束	主持人宣布仪式结束	协助散场时的拍照留念	欢送领导

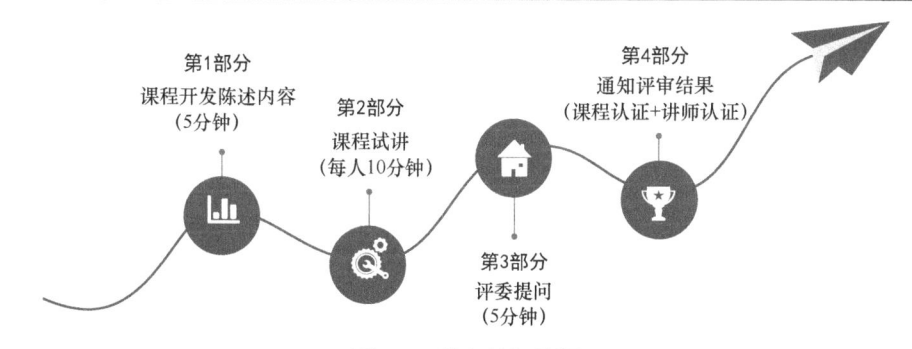

图 4-8 讲师认证流程

在讲师认证流程中,每个课题组派代表用 5 分钟的时间介绍课程开发背景、课程开发团队、5 件套的成果形式与完成度、课程的目标对象、课程结构与主要知识点、课程主要教学活动、课程设计亮点、后继行动点、学习收获。汇报的内容要点和 PPT 模板应提前交给开发团队进行准备。

在介绍完课程开发的梗概后,讲师代表将抽选课程中的核心内容进行 10 分钟的讲解。如果一个课题有多位讲师参加认证,可以请每位讲师选择不同的模块进行 10 分钟的授课。

在 10 分钟的授课结束后,请评委进行点评。一般选择内部评委 1 人和外部评委 1 人进行点评,如果 5 分钟的点评时间还有剩余,可请其他评委补充点评内容。评委提问和点评应贯彻如下几个原则。

> **互补性原则**:内部业务评委多点评专业问题和经验问题,外部评委偏向点评教学设计与授课方法问题。

➤ **多角度原则：** 应从未来学员、人力资源部、业务部门领导、教学设计师等多个角度来审视和点评。
➤ **多样性原则：** 提出的问题和点评的要点应尽可能保持多样性，让现场的其他组学员也能感受到新鲜感和挑战，并能从中学到更多新的知识。

案例 4-1　一个"前功尽弃型"项目结业汇报会

背景：

C 公司启动了一个全年最重要的城市更新主题的案例开发项目，计划沉淀过往项目经验，集合各部门专家的力量，形成一本案例集。该项目前期对项目做了非常周密的策划，对案例成果的系统性和可传播性都提出了非常高的要求。外部顾问讲师做了非常周密的策划和实施，辛辛苦苦做项目 3 个月，辅导 20 余位内部专家开发了 16 个大案例，共 2 万多字、110 多页。案例集汇聚了十几个知识模型，100 多个知识点，项目成果丰硕。但不巧的是，培训管理者因为各种疏忽和执念，在最后一刻，将项目结业汇报会办成了一个"前功尽弃型"结业总结会。导致该项目前功尽弃的各种细节如下。

- 迟迟不确定高管是否出席汇报会，但在项目的最后时刻临时决定向高管汇报，让汇报会仓促上阵。
- 让大家在一个很困的周末下午汇报。
- 在汇报会的前面安排一场 1.5 小时的培训，把汇报会的总体时间搞得非常仓促。
- 提早就把厚厚的一沓纸质版案例集发给高管，让他们提前看，引发了他们畏惧和愤怒的情绪。
- "体恤"业务部门的专家，让他们不要做太花哨和好看的汇报 PPT，就用纯文字的形式按照黄金圈法则（Why—What—How）把自己对案例的亮点和评价罗列出来。在 PPT 中也不要讲案例本身的内容，免得耽误领导们的时间。
- 安排没有实际参与撰写案例集的人上场汇报案例成果。
- 体恤业务部门的专家，不要求他们提前到场彩排演练。
- 让领导们坐在一个背向汇报者的位置，看不到汇报者的表情和动作。

- 现场不摆案例集给领导们看，不让领导们听案例背景介绍，直接按照学员的汇报内容来评价案例。
- 做一个极其复杂的评分表，让领导在表格中跳着打分，让领导自己算分数、写评语。
- 过程中不做任何串场主持、暖场和衔接活动。
- 只让领导和评委老师听汇报，不鼓励领导现场评价。如果领导插入发言，又不做时间提醒，让领导的发言随心所欲，使汇报会拖延到18:30以后。
- 不向汇报者做时间提醒，让他们随意发挥。
- 现场不准备话音清晰的麦克风。
- 现场不摆任何水果、零食和提神的饮料。
- 现场不做详细的分工、接待、摄影等安排。
- 为了加快收尾部分的节奏，趁评委讲话，临时自作主张，把精美的证书悄悄发到优秀学员手上。
- 颁发证书环节没有背景音乐，屏幕上也不显示任何仪式性文字。
- 现场不记录领导的发言内容。
- 汇报会结束后，不发布任何现场的新闻报道。

案例启示：

这是一个真实的案例故事，案例中的主人公——培训管理者，因为是新到任的，揣摩不清高管对人力资源工作的实际态度，对项目成果的质量也没有十足的心理把握，所以一直没敢明确地把案例成果发布会纳入高管的工作计划，导致无法借用领导的权威来促成业务专家们投入更多的精力来准备汇报工作。此外，这位项目经理怕影响大家工作和休息，所以特别用了一次集中培训结束后的一小段时间来安排汇报会，使汇报会仓促了事、变形走样。这种在项目后期的保守投入与项目前期的高质量投入形成了极其鲜明的反差，导致项目功亏一篑。因此，项目经理在项目收尾阶段应该对项目抱持"必须成功"的信念，做到"All in"（扑克牌游戏中的术语，表示押上全部筹码）。只有这样，才能让自己过往的努力不至于打水漂。

4.6.4 关注各环节仪式感的设计

仪式，可以使某一刻与其他时刻不同。仪式感会给予人们归属感、安全感和使命感，会让人们在做事时养成专注而认真的态度，让人们身上渐渐拥有一种无可替代的光芒。

仪式感是人们表达内心情感最直接的方式。有仪式感的项目，能让开发者切实地感受到项目和自己的存在。

生活中有很多固定的仪式，如结婚典礼、新年钟声倒数、剪彩仪式等。它们不仅具有代表性，还具有一定的渲染作用。例如，婚礼上的郑重承诺、新年钟声敲响前的紧张心情、剪彩时的隆重气氛等，在感染人们的同时，也在表达人们对生活的热爱。美好的仪式能自发地、由内而外地给人们的心灵带来触动。而心理层面的变化又会进一步影响人们的行为，从而让人们进入仪式感的良性循环，生活自然会变得更加有格调、有滋味，工作也会更加有意义、令人沉浸和回味。

《小王子》一书中有这样一个小小的片段：小王子第一次遇到狐狸时，狐狸告诉他，相识是需要一定的仪式的，这很重要。因为伴随着这个仪式，很多原本无关紧要、可有可无的东西就被赋予了意义。好比狐狸一看到小麦，就会想起小王子的发色。有了仪式感，人们对工作就有了期待。就像小王子每天下午4点会来，那么到了下午3点的时候，狐狸就会满心期待。

经过仪式感的洗礼后，人们会庄重地对待工作，庄重地对待自己的产品，庄重地对待自己的内心。举行仪式看似烦琐，却优雅到了极致。在课程开发项目中培养仪式感，能让参与者的身心得到洗涤，这是比发奖金更好的奖励方式，也是项目品牌植入的最佳时刻。

因此，项目经理要特别关注课程开发项目的仪式感设计和组织实施。这里结合项目收尾仪式感的设计环节，汇总分享了整个项目关键节点的仪式感设计，如表4-26所示。

表4-26 项目关键节点的仪式感设计

仪式内容	线上启动仪式	开营仪式	阶段成果汇报仪式	颁奖仪式	结业仪式	颁证仪式
可选形式	语音微课	领导讲话、学员宣誓	成果上墙、成果评优	颁发优胜团队奖、颁发优秀成果奖	播放训练营回顾视频、领导讲话	颁发奖状

续表

仪式内容	线上启动仪式	开营仪式	阶段成果汇报仪式	颁奖仪式	结业仪式	颁证仪式
创新方向	有趣的视频、签到小程序、微信群小礼花	学员带道具发言、承诺墙签字	积分通报、经验分享	颁发独特的奖项、合影留念	请学员现场做脱口秀演讲总结	颁发有纪念意义的奖品、播放隆重激昂的音乐
仪式感受	融入感、尊重感、神秘感	角色感、融入感	成就感、紧迫感	成就感、自豪感	感动、欣慰、愉悦	荣誉感

思考题

1. 开展项目全面调研时需要调研哪些人群？
2. 选择开发课题和团队时有哪些注意事项？
3. 课程开发工作坊开始前要做哪些准备工作？
4. 课程开发成果的跟催技巧有哪些？
5. 课件迭代辅导要关注哪些维度？
6. 课程开发试讲实践要关注哪些维度？
7. 课程验收与讲师认证的流程和注意事项有哪些？
8. 在项目执行期间的仪式感设计有哪些创新空间？

第 5 章 监 控

可以将监控理解为"纠偏",或者理解为"找到项目规划、启动、执行和收尾各个环节的风险点,制定管理预案,并对过程中的变更做出应对措施"。在项目的监控阶段,如能根据课程开发项目的质量体系进行监控和关键点评审,就能保证项目的高质量实施。

在监控阶段,主要内容有以下几项。
1. 项目监控的必要性。
2. 项目监控的角色和总则。
3. 项目价值的监控点。
4. 项目质量的监控点。
5. 项目过程的监控点。

5.1 项目监控的必要性

5.1.1 项目管理管的就是变化

在项目管理领域有一句话:"Project is all about changes."可以将这句话通俗地理解为"项目管理管的就是变化"。项目变更是正常且常见的,这足以证明监控的重要性和必要性。一张完美的图纸不等于一栋坚实的大楼,在将完美的图纸变成坚实大楼的过程中,除了"执行",更离不开"监控纠偏"。项目在按照计划执行的过程中,随时有可能发生以下这些变化。

> 课程开发需求发生变化。
> 供应商团队发生变化。
> 项目进度出现异常。
> 开发团队人员有变动。
> 项目团队的配合问题。
> 成果与验收标准的差异。

……

在上述每种变化发生时，都需要项目管理者做出应对措施。要想更及时地发现变化，防止变化给项目目标带来负面影响，需要在过程中进行合理的追踪和控制。

5.1.2 项目管理要管"质"和"值"

除了在过程中进行合理的追踪和控制，项目监控还包括对项目质量和价值的监控与保障。

首先，要监控交付产品的价值，包括以下 5 个价值。

价值 1：目标用户使用价值。

价值 2：蜕变性个人成长。

价值 3：品牌化的产品影响。

价值 4：可持续的过程知识资产。

价值 5：协作共赢的组织文化。

其次，要监控交付产品的质量，这里的质量包括 3 个要素。

要素 1：课件包质量。

要素 2：课件的质量。

要素 3：讲师的技能。

最后，监控整个项目执行过程中的范围、进度和成本等要素，包括 4 个过程。

过程 1：规划。

过程 2：启动。

过程 3：执行。

过程 4：收尾。

因此，项目监控环节应该涉及以上 3 个层面的监控和评估，从而保障项目目标的实现。

然而，有些项目虽然做好了监控工作，但仍然延期，或者说仍然达不到最初设定的项目目标，原因何在？只跟踪不控制，只发现问题不找寻根源和解决问题，只应急处理问题而不提前观察各种征兆，等等，这些都是项目监控中最常见的现象。其实，监控的目的很明确，就是保证项目在现有约束条件下，输出符合验收标准的高质量课件包、课件及认证讲师，整个项目的实施及输出的成果能为企业提供实实在在的配套价值。因此，所有对这个目标造成影响的要素都属于项目跟踪控制的范畴。

5.2 项目监控的角色和总则

5.2.1 项目监控的 3 个角色

不管是过程监控还是价值、质量监控，都需要准确把握监控的角度和立场，因为项目的监控内容和监控点有些是由企业关注和完成的，有些是由供应商关注和完成的，而对于涉及专业的质量监控，是由专业导师和辅导顾问监控的。这三大角色（见图 5-1）要做好具体的分工和定位，互相配合做好监控工作。

角色 1：代表企业管理层监控课程体系建设的系统性及项目与组织绩效提升的关联性。例如，关注"可持续的过程知识资产"就是站在企业的高度，为后续的课程体系构建和类似项目的内部操作进行知识管理；关注"协作共赢的组织文化"就是站在促进企业内部组织文化的角度考虑问题。

角色 2：代表未来培训项目的培训管理者，监控课程的质量。例如，关注目标客户使用价值，关注课程后续的应用落地计划和方案，就是站在未来培训管理者实施培训的角度看问题。

角色 3：代表未来的学员，监控课程和讲师技能与学员需求的匹配性。例如，关注课程质量的评审、讲师技能的提升等。

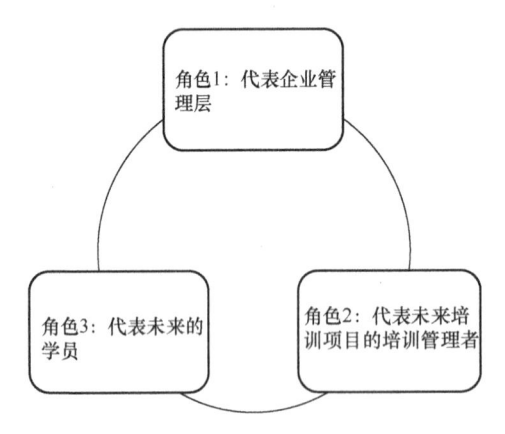

图 5-1 监控的三大角色定位

项目管理团队有了这 3 个监控角色的定位，就可以大大提升监控质量。一个人无法全面监控一个项目，因此可以引入利益相关者一起监控，如邀请业务部门的领导一起参与阶段性成果评审等。

5.2.2 项目监控的 3 个原则

预防性原则：在这个原则的指导下，项目启动时要做好风险预估和策略制定，以防风险真正来临时措手不及。这个原则与项目经理和团队的项目经验有很大的关系，经验丰富就能提前预知风险、识别风险和控制风险。

协作性原则：从监控的 3 个角色定位可以看出，监控工作不是一个人能完成的，也绝对不能由一个人完成，它需要各方利益相关者的重视和协同。

全程控制、全员参与的原则：监控贯穿项目的整个生命周期，需要提高每个团队成员的风险意识，将风险策略分享到位。

所以，要做好监控工作，离不开每个人对每个步骤的用心关注和积极干预。把握好监控的 3 个角色和 3 个原则后，就可以进入具体的监控点了。

5.3 项目价值的监控点

第 1 章阐述了课程开发项目的价值分布，其中"目标用户使用价值"与**课程质量**这一监控点息息相关，因此放在后面阐述。这里先探讨其他 4 项价值，如表 5-1 所示。

表 5-1 课程开发项目价值的监控点

课程开发项目价值	影响因素的关键点	监控点	监控工具表单/资料
价值 2：蜕变性个人成长	关注核心团队在项目过程中的蜕变性个人成长	1) 开发者 PPT 制作能力提升（对 PPT 美化原则的理解和贯彻） 2) 开发者演讲水平提升（开场、收尾、复杂概念讲解和对常规活动带教的驾驭能力） 3) 项目成员对新角色技能的掌握	1) 授课 PPT 模板和 PPT 美化审核原则 2) 讲师认证评分标准
价值 3：品牌化的产品影响	1) 课程开发项目的形象深入人心 2) 开发的培训课程产品有很高的识别度和美誉度	1) 项目品牌的创建（如项目名称、特制的徽标、项目文件的特定模板等） 2) 参加管理层会议，在会议上分享项目情况，提高品牌影响力 3) 开发的培训课程产品有宣传和包装的过程，提升识别度 4) 开发的培训课程产品有配套的后续落地执行的行动计划或方案等	1) 项目品牌策划案 2) 项目宣传策划与责任分配矩阵 3) 培训总结报告和新闻报道 4) 学员对项目过程与成果的传播 5) 开发的培训课程产品后续应用计划或方案

续表

课程开发项目价值	影响因素的关键点	监控点	监控工具表单/资料
价值4：可持续的组织过程资产	项目过程中积累的过程管理工具和开发工具，这些工具可以支撑企业后续自行组织项目	1）项目管理过程中文档的分类保存 2）课程开发项目流程和配套工具内化	1）课程开发项目管理（文件夹存档） 2）课程开发项目工具包（文件夹存档） 3）企业内部进行复盘及赋能学习
价值5：协作共赢的组织文化	跨部门成员之间的合作模式和充分信任的沟通文化	1）跨部门课程开发小组的合作模式 2）跨部门成员共同参与的项目会议 3）跨部门培训主题课程的开发落地 4）团队合作的成果庆祝仪式	1）团队公约的履行 2）阶段性成果汇报会议 3）跨培训主题的课件包完成率

目前很多企业在规划和开启课程开发项目时，并没有提出明确的价值目标，或者天真地想用很少的项目资源投入换取尽可能多的项目价值，从而导致项目在实施监控过程中出现失焦的现象，最终影响了项目口碑。因此，本书在项目目标设定环节就把这个风险阐述清楚了，项目经理可对照项目目标来执行监控工作，做到有的放矢。

5.4 课程质量的监控点

课程开发项目的质量指的是课件包完整度、课件整体质量和讲师技能提升。其中具体的监控点如表5-2所示。

表5-2 课程开发项目质量的监控点

项目质量	影响因素的关键点	监控点	监控工具表单/资料
课件包完整度	5件套：课程大纲、授课PPT、讲师手册、学员手册、工具箱 温馨提示：有些企业目标是3件套或8件套，具体细节稍有不同，但核心都是上述5件套	课件包5件套的完整性	课件包套件模板的对标情况

续表

项目质量	影响因素的关键点	监控点	监控工具表单/资料
课件整体质量	5个要素：名称、目标、结构、内容、策略（教学方法）	利用这5个要素的评估标准来把控核心课件的整个开发过程，包括过程文件和阶段性成果的评估（如定位表、知识图谱、PPT草图、课程大纲等）	对标过程评估标准：课程定位表、知识图谱、PPT草图/讲义、课程大纲 对标结果评估标准：课程评审标准（验收标准）
讲师技能提升	3项技能：内容呈现、基本技巧、互动能力	利用这3项技能的评估标准来把控讲师在整个项目中的技能提升情况	技术类课程授课风险监控排查表、对标讲师认证评分标准（验收标准）

综上所述，项目质量可以通过对标关键节点成果和项目验收标准的评估指标来进行监控。例如，在课程开发工作坊中对节点成果的把控，在课程开发辅导实践环节及专项TTT试讲辅导环节的辅导反馈，都是实实在在的有效监控。

5.4.1 课程名称审核的"三一"标准

> **表里合一的对应性**：课程名称一定不是纯粹的"标题党"，而是精致的课程内容和优雅的课程标题的结合，要有相关性和对应性。

> **形神合一的表现力**：课程名称要能很好地表达课程价值，对课程内容做一定的提炼和升华。

> **千里挑一的匹配性**：课程名称不是随意得来的，一定是千锤百炼、精雕细琢的结果。

5.4.2 课程定位表的审核要点

课程定位表的审核要点如表5-3所示。

表 5-3 课程定位表的审核要点

审核要点	典型问题	问题现象	监控策略
培训目的	缺乏对公司价值点的阐述	培训目的与知识目标高度雷同	追问公司的战略和部门的使命等信息，挖掘工作任务能为公司创造"多、快、好、省、新"等层面的价值点和组织绩效关联点
任务目标	工作任务的主流程不清晰	• 工作任务的流程或模块不完整 • 任务目标描述不具体和不够显性化	• 通过提问澄清工作任务 • 通过追问了解任务的前提条件、工作过程、所用工具、工作结果等信息
任务目标	情境描述不清晰	• 将任务当成情境 • 情境中缺乏人和事 • 情境问题过大，覆盖了多个任务	• 让开发者回忆日常工作中完成工作任务时遇到的突发状况及应对措施 • 尽可能详列，有明确的人、事，以及对当时环境、处境的描述，尽可能识别出由工作对象变化、环境变化、过程变化、新增的组织目的等引起的情境问题 • 对情境问题进行进一步拆解，划分到各个任务模块中
知识目标/学习目标	知识目标的动词选取不恰当	目标动词全部简单地使用"了解""熟悉""掌握"等	• 澄清相应知识内容在课程中的教学层次及重点难点 • 询问是否有相关的教学活动支撑 • 根据具体的课程内容和教学互动设计，匹配更精准的目标动词

定位表是课程开发的基础，也是确保课程开发不走偏的重要监控点，这个环节的监控通常由课程开发导师和辅导顾问完成。当然，如果是企业内部自主开发模式，开发团队要有人来监控这个环节。也许用的表不尽相同，但要达到的目的都一样：清晰课题定位和学习目标。

5.4.3 课程知识图谱的审核要点

课程知识图谱的审核要点如表 5-4 所示。

表 5-4　课程知识图谱的审核要点

审核要点	典型问题	问题现象	监控策略
内容的完整性	知识量不够	文字量少	• 学了这些知识就能达到学习目标吗 • 学了这些知识就能胜任吗 • 授课对象应该强化哪个过程或哪个模块 • 定位表中的任务和情境的细节信息在课程知识图谱中如何体现和对应
逻辑的合理性	不符合逻辑	• 不符合 MECE 法则 • 不符合 Why-What-How 基本认知逻辑或教学顺序 • 主题型课程中的问题原因分析不准确，课程知识与主题不对应	• 建议新的逻辑编排顺序（如先讲解基础概念，然后整合概念的顺序、事件发生的顺序、问题解决的顺序、评估等级由低到高的顺序等） • 如果按建议的顺序授课，会不会更顺畅一些 • 如何呈现授课内容，才能让学员更容易理解和接受
教学活动的匹配性（可选，后续监控也可以）	缺失	缺乏教学活动	• 15 分钟、60 分钟，达到一定互动原则 • 每个单元至少匹配一个大的互动教学活动
	单一	授课形式单一	• 调整或增加部分教学活动

5.4.4　授课 PPT 的审核要点

授课 PPT 的审核要点如表 5-5 所示。

表 5-5　授课 PPT 的审核要点

授课 PPT 版本	监控审核要点	对标的状态
第一轮 （PPT 草图）	• 是否符合 PPT 模板中规定的总分总逻辑结构 • 是否呈现了课程知识图谱中的知识点 • 是否预留了课程知识图谱中教学活动的 PPT 页面	• PPT 页面框架的前后顺序符合逻辑 • 课件型 PPT 的页面规范

续表

授课 PPT 版本	监控审核要点	对标的状态
第二轮 （PPT 初稿）	• 是否有情境案例 • 再次确认每个页面的内容是否准确、完整地呈现了 • 再次确认每个单元、每个知识点的教学活动	• PPT 中每个页面的内容和知识点都有完整的描述 • 教学活动的画面比较完整（清晰地列明了活动时间、步骤与产出等） • 情境案例的 STAR 已被挖掘，情境案例真实且有一定的挑战性
第三轮 （PPT 优化稿）	• 在上一轮基本敲定内容和活动的基础上关注 PPT 页面的美化	• 风格一致，内容简练，页面令人赏心悦目（详见表 5-6）
第四轮 （讲师手册版PPT）	• 是否根据模板撰写 PPT 备注，形成讲师手册版 PPT	• 符合讲师的带教程序 • 案例和练习的 5 要素（目的、背景、问题、点评、总结）齐全 • 未来的讲师容易看懂，方便备课
温馨提示：每轮监控评审都是在上一轮评审的基础上进一步迭代更新，逼近成果验收版本的过程		

5.4.5 PPT 页面的审核要点

PPT 页面的审核要点如表 5-6 所示。

表 5-6　PPT 页面的审核要点

目标层次	原则
规范	• 颜色不超过 4 种（包括模板与画面素材，风格尽可能一致） • 字体尽可能选择 1 种（建议使用微软雅黑或公司拥有版权的设计字体） • 字号尽可能选择 2 种，且适合投影幕显示 • 画面和谐（对齐、留白、对称、平衡） • 没有"噪声"（页面中没有不和谐的图片和文字框） • 序号正确（序号符合 PPT 的使用习惯，尽可能用项目符号代替数字）
好懂	• 文不如表，表不如图
好看	• 采用全真图/全扁平图 • 文字与图片搭配和谐 • 版面新颖精巧

这个环节的审核次数，可以视不同课题组的开发进度和开发质量而定。根据过往的项目经验，一份授课 PPT 最起码要审核 3 次，在课程开发工作坊现场最起码要完成 PPT 草图和 PPT 初稿的审核，在后续的辅导反馈环节再完成 PPT 优化稿和讲师手册版 PPT 的审核，从而确保课件质量尽可能接近验收环节的课件审核标准，这也充分体现了课件辅导精细度的差异。

5.4.6 课程大纲的审核要点

课程大纲的审核要点如表 5-7 所示。

表 5-7 课程大纲的审核要点

审核要点	典型问题	问题现象	监控策略
完整性与最新原则	课程背景和培训内容不完整，未更新（包含素材和案例点）	仍然是第一版定位表的原始状态	根据实际开发的课程内容补充完整，更新目标、内容和教学活动等信息
	• 教学目标的描述不合格 • 教学活动的匹配不得当	仍然是内容分析图中的原始状态	以 PPT 中的实际教学活动为准
授课时间规划	时间测算不合理	• 不写时间或时间测算不合理 • 重/难点与时间不匹配 • 未将小组代表展示成果的时间考虑在内	• 模拟真实教学场景调整时间 • 建议按照总的规划时长（如 0.5 天、1 天等）来合理安排授课时间、活动时间、休息时间等
道具材料	缺少培训实施用的道具和相关附件材料的设计	PPT 中提及了下发案例素材，可没有对应的附件材料	按照真实教学场景准备，以备后续授课使用

课程大纲是课件包 5 件套中很重要的一个成果，是后续授课 PPT 开发的重要依据，也是未来培训宣传和下发通知的重要材料，因此，一定要让课程开发小组重视且认真完成课程大纲。在审核监控环节，课程大纲也可以与授课 PPT 的审核同步进行，确保两个成果的同步迭代。

以上将课件整体质量的监控要素和监控策略进行了经验分享，其他相关的质量监控策略在其他章节已有介绍，此处均不再赘述。

5.4.7 课程质量与培训质量的关系

为了做好课程开发项目质量的监控和评估，还需要澄清课程质量与培训质量的关系（见图 5-2）。

原劳动和社会保障部、中国职工教育和职业培训协会编写的《企业培训师培训教材》认为，培训质量在监控时有 5 个环节、16 个控制点，具体内容如下。

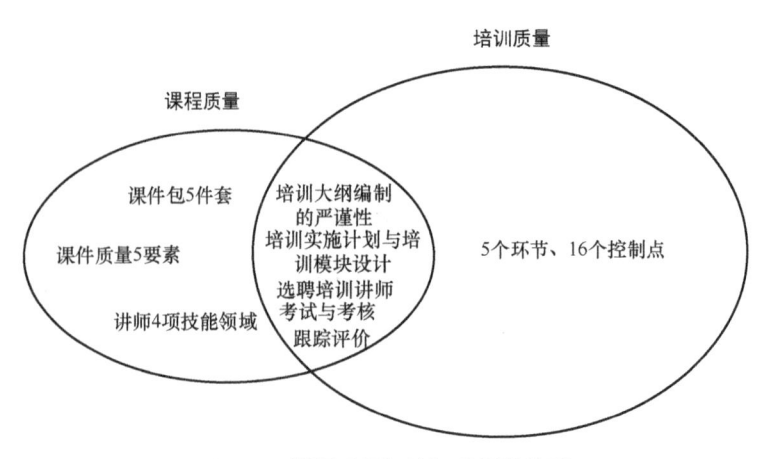

图 5-2　课程质量与培训质量的关系

第 1 个环节：确定培训需求

控制点 1：培训动机与培训需求的吻合度。

控制点 2：培训目标和对象的针对性。

第 2 个环节：设计和策划培训

控制点 3：培训项目的科学性、规范性和可操作性。

控制点 4：培训项目组织的严密性与多方参与性。

控制点 5：培训大纲编制的严谨性。

控制点 6：选聘培训讲师。

控制点 7：培训实施计划与培训模块设计。

控制点 8：培训成本的预算。

控制点 9：招收学员与学员资格审查。

控制点 10：培训前的准备。

第 3 个环节：组织实施

控制点 11：课前准备。

控制点 12：培训监控。

控制点 13：培训服务。

第 4 个环节：考核评估

控制点 14：考试与考核。

控制点 15：培训评估。

控制点 16：跟踪评价。

第 5 个环节：对以上 4 个环节的监控

在以上 5 个环节、16 个控制点中，只有图 5-2 中两个圈的交集部分才是课程开发项目需要关注和监控的，具体如下。

控制点 5：培训大纲编制的严谨性（将培训需求阶段的内容考虑在内）。

控制点 6：选聘培训讲师。

控制点 7：培训实施计划与培训模块设计。

控制点 14：考试与考核。

控制点 16：跟踪评价。

因此，在做项目质量监控时需要把影响培训质量的这 5 个控制点重点考虑进来。"考试与考核""跟踪评价"是培训质量控制的具体操作环节，在课程质量的控制阶段就要将评价文件纳入到开发范围中，以保障培训质量控制的可操作性。

此外，从课程质量与培训质量的关系来看，课程质量只能保证一部分培训质量。要想保证培训的整体质量，还需要在培训实施阶段结合 5 个环节、16 个控制点来进行全面控制。当培训质量低时，不能把责任全归咎于前期的课程开发质量。在实际的项目操作中，每次培训实施前，培训管理者都会收到新的需求，讲师也需要在备课过程中重新启动一次课程设计与优化工作，所以对课程质量的要求一直处于动态变化中。人在变，需求也在变。

5.5 项目过程的监控点

监控本身指向整个项目的各个环节，对全过程的监控是为了全面保障项目实现预定的目标。敏捷三角形原理中提到一个原则：在实现价值和质量目标的前提下，让约束目标（范围、成本、进度）保留一定的弹性。换言之，过程约束目标可以相应地让步给价值目标和质量目标。例如，为了确保课件整体质量的达成，在某些情况下可以相应地延长项目时间或加大资源投入，当然，具体应视不同企业的现实情况和追求的目标而定。

当涉及监控层面时，暂不讨论上述提及的让步情况，而是在通用的过程监控中找到监控的关键点，做好应对项目管理偏差的策略。因此，根据第 1 章图 1-7 所示的群课程开发项目管理的 5 步流程来进行过程监控是一个非常好的方法。

对在启动阶段制订的项目实施计划进行回顾，具体内容如下。

回顾项目的阶段里程碑（约束目标中的"范围"）：课程开发项目经历的阶段里程碑是否完整有序？例如，是否有全面的项目调研？确定的开发选题是否有充分的依据？开发团队的选择是否匹配？课程开发过程中有没有安排专业的辅导工作?等等。

回顾每个阶段的时间进度(约束目标中的"进度"):整体项目时间是否按照原定计划进行?每个阶段的里程碑是否按照原定计划进行?每个里程碑之间的间隔时间是否足够和科学?例如,给予课程开发小组的开发时间是否合理和充分?

回顾相关的资源投入(约束目标中的"成本"):项目实施的人、财、物等资源的投入情况如何?原定计划的资源投入是否足够?资源投入有没有超额?等等。

回顾风险预估:风险预估及管理预案中的风险是否出现?是否应用了有效的管理预案进行风险控制?等等。

回顾每个阶段的质量、成果输出计划:阶段成果是否输出?输出的成果是否符合验收标准?等等。这部分内容非常关键。由于在质量监控中已经提及监控策略这一点,这里只需要确认是否达到即可。

要做好以上回顾工作,项目经理需要清楚整个项目的实施进度计划,然后通过一定的监控手段和方法进行跟踪。

5.5.1 监控的手段和方法

就课程开发项目而言,监控的手段和方法除了通用的项目管理方法,如周报、月报、阶段性报告,还有其他非常关键的监控手段和方法——阶段性总结及成果汇报、组织重要项目会议。

阶段性总结及成果汇报

什么是阶段成果?它与项目的关键里程碑紧密相连,每个关键里程碑都有阶段成果产出。下面以敏捷课程开发项目为例,介绍基于项目里程碑的监控评估要点和基于项目数据的监控要点,分别如表5-8和表5-9所示。

表5-8 基于项目里程碑的监控评估要点

序号	项目里程碑	阶段成果汇报	监控评估要点
1	项目全面调研	根据项目调研计划开展项目全面调研后,输出项目调研总结,就调研情况进行汇报	1)调研的样本量是否充分,对象是否全面 2)调研的方向是否匹配项目目标 3)调研的方法是否科学、准确
2	确定开发课题及匹配的开发团队	就本次项目拟开发的课题及每个课题匹配的开发团队进行汇报	1)课题产生的依据是否专业 2)评估所选择的课题对企业的价值 3)选择开发团队的依据和匹配性

续表

序号	项目里程碑	阶段成果汇报	监控评估要点
3	课程开发工作坊	就课程开发工作坊的组织情况（工作坊中输出的初步成果、下一步课程优化跟进辅导安排）等进行汇报	1）开发团队的出勤率 2）输出课件初稿的完成率和准确率 3）专家评审委员对输出成果的阶段性反馈评估 4）外部顾问对输出成果的评估反馈
4	专项TTT工作坊	就专项TTT工作坊的组织情况（开发团队的参与情况、下一步课程试讲跟进辅导安排）等进行汇报	1）开发团队的出勤率 2）现场课件的呈现情况 3）专家评审委员对课程呈现的反馈 4）外部顾问对课程呈现的辅导反馈
5	课程开发辅导工作坊	就课程开发辅导工作坊的情况及工作坊后的课程优化任务和跟进等进行汇报	1）开发团队在辅导工作坊中的出勤率和参与度 2）内部专家评审委员对课件质量的评估 3）外部顾问对课件质量的评估反馈
6	课程试讲辅导工作坊	就课程试讲辅导工作坊的情况及工作坊后的验收任务和讲师认证工作跟进等进行汇报	1）开发团队在试讲工作坊中的出勤率和参与度 2）课件呈现情况和试讲质量
7	课程验收及讲师认证工作坊	就课件验收及讲师认证情况进行汇报	1）课件验收通过率 2）讲师认证通过率
8	项目总结	项目总结及后续展望，与企业课程体系及内训师队伍的打造结合起来	1）项目总结的全面性 2）与后续讲师队伍管理的关联性 3）后续展望方案的前瞻性

表5-9 基于项目数据的监控要点

行为数据类型	项目前期	项目中期	项目后期
项目参与度数据	线上仪式出勤率、前置课程学习完成率	线下课出勤率、团队积分、个人贡献分、效率分	课后调研与课后评估完成率
学习质量数据	知识能力前测分数	作业质量评分、线下活动能力评分	课后知识考试得分、认证考核评分

注：提前完成任务、提交成果的团队除了可以拿到基本的积分，还可以拿到额外的奖励积分，称为效率分。效率分的设置可以督促晚提交成果的滞后团队不放弃，继续跟上队伍拿到节点分数，同时也可以让积极提交成果的团队展现实力，与滞后团队适当拉开差距。

根据项目中的监控图表和数据找到规律，得出结论，并根据数据的变化趋势找到背后的深层原因；或者基于数据表象，对分析结果进行提炼和总结。只有透过现象看本质，探究可能存在的因素，才能深入挖掘数据的价值。根据数据分析，提前预测项目风险或发现项目进展问题，提出有效的建议及改进对策，为项目管理的决策提供支持。

项目经理根据以上表格和数据，可以清晰地规划项目阶段性成果汇报的节点。当然，汇报既可以采用书面形式，也可以采用专项汇报会议形式；既可以根据不同企业的情况而定，也可以根据项目推进情况而定。整体把握以下原则即可。

向上级汇报：无须将项目计划的所有细节都汇报给公司高层，但需要定期汇报项目的重要信息，建议汇报内容包括基本项目数据、目标的确认、关键里程碑的完成情况、当前的资源（含预算）投入情况、表现突出的人物和事例、项目结束前所需的资源、关键风险点、待决策的事宜等。

此外，除了向上级汇报，阶段性成果还需要向下级通报，从而就项目的相关情况进行知悉和共识。

向下级通报：应定期向项目组所有团队成员通报项目现状，根据项目周期的长短，可每周或每月通报一次，建议汇报内容包括基本项目数据、里程碑的实施现状、项目中的重大事件、表现突出和明显滞后的人物与事例、当前的资源投入情况、与各成员本职工作相关的风险及应对策略等。

组织重要项目会议

项目会议在项目管理体系中属于沟通管理的范畴，组织好项目会议，可以有效地让内外部的团队清楚项目的进度和阶段性成果，同时对项目过程中发现的问题及时进行沟通汇报和处理解决。因此，会议是项目管理过程中有效的监控手段之一，通过组织不同类型的项目会议，可以达到不同的会议目的和监控效果。

在课程开发项目管理中，经常会出现以下几个问题。

➢ 在项目规划时，每个课题都是由开发小组研讨分工，最终输出课件包成果的，可是到了催交课件时发现，其实只有组长一人在开发课程。

➢ 企业的专业审核委员不清楚项目的关键节点，每当审核阶段性成果时，总显得很茫然，非常被动。

➢ 企业内部对课件的专业审核标准和外部顾问对课程的评估标准有分歧。

上述问题的产生，其实可以通过组织项目会议来避免。例如，第一个问题与课程开发团队的沟通有关，第二个问题与企业内部相关利益方之间的沟通有关，第三个问题与企业内部和外部顾问公司的沟通有关。如果能从项目会议中进行监控和纠偏，那么项目就会更加顺利，成果就会更有保障。那么，课程开发项目会议通常有哪几种类型呢？如表 5-10 所示。

表 5-10　课程开发项目会议的常见类型

会议类型	会议名称	会议目的	会议流程
常规会议	启动会	1）项目启动仪式 2）项目目标及实施流程的通报	参见第 4 章的项目启动会流程
	阶段汇报会 1：调研后	1）汇报调研情况 2）对预估的项目风险进行策略研讨	1）开启会议，说明目标 2）项目经理汇报阶段性项目情况及目前的输出成果 3）提出需要研讨的议题及需要各方支持的工作事宜 4）与会人员听取汇报内容，如有疑问，现场研讨 5）共识下一步项目里程碑及各相关方的权、责、利 6）会议收尾，感谢号召
	阶段汇报会 2：课程开发工作坊后	1）汇报工作坊情况 2）对项目产出的课件初步成果进行呈现 3）对某些需要重点关注的课题进行分析 4）共识后续课件成果的跟进安排	
	阶段汇报会 3：课程开发辅导工作坊及提交优化稿后	1）汇报课件的辅导情况 2）对课件的优化成果进行呈现 3）对某些需要重点关注的课题进行分析 4）共识后续专项 TTT 工作安排	
	阶段汇报会 4：课程试讲辅导工作坊及提交验收稿后	1）汇报课程试讲情况 2）对某些需要重点关注的课题和讲师进行分析 3）共识后续验收会和认证会的安排	
	阶段汇报会 5：验收会和认证会之后	1）汇报验收会和认证会的情况 2）共识后续项目收尾工作安排	
特定主题分析会议	人课匹配专题会议	确保开发课题的专业性和开发团队的匹配性	1）开启会议，共识主题 2）主持人根据审核专题会流程讲行相关成果的说明 3）组织相关人员对成果进行审核和提出建议 4）会议结尾，共识行动
	课程大纲审核专题会	审核各课题组的课程大纲	
	授课 PPT 初稿审核专题会	审核各课题组的 PPT 初稿	
	课程"拍砖会"	请讲师试讲部分课件内容，请大家对课件内容和讲授方法提出意见	
应急会议	针对某个问题随时召开	解决某个重点课题、某个项目的突发情况	根据问题解决的流程进行

如果能组织好每个不同类型的会议，课程开发项目就能顺利推进。通过组织项目会议，可以让项目的利益相关方参与和明确各自的权、责、利，充分发挥每个人的作用和价值，让内外部团队高效合作，为最终的项目成果保驾护航。

5.5.2 课程开发者的状态干预

在过程监控中，项目经理除了应监控上述项目节点，还应关注和监控个人。课程开发工作坊结束后，原来的团队开发模式很容易变成个人独立开发模式。要想跟进成果，必须跟进具体的课题组和具体的开发者。该开发者可能是工作坊中由团队委派的主题专家，也可能是该课题的主讲师。开发者在独立承担一个课件50%的开发任务时，会有各种各样独特的心理状态。项目经理需要对开发者的心理状态有更多的理解，而且要有同理心，与其沟通的时候，或者在实际干预开发进度的时候，要注意采用恰当的干预方法，语气和措辞要非常准确。表5-11是根据相应的心理挑战点制定的监控原则及干预方法。

表 5-11 对课程开发者的监控原则及干预方法

序号	监控原则	心理挑战点	干预方法
1	开发者既是团队成员，也是独立的个人	开发者既需要依赖团队，又需要与团队保持一定距离	1）建立团队 2）角色分工
2	"做猪，不做鸡"	有的人只想贡献一点想法，不想承担具体的开发工作	1）匹配人选 2）隐喻提醒
3	山路起伏，按时交付	开发路径像爬山，思考负荷太重，让人难以承受	1）带好给养 2）开心加班 3）课后工作
4	碎片开发，由易到难，保持专注	1）感觉内容量太大，无从下手	碎片开发
		2）感觉太难，行动不起来，有点儿想逃避，想把开发任务延后	获取小胜利
		3）感觉从喧闹的状态进入静默专注的状态太难	1）彼此教练 2）打字仪式 3）找对象感
		4）总是被干扰，总是失败	1）信念干预 2）生理时段
5	接纳爆发式产出模式	想不出点子，总想着到最后一刻再说；认为既然马上要交了，就不要太追求完美了	1）多次集成 2）不求完美 3）多次催促
6	既是监控，也是辅导	谁都不喜欢被人监控，都希望获得自由，自主决策	在关怀和支持辅导下监控

监控原则 1：开发者既是团队成员，也是独立的个人

第 2 章特别强调了两点。

一是要设计课程开发工作坊，让团队成员在工作坊中集中，保持团队的爆发力，把课件中最困难的部分用团队的力量集中开发出来，并让团队达成共识。

二是项目设计要有一定的分散性，让开发者离开工作坊后，利用个人时间分阶段开发、碎片化开发。

以上的集中和分散看似矛盾，实际上匹配了开发者的心理状态：开发者既是团队成员，也是独立的个人。当遇到比较困难的讨论点时，就用协作的力量集体攻克；当遇到难度低且需要持续做的工作时，就用独立的力量分散攻克。这样才能把团队和个人的最佳优势实现最佳匹配。

心理挑战点：开发者既需要依赖团队，又需要与团队保持一定距离。

干预方法 1：建立团队。一定要在规划和启动阶段形成团队，在工作坊中培养团队的信任感，给团队充分的沟通时间，聚焦复杂的问题，共识解决问题的框架。

干预方法 2：角色分工。在工作坊中识别出团队中的每个角色，在工作坊结束前，提醒团队成员做好分工，指定相应的成员完成后续的收尾工作。项目经理在工作坊结束后跟催课题组组长，或者直接跟催负责课程开发收尾工作的人。

在干预过程中，可使用课程开发团队行动计划表这一工具，如表 5-12 所示。

表 5-12　课程开发团队行动计划表

XXXX 课程开发团队行动计划						
序号	行动（任务）	输出文件	支持人	开始时间	结束时间	进度跟踪

监控原则 2："做猪，不做鸡"

敏捷项目管理的专业群体中流行一个非常有名的漫画（见图 5-3）。漫画上画了一只鸡和一头猪。鸡对猪说："嗨，猪哥，我在想，我们是不是应该一起开个餐馆啊？"猪问："我没什么想法，那餐馆叫什么名字呢？"鸡说："就叫火腿鸡蛋店怎么样？"猪马上惨白着脸回应道："谢谢了，还是算了。你投入的就是一个蛋，我投入的可是我的腿啊。"敏捷项目管理的专业人士提醒团队成员要做个实实在在有贡献的猪，而不是做个空有想法、讲完想法就拍屁股走人的鸡。

图 5-3 "做猪，不做鸡"漫画故事

心理挑战点：有的人只想贡献一点想法，不想承担具体的开发工作。

干预方法 1：匹配人选。在前期召集开发团队的时候，要特别留意。很多习惯扮演领导角色和销售角色的人，思维敏捷、表达流畅，在讨论阶段会做出很多贡献，但在制作课件时会出现怠工状况。如果预测到这种情况，一定要在团队组建阶段就避免这些人的协同问题。为他们适当地匹配助理或秘书，能很好地解决全组人员"只动嘴，不动手"的问题。

干预方法 2：隐喻提醒。在组建团队及制定团队公约环节，可以提前进行心理建设，向团队成员讲"做猪，不做鸡"的漫画故事，号召大家做实实在在有贡献的课题组成员。在开发过程中，如果出现只贡献主意、不参与课件制作的情况，也可以向团队成员讲这个隐喻，让他们进行自我反思，及时调整角色状态。

监控原则 3：山路起伏，按时交付

心理挑战点：开发路径像爬山，思考负荷太重，让人难以承受。

课程开发路径如图 5-4 所示。

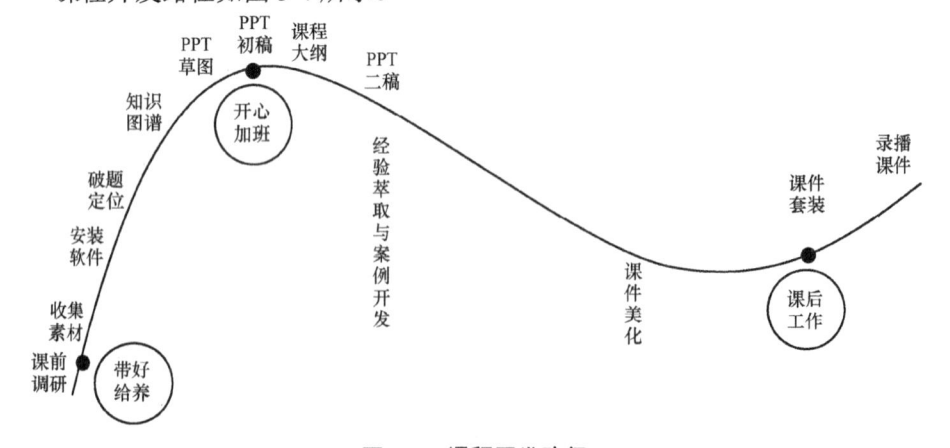

图 5-4 课程开发路径

干预方法 1：带好给养。在项目开始前，不断地跟进和强调课前调研与收集素材的重要性。在工作坊前或工作坊报到环节收集一次课件素材，检查一下学员的素材准备度。提醒学员在"爬山"前就带够给养，这样才能保证最后如期爬到"山顶"。

干预方法 2：开心加班。把课程开发工作坊第一个晚上的晚餐、宵夜和水果准备好，说服大家留下来，让大家开开心心地加班，把白天讨论的成果完整地整理到PPT 中。这是确保整个团队能够高质量地达到山顶、输出 PPT 初稿的最好选择。

干预方法 3：课后工作。在制作课件套装时，特别是在写讲师手册时，很多开发者都会进入痛苦的写作状态。在这个阶段，一定要提醒开发者使用周末的独处时间，关掉手机，设定目标（如完成多少页的讲师授课备注）。

监控原则 4：碎片开发，由易到难，保持专注

心理挑战点 1：感觉内容量太大，无从下手。

干预方法：碎片开发。在工作坊中提倡用敏捷式课程开发方法，用便利贴的形式设计授课 PPT 草图，并利用草图实现快速分工。每个人承担一小部分工作任务，将便利贴转化为 PPT。即使是制作 8 页的 PPT 材料，对很多平常不怎么使用 PPT 的人来说，也是个挑战。这个时候，可以继续"切割"工作任务，把找图片当作一个小任务单独操作，一次性把图片全部下载好，保存到一个文件夹里；也可以一次性设计好每个页面的配图格式；还可以一次性把授课备注的文字格式填写好，待下次逐页填写具体内容。

心理挑战点 2：感觉太难，行动不起来，有点儿想逃避，想把开发任务延后。

干预方法：获取小胜利。要认同开发者的这种感受，因为这是非常正常的感受。课程开发过程中需要很多的刻意思考时刻，在这些时刻，需要深度思考，也需要反思寻找和灵感。此时提醒开发者把手头的任务再做一次碎片化处理，挑其中最容易的一部分在当下完成。完成这部分任务带来的胜利感，可以鼓励开发者继续向难度更大的碎片任务发起进攻。

心理挑战点 3：感觉从喧闹的状态进入静默专注的状态太难。

干预方法 1：彼此教练。在工作坊制作课件初稿的环节，如果开发者感觉无法进入状态，无法清理大脑中的各种杂念，可以请其找到组内的一位搭档，相互做一次教练，按照如下程序进行一次对话。

- 你现在心里面有什么事情？是否需要逐一列下来？有哪些是必须回应的？有哪些是可以在 2 小时后回应的？
- 现在手机可以关机了吗？

- 你今晚要完成的任务是什么？
- 过程中可以不调字距、不调颜色、不做常规的美化处理吗？（专注于高价值的事情，保证完成度）
- 你今晚能创造的最高价值是什么？
- 如果顺利完成了任务，你将如何庆祝成功？（散步、游泳、晚上看会儿电视、吃个夜宵、吃个冰激凌……）

干预方法 2：打字仪式。 如果开发者在工作坊结束后独立开发课程，项目经理需要干预其投入状态，可以创造一个进入状态的独特仪式。项目经理通过录制视频或发送语音的方式，在微信群里给开发者发一段暖心的提醒。可以提醒开发者在开始做课件前，用一张白纸盖在电脑显示屏上，同时用手机播放自己比较喜欢的歌曲，跟着旋律，闭着眼，快速把歌词打出来。在这个过程中，充分享受键盘在手指尖啪啪作响的声音，让自己进入一种连贯创作的状态。5 分钟后，把白纸拿开，看一下自己的打字成果。如果有错别字，也不用担心，开心一笑即可，关键是要找到一种连续的、投入的工作状态。

干预方法 3：找对象感。 让开发者找到对象感。如果开发者能想象听众托着腮认真聆听的画面，就能找到讲师的状态，按照实际授课的口吻写出讲师手册中的文字版授课备注。

心理挑战点 4： 总是被干扰，总是失败。

干预方法 1：信念干预。 如果遇到这种情况，意味着开发者已经启动了开发工作，只是暂时未成功。此时，项目经理可以鼓励对方找合适的机会重新启动。说一句有信念性的话："低质量的坚持好过放弃。"

干预方法 2：生理时段。 遇到这种情况，项目经理可以尝试问一下对方的生理节奏，如是否可以在晚上 11 点至凌晨 2 点或早上 4 点至 7 点，在身体不算太疲惫且没有人打扰的时间制作课件。

监控原则 5：接纳爆发式产出模式

心理挑战点： 想不出点子，总想着到最后一刻再说；认为既然马上要交了，就不要太追求完美了。

干预方法 1：多次集成。 在项目中多设计几个交付节点，把课件包拆开，逐个交付。很多人习惯把任务拖到最后一天、最后一刻。这种习惯看似不好，但实际上很多人把任务领下后，一直在慢慢地储备能量，将任务在脑中加载、酝酿，每天在工作间歇，在树荫下散步时，在洗澡时，会突然冒出一些灵感。这些灵感会支撑课件中的一些关键的新知识点或有创意的授课方法。这种创作模式与每天练一小时毛笔字是不一样的，前者是靠平时的酝酿，最后一次性爆发。而且很多人在最后爆发时刻，快速写完一段，找到成功的感受后，会趁势跟进，一气呵成。因此，项目经理可以多设计几个交付节点，让开发者一次次爆发，通过一次次冲刺，跑完"马拉松"。

干预方法 2：不求完美。提醒开发者，不必追求完美，先交出一稿，随后进行迭代。不要让开发者因过于纠结不完美而迟迟不交课件。

干预方法：多次催促。著名作家、诗人余光中，在一生的创作中饱受截稿日期的压力。他说在他的所有作品中，一半是写出来的，一半是被逼出来的。其实很多成熟的作家都会遭遇不断被催的情况。因此，开发者要接受"被不断地催"的"宿命"。最后，送给开发者一句话："将来的你，一定会感谢现在拼命的自己。"再送给项目经理的一句话："催吧，催吧，不是罪。"

监控原则 6：既是监控，也是辅导

心理挑战点：谁都不喜欢被人监控，都希望获得自由，自主决策。

干预方法：在关怀和支持辅导下监控。不要认为监控就是看犯人，每次跟催的过程其实也是不断关怀、支持和辅导的过程。让开发者不断得到同理、辅导、支持和鼓励，他就不会有被压榨和被逼迫的感觉，项目经理也不会有"看犯人"的尴尬和负罪感。有了这样的跟催和碰撞经历，双方才能产生更多交集和交情，让这段经历最终变成双方的职场友情和美好回忆。

5.5.3 偏差影响分析

在运用上述监控手段和方法监控整个项目的过程中，如果发现项目有偏差，怎么办呢？

首先，依据偏差影响分析表（见表 5-13）分析偏差属于哪种类型；然后，对应地进行分析和响应。这里将通过案例 5-1 来阐述偏差影响分析。

表 5-13 偏差影响分析表

项目名称：	分析日期：	
价值偏差：		
计划的结果	实际结果	偏　　差
根本原因：		
计划的响应：		

续表

质量偏差：

计划的结果	实际结果	偏　　差

根本原因：
计划的响应：

范围偏差：

计划的结果	实际结果	偏　　差

根本原因：
计划的响应：

进度偏差：

计划的结果	实际结果	偏　　差

根本原因：
计划的响应：

成本偏差：

计划的结果	实际结果	偏　　差

根本原因：
计划的响应：

案例 5-1　出现偏差不可怕，分析影响从容应对

背景：

C 物流企业组织一线主管干部开发一批与质量、文化、安全相关的管理课程。大家都是第一次参加 TTT 培训，过往也没有相应的课程开发经验。在项目第一阶段的课程开发工作坊中，人力资源总监发现，尽管大家在课堂上已经很认真地听了，但现场演练的效果和产出都不尽如人意。再结合他们日常撰写内部公文和工作总结时的表现，人力资源总监做出了以下判断：如果按原项目方案进展，这批学员估计无法交出符合质量标准的课件，甚至连交付的进度都无法保障。培训结束后，人力资源总监在与执行小组讨论这一情况时，建议项目经理与培训机构协商，追加一对一的辅导服务，请乙方内部协调资源。这样的建议让乙方的项目顾问犯难了。

过程：

项目经理结合偏差影响分析表进行了详细分析，认为看似甲方的项目范围没有改变，但对乙方来说变更了服务方式，扩大了项目范围。而对甲方来说，这一变化带来的后果可能是合同变更和项目成本的增加。

成本偏差：

项目中出现的成本偏差如表 5-14 所示。

表 5-14 项目中出现的成本偏差

计划的结果	实际的结果	偏 差
按合同采购培训服务，交付 2 天的课程开发工作坊	需要乙方追加一对一当面辅导服务	按讲师授课费折算，需要增加至少一天的培训费用，约 3 万元，还需要支付讲师的食宿差旅费用
根本原因：一线主管难以达到内部讲师的选拔标准，部分学员的理解能力偏弱，逻辑思考能力和 PPT 制作能力均达不到要求			
计划的响应：整合甲乙双方资源，在不变更合同内容的情况下，做有针对性的调整和资源匹配，对关键问题进行分析，通过多种方式进行干预			

通过分析偏差影响，项目经理与培训机构做了一次远程电话沟通，说出了自己的担心和为难之处，请对方予以理解。双方协商后达成的共识是：对于每个课件的反馈，再进一步细化，除过往的课件评审打分制和总体意见反馈外，还要在授课 PPT 上做详细的批注，并提供一个录屏版的微课式反馈，这样学员会有现场沟通的感觉，更容易理解反馈内容。提前排查"困难户"，增加一次半天的现场辅导，这次现场辅导无须占用讲师的时间，请培训机构的专职顾问来现场即可。这样就节省了讲师课酬。请顾问选择合适的时间来公司辅导，并向公司申请专车接送，这样也节省了差旅费用。

> **结果：**
>
> 原来被定义为"困难户"的学员不再抱怨讲师的授课内容复杂，在辅导后有了思路，知道该如何调整每页PPT内容，比预期更快地做完了课件。在最后的项目评审阶段，参加评审的业务部门负责人也感叹学员的授课PPT超出了他的预期，对人力资源部的项目组织能力和一对一辅导能力大加赞赏。

5.5.4 需求变更的应对策略

在项目监控过程中最容易出现的偏差就是需求变更。目前很多企业都没办法在项目前期做好项目规划和启动预热，使项目仓促启动，自然会在过程中遭遇各种需求变更。另外，企业的外部环境变化太快，连高管都无法预知这些变化，课程开发的响应速度自然也跟不上环境变化的速度。在众多需求变更中，我们会重点关注3类影响力比较大的：**战略、业务和人员**，具体体现为某些开发课题方向的变更、开发课题数量的变更、开发团队成员的变更、输出课件成果时间的变更等。相比而言，这些需求变更的应对策略并不复杂。项目经理需要具备以下3种品质。

定：冷静淡定。 遇到项目需求变更不惊慌，不抱怨，淡然处之，沉着应对。

思：展开思考。 分析为什么会出现这样的需求变更，需求变更的具体要求是什么，以及提出变更的主体到底要解决什么问题。

行：有效行动。 需求变更后，要迅速采取有针对性的有效行动，并随时关注和检验行动效果。

> **案例5-2 因战略方向调整而产生的需求变更**
>
> **背景：**
>
> 随着4G网络的快速布局和网格化营销的兴起，T公司在今年年初制定了新的发展战略：大幅削减自有营业厅店面数量，强化终端的营销覆盖能力，为自有营业厅人员提供转型培训，迅速分流，使他们快速转型为渠道的驻店经理。该培训项目最初的需求是开发结构化课程，满足该批驻店经理和骨干员工的转型培训需求。本着快速响应战略变化的原则，该项目

早早通过了公司审批,在大多数营业厅人员还没有正式转岗到驻店经理岗位时就已经正式启动了。

挑战:

在课程开发项目前期的酝酿过程中,项目组经过调研发现,现有目标群体没办法满足课程开发的交付需求,原因除了时间紧,更关键的是目前还没有全面了解驻店业务的业务专家。在驻店管理过程中,驻店经理身份复杂,人际关系复杂,办卡卖套餐等业务申请流程也会出现各种变化。毕竟这只是变革初期,几乎没有现成的经验可以参考,岗位转型所需要学习的知识和技能很难以课件的形式逻辑地、系统地呈现出来。针对这个难题,项目组成员各抒己见。

过程:

根据项目组成员的反馈和建议,培训公司的首席顾问首先给出了判断:这批转型的驻店经理更需要实战性的案例学习,从实战经验中直接吸收知识、复制技能。他给出的项目解决方案是:行动学习+主题学习+案例学习。一方面引入"基于行动学习的问题分析与解决""非权威的影响力"两门课程,让转型人员就转型中遇到的实际问题进行讨论,并就"影响力"这一主题展开专题学习;另一方面调整课程开发的方向和成果输出的标准,由主讲老师制作相应的手册框架和案例模板,按手册模块分小组进行团队共创,萃取现有转型案例,并汇总成册。现场经过老师和顾问的辅导,最终输出一本案例手册。

结果:

整个项目按照首席顾问给出的项目解决方案执行了,学员们通过行动学习的方式找到了转型的关键问题点,并形成了初步的解题框架。影响力的主题培训正好切中转型中尴尬的身份问题,让学员们更清楚自己未来的角色定位和技能空间。案例集的开发是在项目的第二阶段进行的。项目组根据前期调研成果,把驻店经理转型分为六大步骤,并将参加工作坊的现场学员分成6个小组,每个小组负责一个步骤,一起讨论形成了驻店经理的转型案例学习手册。在案例编写过程中,大家还进行了现场的角色演练,让转型场景在案例开发现场逐一浮现。

很多学员都没有想到自己在撰写案例的过程中收获满满。在课堂上,分散在全省各区域的经验被快速汇聚。经过这次案例开发工作坊,营业厅人员转岗后的心态更平和了,对未来的岗位工作也更有信心了。这本案例手册最终成为1 000多位转型者的手边速查宝典和个人职场转型纪念手册。

案例 5-3　因业务方向调整而产生的需求变更

背景：

R 燃气公司位于广东，燃气业务关乎民生和当地的工业生产，所以该公司的业务一直比较稳定，并且每年有增长。人力资源部在今年年初提出了新的讲师培养和认证计划，希望丰富公司的课程库和试题库，并认证一批新的内部讲师。

挑战：

公司领导在前期提出了课题开发要求：结合公司新的业务发展需要，开发一门专属课程，所以"节能减排"这个课题被纳入课程开发清单。公司从某"985"学校新引进的人才张博士成为这个课程的主力开发者，大家都对他充满了期待。

过程：

在课程开发工作坊现场，课程开发主讲师发现张博士听课很用心，领悟力极高，现场的配合度也很高。唯一遗憾的是，他在画知识图谱时，无法将节能减排的整个项目过程和要点清晰地罗列出来，导致这门课程的开发进度比较滞后。经详细了解发现，原来节能减排是公司的新业务，正处在试点洽谈阶段，公司还没有完整地实施过节能减排的相关项目，新来的张博士更没有经历过完整的项目流程，所以单靠博士强大的逻辑思维，很难快速罗列出整个项目进程。

结果：

"节能减排"课程在培训现场没有开发出来，在培训结束两个月后也没有提交。课程开发主讲师建议张博士在自己擅长的领域先开发并提交一门课程，满足本次项目的讲师认证需求，这样也不至于丢了面子，让大家失望；同时做好规划，主动找机会进入最新的业务领域，主导一次与节能减排相关的项目，有了切身的一线体验后，就有足够的材料开发培训课件了。

案例 5-4　因人员调整而产生的需求变更

背景：

Z 咨询培训公司为拓展培训业务，提升品牌形象，打开培训市场，特别邀请了一位培训业内大咖担任研发总监，集聚教练领域的前沿知识，开发了一门系统、时尚又实战的团队课程雏形。理论模型和市场宣传方案都已经根据前期的研讨搭建完毕，目前正等待课程深度开发并转换成完整的课件包后推向市场。

挑战：

由于课程开发团队在磨课过程中发生了一些理念冲突，大咖老师感觉很受打击，团队关系一度紧张。再加上大咖老师在研发阶段一直没有授课机会，个人收益大受影响，最终，他选择了停止课程研发工作，正式离职。公司总经理苦心挽留，但没有成功，整个项目的研发进度因此停滞。

过程：

基于这个情况，Z咨询培训公司总经理找来了业内知名的课程开发专家，组织外部理论专家和内部顾问团队一起开了一次专题研讨会，商讨方案，拯救该课程开发项目。课程开发专家基于项目背景设计了一个专题引导工作坊，引导大家进入自己的团队开发角色，并结合课程开发流程，逐一审核了现有的课程主题、市场需求、课程模块、知识内容、教学活动、结构模型、未来开发规划等，并通过一系列活动和沟通，让大家重构信任，重建信心。

结果：

整个研发团队在现场就物色到了合作意愿强且有现成课程知识框架的老师。双方协商后，进行了深度合作和包装，在原有课程的基础上构建项目的初阶课程，再引入其他两位大咖老师，补充开发后续的知识进阶课程和技术精进课程。最后，停滞半年的课程开发难题迎刃而解，整个公司不再被阴霾笼罩，大家又找到了新的方向和动力。

以上几个需求变更案例是人们在课程开发项目过程中会遇见的部分情形，针对类似的情形，总体可以参考以下应对策略。

降低期待

这个策略相当于对课程开发成果的输出要求进行适当的调整。例如，原来要求每个课题组输出课件5件套（课程大纲、授课PPT、讲师手册、学员手册、工具箱）。如果有个别课题组成员有变更，或者大部分课题组成员反映本职工作繁重，对 5 件套的交付压力很大，那么可以考虑只输出主要的 2～3 件套（课程大纲、授课 PPT、讲师手册）。

放宽时间期限

使用这个策略时建议抓大放小，即大的项目时间期限先不变，对个别课题组放宽时间期限，再酌情使用"降低期待"的处理技巧。

重新规划调整策略

这个策略是指在分析变更需求后采取有针对性的调整策略。例如，针对快速发展业务的支撑，选用微课形式开发，或者选用岗位带教指引的形式快速开发，等等。

最后要提醒的是，本章所列的监控和干预方法并未穷尽，仅供参考。如果不能真正以课程的未来学员、未来学员领导的身份来审核课程内容，这些专业的监控和干预方法都会沦为形式主义。此外，本书是一本关于项目管理的图书，一直强调要在项目范围内做事，但最好的监控要敢于不断挑战资源限制，把事情做到最好。

思考题

1. 项目管理要管"质"和"价"，这里的"质"和"价"分别指的是什么？
2. 监控有哪 3 个角色定位？
3. 监控需要把握哪 3 个原则？
4. 课程开发项目价值的监控表中提及了哪些监控点？
5. 课程开发项目质量的监控表中提及了哪些监控点？
6. 课程开发项目会议通常有哪些类型？
7. 对课程开发者的状态进行监控的 6 个原则分别是什么？是否还有其他的状态需要监控？
8. 当课程开发者面对"开发路径像爬山，思考负荷太重，让人难以承受"的心理挑战时，可以使用哪 3 种干预方法？
9. 影响力比较大的需求变更通常有哪 3 类？
10. 应对需求变更时，项目经理需要具备哪 3 种品质？

第 6 章 收　尾

可以将收尾理解为"结项",或者理解为"项目验收及延展性的设计"。在收尾阶段不仅要回顾过去,更要展望未来,回顾项目实施各个阶段的细节和成果,总结经验,运用知识管理的思维来做材料梳理和归档,推动成果后续应用的项目设计,并让本次项目为后续类似项目提供充分的参考和决策依据。

在收尾阶段,主要内容有以下几项。

1. 项目收尾的常见误区与最佳时间。
2. 项目收尾的 4 件要事。
3. 成果宣传及后续推广应用。
4. 持续优化和升级策略。

在课程开发项目管理中,收尾指的是站在合同的角度正式验收产品、服务或成果,站在项目复盘的角度总结经验教训,存档与管理知识。那么,项目收尾具体指的是什么？项目收尾包括但不限于以下 4 件要事。

> **编辑视觉型项目回顾材料**：对项目各阶段的经典场景和图片进行整理、筛选和编排,配合音乐进行呈现,为结业仪式和社群互动增加美好温馨的回忆。

> **撰写项目总结报告**：紧紧围绕项目规划阶段确认的验收标准进行过程及成果的报告呈现。围绕项目的价值目标意味着报告内容不仅包括对过程的感性回顾,也包括对项目是否达到目标、具体达到哪些目标的理性分析与总结。

> **完成规范的合同收尾**：有些企业引用了第三方培训供应商或人力资源咨询供应商,与供应商签订了项目的相关合同和协议,应按照合同条款进行相应的收尾工作,不仅包括工作验收清单,也包括相应的费用决算等。当然,如果是企业内部自主开发课程,也需要把课程开发成果交给相应的需求部门签收。

> **做好项目复盘和后续行动规划**：有些企业会将这项内容融入项目总结报

告中完成；有些企业会单独形成一个规划方案，站在企业知识管理及培训体系建设、人才发展规划的角度对本次项目进行经验总结，并扬长避短，为后续的项目提供有价值的参考。

6.1 项目收尾的常见误区与最佳时机

6.1.1 项目收尾的常见误区

俗话说，好的开始是成功的一半。对课程开发项目来说，一个好的收尾，能保障项目的成功。通过项目的收尾工作，向企业内外部的所有项目相关方表明：该项目计划中的每项任务都完成了，该验收的成果也验收了，可以给项目画上句号了。打个形象的比喻，就像人们出门、进门时都会跟家人说"我出门了""我回来了"一样。项目收尾的主要工作就是明确在项目启动之初确定的目标的达成情况。

那么，如何有始有终、圆满地做好项目收尾工作呢？虽然越来越多的企业开始按照规范的流程进行项目管理，对项目管理这一概念的认识也日益加深，但在我们了解和接触的一些项目中，仍存在虎头蛇尾的情况。

➢ **有成果，没梳理**。把课件成果催收回来后就草草结束项目，没有组织任何总结会议或成果发布会。因为没有任何总结梳理的过程，所以就很难清楚且量化地介绍已经交付的成果。

➢ **有报告，没传播**。有些与供应商签订了项目合同的企业，以在验收报告上签字作为项目的结束，并没有像召开项目启动会那样，召集项目的利益相关方召开项目结项会议，让项目成果失去了后续的辐射和传承机会。

➢ **有课程，没应用**。课程开发的最终目的，是让培训发生，让培训产生价值。但大多数企业在项目结束阶段，都缺乏对成果应用的进一步思考，导致辛辛苦苦开发的课程变成了库存，精心培养的讲师变成了摆设。为了避免这种遗憾，在项目收尾阶段需要围绕课程的应用做重点的分析和讨论。

➢ **有会议，没沉淀**。有个别企业在完成课程开发验收、讲师认证后，会举办相应的项目总结会，但在项目总结会中，往往只是让领导讲一下项目过程中的不足和有待提升之处，没能对项目做系统的内外部复盘，也没有对过程知识资产的整理提出新的要求，更没有对会后的具体跟进动作和文档沉淀工作进行规划。等未来再次实施同样的项目时，新的项目经理或新的项目成员无法看到以往的项目资料，很多工作都得重新来过，导致项目内容重复，而不是在原来的基础上有所超越。

针对上述问题，需要对收尾工作做更深刻的认知和更细节的把控。

6.1.2 项目收尾的最佳时机

很多项目经理会陷入一个误区：项目收尾工作仅指项目快结束时需要重视和完成的工作。这个误区可能会导致项目收尾不顺利。其实，项目收尾绝不仅指项目结束时的那个时间节点，而是一个过程。收尾的过程在项目中期靠前的阶段就已经开始了，只是直到项目收尾阶段才成为一项重要活动。

项目经理经常忽略的一点就是项目收尾的开始时间。大部分项目经理都是在项目后期才开始重视收尾工作的，因此经常出现该准备的没有准备、该考虑的没有考虑的状况，导致临近项目收尾时手忙脚乱、东拼西凑。试想，项目经理如果能在项目早期分析、锁定项目的利益相关方，了解不同利益相关方的验收标准和验收流程，那么即便在实际验收时出现问题，也能做到有备而来，果断启动风险预防机制，化险为夷，把项目的正面影响最大化。

为了让项目的收尾工作顺利进行，在项目过程中要注意阶段性成果的验收。以最终验收标准为导向，准备相关材料，及时收集项目过程中的相关信息和问题，为整个企业的培训体系和人才发展建设工作走好坚实的每一步。

此外，还有一个值得关注的问题是，人们往往倾向于将信息、资料存档，作为证据以备不时之需。然而，对于未来可能有用的项目信息、数据和资料，没有将其作为经验教训进行深入思考。因为没有对过往的总结思考，导致没有办法回答新问题或获得新决策的依据。因此，一定要在项目执行过程中定期进行收尾活动。

6.2 项目收尾的 4 件要事

前面我们提及项目收尾有 4 件要事：编辑视觉型项目回顾材料、撰写项目总结报告、完成规范的合同收尾、做好项目复盘和后续行动规划。下面，我们结合经验逐一分享这 4 件要事的关键点。

6.2.1 编辑视觉型项目回顾材料

有些项目经理觉得学习视频剪辑技能是一件非常费时费力的事情，从而不愿意触碰编辑项目总结视频这个任务。这里我们不提复杂的专业影视公司的视频剪辑技能，而是介绍如何运用比较便捷的工具输出高效的项目总结视频。例如，用 PPT 做好总结内容后，配上有渲染效果的音乐，将其转化为视频；将准备好的经典图片和用手机拍摄的一些小视频用"剪映"等手机软件编辑，在编辑的过程中可以添加一些必要的说明文字。作为项目经理，需要学会运用一些简单的剪辑软件，或者让有视频剪辑技能的项目成员来完成此项工作，由项目经理在过程中对视频的内容和所要达到的目标进行把控。

项目总结视频的素材离不开经典的照片，好的项目照片又离不开日常的积累。用手机拍照这个技巧看起来普通，却很重要。养成随手拍照的习惯，能为收尾时的报告或回顾视频做好充分的素材和证据准备，也能给一个漂亮的总结报告和总结视频增色不少。如果按照项目管理的关键节点进行分类，需要关注以下关键场景的拍照取景，如表 6-1 所示。

表 6-1 关键场景的拍照取景

项目管理阶段	关键场景的拍照取景建议
规划阶段	需求共识的研讨场景：各利益相关方的碰头会
启动阶段	1）调研的关键人面谈 2）选人选题的关键环节 3）项目启动会上主持人发言、领导发言、宣誓场面、集体合影
执行阶段	1）课程开发工作坊 ● 团队照片：团队破冰融合的场景、团队成员开发进度管理 ● 个人照片：专注倾听、接受辅导、上台演讲、面对电脑认真开发的样子、参与活动的欢乐场景 ● 现场照片：教室宣传与布局、文具摆放、茶歇区布置 ● 工作人员：现场支持工作 2）专项 TTT 工作坊 ● 讲师的培训场景：开场、关键活动的带教、一对一辅导 ● 个人照片：上台试讲、专注倾听 3）课件包验收及讲师认证 ● 评委嘉宾的精彩点评 ● 讲师上台领取证书 4）线上社群日常管理中具有代表性的截图 5）跟催成果时的一对一沟通中具有代表性的微信截图
收尾阶段	典礼照片：典礼现场布置与氛围、证书与奖品、领导发言、优秀团队、优秀个人、与证书合影

除了按照以上项目阶段取景，还应该学会拍照小技巧，这样才能保障培训照片达到更高的拍摄水准，同时也能照顾到项目总结、新闻报道和个人收藏转发的

多重需求。以下是几个拍照小技巧。

> **抢拍**。课堂氛围活跃时马上拍，这个时候能抓取学员更精彩的表情和更具表现力的瞬间。

> **多拍**。每次多拍几张，避免出现场景好但人物闭眼睛的情况，还有机会在多张照片中选出姿势、光线、表情更合适的一张。注意变换拍摄角度，顺便把带有项目标识的横幅拍进来，这样可以多获得几张有现场纪念意义的照片。为每个学员多拍几张照片，有助于捕捉学员的精彩瞬间，方便学员发朋友圈，为项目制造宣传效果。

> **近拍**。尽可能靠近拍摄对象，尽可能蹲着拍，这样拍出来的人物形象会更高大。那到底多近才算近？如果用手机拍摄，最好与拍摄对象保持2米以内的距离，当对方表现出一定的不适感时，就说明够近了，这时可以抓取到更好的画面。拍照的时候尽可能做到快进快出，让演讲者感受到你正在拍照，但又不会拍很长时间，以免对演讲者造成干扰。

6.2.2　撰写项目总结报告

项目总结报告既要区分汇报对象，也要区分报告目的。通常情况下，有两类汇报对象，一类是人力资源部/学习发展部，应站在人力资源的学习发展角度对项目进行回顾总结；另一类是需求提出部门，应站在需求提出部门的角度，对需求的满足、目标的达成、成果的输出等进行总结汇报，如表6-2所示。当然，有时候这两类汇报对象是同一个，则不用做区分。

表6-2　项目总结报告的两类汇报对象

汇报对象	涵盖的内容	成果范本
人力资源部/学习发展部	1）根据项目实施计划回顾每个里程碑 2）呈现每个里程碑的输出成果 3）成果对利益相关方的意义和价值	项目总结报告——面向人力资源部/学习发展部
需求提出部门	1）回顾在项目规划阶段相关部门提出的需求和目标 2）将项目过程中如何满足需求、实现目标的过程信息和数据进行呈现、总结 3）罗列成果和项目价值	项目总结报告——面向需求提出部门

除了上述两类汇报对象，还有一个非常重要的汇报对象，那就是公司的高层领导，通常由人力资源部站在公司学习发展和人才发展的角度，在完整的报告中抽取一部分进行呈现汇报。

6.2.3 完成规范的合同收尾

这一步与上一步是有区别的,可以把上一步理解为行政项目收尾,将这一步理解为商务合同收尾。行政项目收尾是指对项目工作进行全面、系统和深入的回顾,进行项目后评价,思考"如果有机会重新做,该项目可以如何改进",把有关经验教训提炼出来形成文档,使其成为过程知识资产的一部分。商务合同收尾是指对照相关合同条款进行合同验收,包括工作完成情况、成果验收和移交、价款结算和争议解决等。在商务合同收尾过程中,需要向财务部汇报两类材料,如表 6-3 所示。

表 6-3 向财务部汇报的两类材料

汇报对象	材料内容	成果
公司财务部	根据项目合同或相关协议拟定的项目验收工作清单及要求,列明对应的财务数据和其他相关数据	项目验收表
	申请项目费用所需要的表单和票据	费用报销单、粘贴单(用于粘贴票据附件)、借款单(用于申请临时业务备用金)

项目费用申请原则

如果想让项目费用及时地通过财务审批,应特别关注财务部的审核原则,如果违反这些原则,就会遭到财务部第一时间的拒绝,给自己和供应商带来麻烦。因此,在申请项目费用时,应遵循以下几个原则。

原则 1:先审批后报销。企业的费用支出应先审批后报销,未获得审批的不能报销。

原则 2:合理、合法、真实。报销费用必须以合理、合法、真实为依据,原始发票不能涂改、伪造。实际发生的业务不能使用与实际业务无关的发票。

原则 3:按公司规定的流程审核签字。报销单必须按公司规定的程序进行审核签字。与报销有关的资料文件必须附在报销单后面。公司财务报销制度中如果规定了相应级别领导的审批权限,要找相应的领导签字。

此外,费用报销一般有相应的期限,最好在费用实际发生期间申请报销,当月发生当月报销。如果拖延的时间较长,如超过 2~3 个月,或者跨年报销,可能会遇到麻烦。如果财务人员认为根据公司规定不能报销,就需要大费周章,协调上级领导进行跨部门沟通,这会给人留下项目管理经验不足的印象。

项目费用发票注意事项

要区分发票类型

发票一般分为两类，一类是增值税专用发票，另一类是增值税普通发票。需要提前与财务部沟通好发票类型。具有一般纳税人资格的企业大多数都需要增值税专用发票。

要区分发票内容

课程开发项目的发票内容一般分为两类，一类是咨询费，另一类是培训费。需要与财务部和供应商在开发票前做好沟通与确认。咨询费一般是指提供和策划财务、税收、法律、内部管理、业务运作和流程管理等信息或建议的业务活动发生的费用。培训费一般是指用人单位为员工提供专项培训的费用，一般在职工教育经费科目核算，符合条件的，可按一定比例在税前扣除。因此，从财务人员的角度看，更希望获得培训费发票。但是，大多数中小型咨询培训公司受经营范围和资格所限，只能开管理咨询费类发票，所以需要在项目前期明确发票内容，免得在项目收尾报销阶段节外生枝。

要检查发票抬头、纳税人识别号是否正确

- 提交的发票抬头必须是公司全称，发票抬头必须与合同保持一致。
- 发票抬头中不能有任何错别字，不能少字。
- 发票抬头中的纳税人识别号必须核对准确。
- 增值税专用发票还应有开户行信息及公司地址与电话。

要检查发票细节

- 发票上的发票专用章必须清晰可辨。不可以在同一位置重复盖章或在同一张发票上盖2个章。发票专用章上的名称必须与收款单位名称一致。
- 发票填制内容与发票种类相符。一般情况下，发票金额与支付的金额一致。发票开具的内容也要与合同内容一致。
- 随附的明细清单必须是票控系统打印出来的，并加盖发票专用章。
- 发票打印清晰，不能手工涂改，密码不能超出密码打印区域。
- 发票上的收款人、复核人、开票人信息不能为空。

项目经理如果能掌握以上原则和审核细节，并与财务部有长期的磨合经验，在与咨询培训公司协商开发票的过程中就能及时获悉发票内容，提前进行审核，在审核过程中及时与财务部确认，从而更好地保证项目费用支付申请文件一次性通过。这样不仅能让自己提升工作效率，还能通过流畅的项目费用支付过程保障合同支付义务的按期履行，维持与供应商之间的信任，实现真正的甲乙方双赢。

6.2.4 做好项目复盘和后续行动规划

拥有开放的学习文化和成长思维的企业，会特别重视项目复盘这个环节，因为这个环节不仅可以确保项目的过程组织经验得到反思和沉淀，还可以促进团队成员的成长，激发团队成员对项目进行深度思考和意义重塑，成为激励团队成员的关键动作。同时也要注意不要把项目复盘做成形式主义，只是跑过程、耗时间；也不要把项目复盘当成政治工具，用来打压异己。

项目复盘的类型如表 6-4 所示。

表 6-4 项目复盘的类型

类型	涵盖的内容	成果
内部经验分享	由企业内部的项目经理主导，召集项目的利益相关方和主要项目成员进行项目复盘会议： 1）回顾目标：组织的项目需求和关注的价值是什么？项目规划时的目标和验收标准是什么？项目初期预估的项目风险有哪些？制订了怎样的实施计划？成立了怎样的项目团队？制定了怎样的配套机制？等等 2）评估结果：项目的实施情况如何？实际发生了什么？在什么情况下发生的？是怎样发生的？收获了哪些项目成果？与目标相比，哪些达成了，哪些没有达成？过程中出现了哪些项目偏差？是如何解决的？项目组织者在过程中展现了哪些能力和行为 3）分析原因：实际成果与预期成果有无差异？是哪些因素导致了差异的产生？如果没有差异，那么成果的关键要素是什么 4）总结经验：各利益相关方在本项目中学到了什么？如果下次组织同类型的项目，大家会给予怎样的建议？本次项目对企业培训体系和人才发展工作有哪些贡献和影响？如果接下来要拟订一个新的行动计划，大家应该做什么？如何推动课程成果的实施和应用	项目内部复盘会
内外部经验分享	由企业内部或外部任何一方的项目经理发起，外部供应商站在外部视角为企业提供项目后续的参考方案，对相关的项目事宜进行探讨性研究。由外部供应商报告在项目过程中发现的企业存在的管理问题、项目后续实施的注意事项、未来可深入开展合作的机会等	项目经验交流会

续表

类型	涵盖的内容	成果
后续方案规划	1）由企业内部根据自身培训体系及人才发展工作做出新的规划方案，外部供应商给予相应的专业建议 2）后续方案规划包含已开发的课程未来的执行计划，有哪些监控点需要提前规划，确保已开发好的课程可以在未来的培训项目中按照原始的设计标准高质量地交付	后续规划方案

温馨提示：也可以将后续方案规划作为附件融入到项目验收报告中。每个企业的后续方案内容都有所差异，具体可以参考本章 6.4 节

6.3 成果宣传及后续应用推广

前文主要阐述了项目本身的验收和经验总结。其实，人力资源部/学习发展部、需求提出部还特别关心一个问题：对于课程开发项目形成的课件包及认证讲师，后续该如何更好地应用？或许，相关部门在提出需求时就已经规划好了课程的应用场景，课程一旦签收就马上投入使用，这是大家都想看到的一个很好的成果应用和绩效转化情况。然而，却有不少企业遭遇以下困惑：课程开发之后被束之高阁，没有很好地与学习发展和人才培养结合起来，不但无法体现课程开发的最大价值，还会影响下一年课程开发项目的预算审批。这样的结果让公司领导觉得课程开发及内训师培养就是给员工的福利，让员工多了一项职业发展技能，并没有给组织带来实际效益。

怎么办呢？下面我们一起来探讨课程开发之后的执行、落地工作。在执行、落地工作开展之前，有需要的企业还可以对成果进行包装宣传，从而提高成果应用和执行落地的效果。

6.3.1 成果宣传及后续推广的 2 个目的

首先，项目经理要明确成果宣传及后续推广的目的是什么，其实就 2 个：一是让大家知道本次课程开发项目的相关成果；二是让大家积极学习本次项目开发的课件。

针对第一个目的，需要明确：谁应该知道？谁想知道？如何知道？

针对第二个目的，需要明确：谁来学习？学习什么？怎样学习？

6.3.2 成果宣传及后续推广的 5W1H 要素

围绕上述两个目的，项目经理要想做出切实可行的应用推广方案，需要考虑

以下几个要素，简称 5W1H 要素（见图 6-1）。

1.Why 明确课程属性、课程价值、宣传/应用/推广的最终目的

2.Who 确定宣传对象（学员、学员的领导、培训部门、外部客户、供应商/渠道商等）

3.What 明确推广的内容，从而决定推广的形式及可用的资源

4.Where 选择宣传的路径、渠道

5.When 应用推广的时间节点、周期频率等

6.How 方案的设计、执行与实施

成果宣传及应用推广"启明灯"

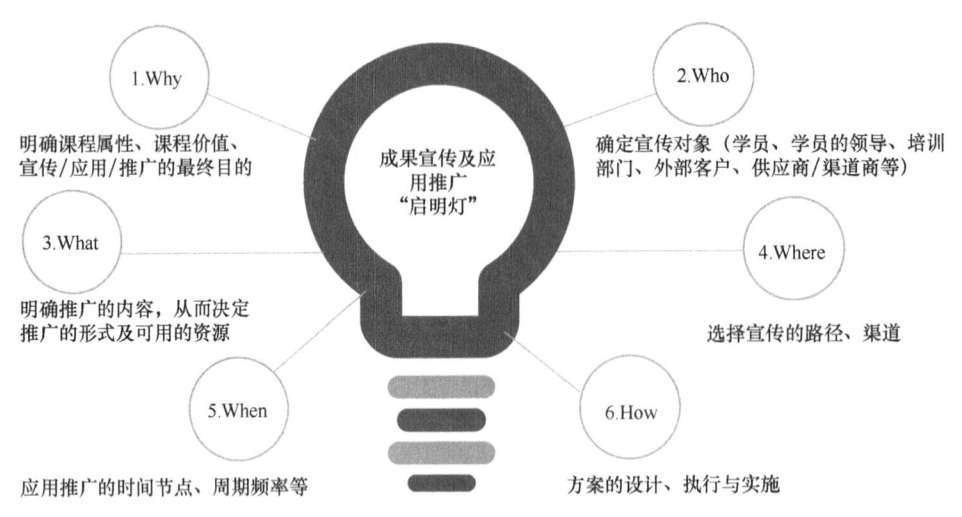

图 6-1　成果宣传及应用推广"启明灯"

> **Why**：在选题阶段，需求部门、组织部门、开发者就本开发课题的价值要达成高度一致，这决定了后续课程宣传、应用、推广的动力来源和价值影响度，如课程对战略、业务的价值，对人才培养发展的作用，对知识管理的意义，对学员短板与困惑的帮助，课程的特色和亮点，等等。

> **Who**：在全面共识了课题价值后，要按照不同的对象确定不同的课题宣传重点，聚焦不同对象的需求。向不同的对象宣传推广，需要分别侧重于他们不同的关注点，如表 6-5 所示。

表 6-5　不同宣传对象的关注点

宣传对象	关注点
一线学员	课程有没有趣？需要花费我多长时间
学员的领导	对部门业绩有何帮助？是否提高了员工效能
培训部门	代表公司关注培训效益，关注培训满意度
外部客户	课程价值、时间投入产出比
供应商/渠道商	对业务的开展有什么帮助？有没有创新的内容？有没有优秀的案例？不学习这门课程会失去什么

> **What**：结合不同的宣传对象编写宣传内容，关注有趣性、有效性和有针对性（见图 6-2）。

> **Where**：结合线上、线下平台进行融合宣传推广。线上可以通过公司的线

上平台、公众号、微信群、易企秀等新媒体渠道进行宣传推广，宣传内容可以提前敲定，如视频、微信软文、电子课件等；线下可以通过宣传海报、品牌视觉形象设计、易拉宝、宣传手册、送课、课程推介会、专业杂志文章等进行宣传推广。传播路径可以按照公司内和公司外进行分类，外部可以在行业上下游的企业群中进行宣传，也可以参加专门的培训圈组织的专题论坛、学习项目大赛和企业优秀课程大赛等。

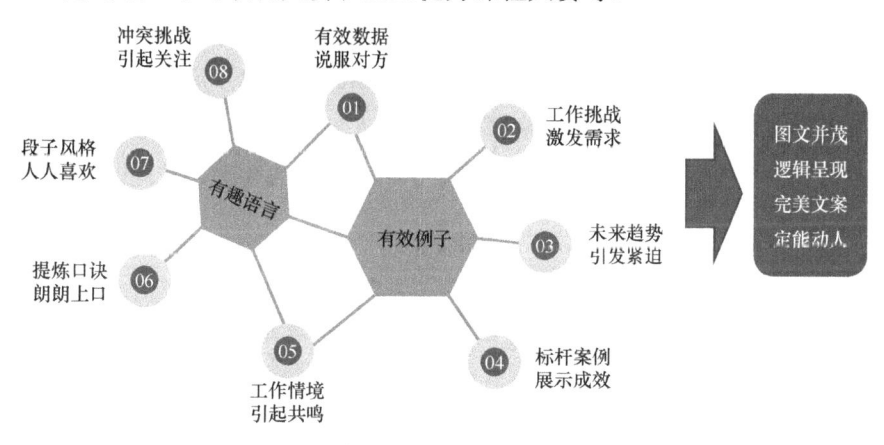

图 6-2　宣传推广内容编写"八爪鱼"

➢ **When**：特别注意课程宣传推广的时机。不是说一定要等课程验收后才做最后的宣传推广，而是在课题规划时就可以预告和宣传课程了（见图 6-3）。

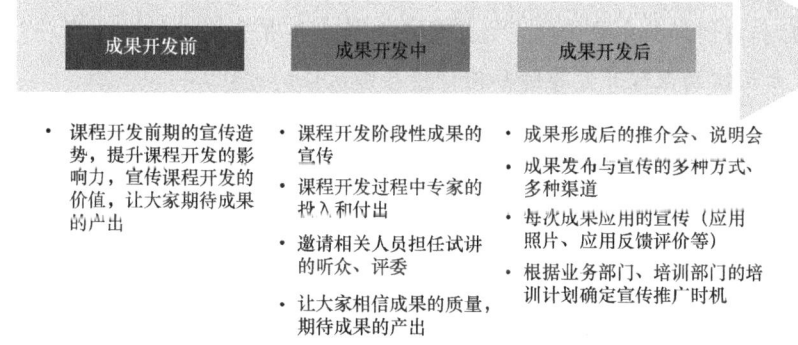

图 6-3　宣传推广的时机

➢ **How**：宣传应用推广方案规划，在课程开发过程中让课题组成员共创，拟订课程后续推广应用计划。例如，如果是集团公司、总公司组织的课程开发项目，可以结合地市培训、业务部门培训、岗位学习发展地图来拟订课程后续推广应用计划，列明时间节点、面授对象、预期收获等。

总之，在课程宣传和应用推广时可以参考以上要素，不同企业应结合自身的特点开展个性化的推广、应用和落地。

成果宣传和推广应用工作应该分为常规工作和专项工作。常规工作可以通过内训师管理机制及课程体系、讲师体系平台来开展；专项工作可以根据某个课程开发项目的实际情况来规划和实施，从而打造企业专属的品牌课程和金牌讲师，构建影响力。

例如，将课程开发成果进行分类，一部分直接上传 E 化平台，实现电子化。另一部分纳入部门培训计划。如果是集团公司举办的课程开发项目，则联合分公司和子公司的人力资源部或学习发展部的对接人，布置应用的任务，追踪应用的阶段性成果并提交。提交成果包括但不限于举办培训的场次、过程留影、学员评价等。

案例 6-1　某外资食品跨国公司营运培训中心对项目成果的推广应用评价

1. 营运培训中心负责人如何评价该项目对业务的支持？

（1）从过程看，该项目是一个创新的解决方案，解决了过往重复采购外训且方法工具无法沉淀的难题和痛点。

（2）从结果看，今年按照目标输出了 8 门课程，并且导师团队未来每年预计辅导开发 8～10 门标准课程。另外，还打造了营运培训中心内课程开发导师和内训师的完整团队，大家各有所长，各有专攻。

2. 新认证的课程开发导师如何评价导师认证的过程？

（1）本项目的导师认证过程专业且有效，从培训前摸底、培训中演练及实战、培训后课程推广应用的整个实践过程来看，可以让课程开发导师从培训外行迅速变成课程开发专家。

（2）被认证为课程开发导师的人有能力去帮助他人开发课程，提高课程质量和学习效果，我对此感到很兴奋，并有强烈的使命感，感谢 L&D 团队！

3. 开发新课程的主题专家认为新开发的课程有哪些变化？

主题专家和导师共同开发"消除现场浪费"课程，最大的收获是掌握了系统的课程开发思路、流程、工具和方法。新开发的课程的亮点有以下几个。

(1）从各个角度（学员、管理者、讲师）全面考虑课程的定位和目的。
(2）课程目标清晰，并围绕目标设定了合理的课程结构。
(3）对"浪费"知识点的介绍应用了"天龙七部"的思路，实用且有效。
(4）课程总结了精炼易记的模型，易于学员掌握。
(5）开发出来的课程能真正落实，真正为生产管理效能服务。
本项目还获得了首届 CSTD 学习设计大赛的银奖和最具人气奖。

6.4 持续优化和升级策略

课程开发项目的收尾并不是工作的结束，而是宣布了一个新的使命：持续升级体系。那么，课程开发项目的持续升级究竟指什么？简单地理解，就是课程开发工作的持续优化和课程开发项目的升级策略。当然，不同的企业处于课程开发的不同阶段，会有不同的优化方向和优化内容，也会有不同的升级策略。

结合过往的经验，我们总结了 7 个持续优化和升级策略，企业可以结合自身实际情况来选择，如图 6-4 所示。

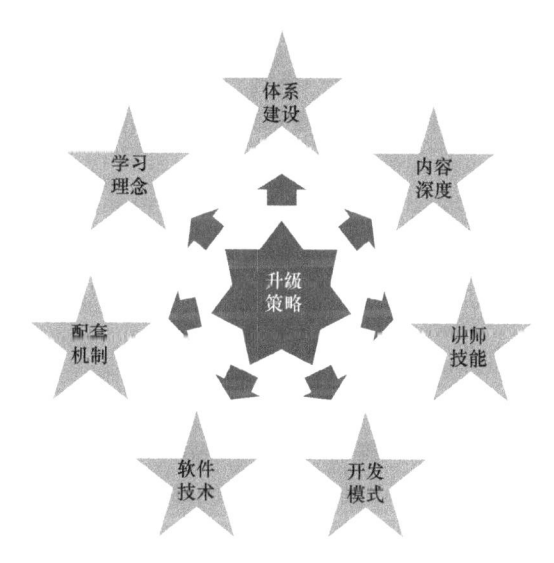

图 6-4 持续优化和升级策略 7 星模型

6.4.1 体系建设的持续升级

每次课程开发项目中的每个课件成果都是在为企业的体系大厦添砖加瓦，无论是学习发展体系、人力资源管理体系还是其他体系，课程开发项目都是一个很好的落地载体。

大家耳熟能详的课程体系构建更是离不开一个个课程开发项目的策划和实施。因此，在策划课程开发项目时，最理想的状态是基于企业的课程体系，有计划、有针对性地组织每个课程开发项目。然而，大部分企业一开始并没有清晰和成熟的课程体系，需要通过组织一个个课程开发项目来逐步搭建课程体系，分步升级课程体系。

因此，每个课程开发项目的收尾都是一个新的课程开发项目的起点，只要按照体系建设的思路，脚踏实地地开发课程，培养内部讲师，一定可以养成良好的课程开发组织习惯。

6.4.2 内容深度及版本迭代

课程开发是一个需要不断迭代和更新的工作，因为企业在不断地发展，业务在不断地更新，人才在不断地进步，支撑人才学习发展的课程也要因需而变。特别是在经济发展如此快速的时代，对某些业务和技术更新迭代迅速的企业来说，这项工作显得尤为重要，这也是近几年"敏捷""迭代"等词兴起的原因之一。课程的优化升级包括内容版本的更新、案例内容的萃取、教学活动的创新等。前文我们结合项目经验拟定了课程开发成果版本迭代表（见表 2-11）。课程开发成果版本的不断迭代，代表课程的可操作性逐渐增强，与绩效成果的关联性越来越强，标准化程度越来越高。企业可以参考这个表逐年规划课程开发的迭代方向，结合不同的应用场景完善目前的课件包版本。

课程开发成果版本的迭代，从某种意义上来说也是内容深度的升级，与内容挖掘和萃取紧密相关。这里有必要探讨一下经验萃取与课程开发的区别。

从 2016 年起，"经验萃取"一词开始在中国的培训领域风行，国内培训领域的专家学者们也开始发表相关文章和著作。很多人都有疑惑：经验萃取和课程开发有什么区别？从学术发展的角度看，"组织经验萃取""岗位经验萃取"等称谓本质上与"课程开发""教学设计"类似，属于同类概念，操作上也属于同类项目，执行群体是不变的，只是在名称的使用上有所差异，而且更加强调本土内容的产出。但如果细论其区别，也能找到很多具体的区别，从这些区别中更能看出中国培训行业在课程开发领域的细致理解和技术突破。

区别1：经验萃取重在"组织"和"岗位"

经验萃取项目一般会在项目名称前加"组织"和"岗位"，更强调对企业重点业务目标、重点岗位（岗位人数多、与业务关联密切、地域分散性大、流失率高）、重点项目的关注。

在组织经验萃取过程中，如果涉及大型项目管理过程，如一款产品的研发过程、一个房地产项目的整体运营过程，这在某种意义上已经超出了普通课程开发项目的范畴，因为案例材料的学习群体不再是单一的岗位族，而是一个项目群体，而且很可能跨越了很多部门。此时，萃取的知识不再是简单的岗位知识。

区别2：经验萃取项目的成果更有深度

过往的课程开发项目重在对一些课程，特别是一些通用技能课程（如"时间管理""有效沟通""商务礼仪"）和管理课程（如"管理角色认知""情境领导"）进行内部开发，所以课程成果主要体现在5件套（课程大纲、授课PPT、讲师手册、学员手册、工具箱）上，工具箱中有测试问卷、现场播放的视频/音乐和随堂发放的散页等。

经验萃取项目结合了更有深度的情境分析理论，会在工作任务中找到细分的课题点，面对任务的目标群体差异、任务的不同目的、任务的执行环境、细分挑战点等找出不同的课程内容。例如，对于"如何快速构建信任感""如何服务VIP客户""客户说款式不合适该怎么办"等，从课程内容看，这几门课程更加适合上岗6个月以后的员工学习。

从成果的角度看，经验萃取项目由于更关注任务的可执行性，因此会强调在项目产出物上有更多的形式，如检查表、案例、现场视频、考核表等细节内容。项目的交付期更长，需要岗位专家做更细致的研讨和更具体的产出。

区别3：前期准备程序不一样

经验萃取项目意味着要触及更深的岗位知识，所以在项目前期建议安排一天时间进行相关资料的梳理。梳理内容包括岗位职责的澄清、岗位任务的分析和排列（判别每个任务的典型性）、深度分析任务的二级流程等。这一项目组织形式与学习地图的项目组织形式有相似之处，这也能看出组织经验萃取项目明显是课程开发项目的升级版。

区别4：底层理论有差异

传统的课程开发项目偏向教室培训课程的开发，所以主要参照教学设计领域的理论。而组织经验萃取项目突出与知识管理的结合，需要结合知识管理的理论和实践经验，考虑如何采集知识、存储知识、传播知识。因此，经验萃取项目有更多学科知识的支撑，是课程开发项目的升级版。

大多数企业已经通过经验萃取的理论认识了标杆项目的产出形式，对项目的成果产出有了更高的期待，但同时又局限于项目设计与管理人员不足和精力不足，无法将课程开发项目升级为组织经验萃取项目。遇到这一问题，建议企业的培训管理者采用渐进的方式来推进项目，方法如下。

> 引入组织经验萃取方法论。先普及方法论，为企业的培训管理者和专家赋能，使其具备组织经验萃取的新知识，提升自身的经验萃取能力。
> 从案例开发项目开始。集中开发案例，形成案例手册，这样的项目会更容易组织。
> 变换项目设计。前期不做系统的知识梳理，而是重点选取岗位上与战略和业务高度结合的难点问题，在这些难点问题上形成单一的课题点，围绕这一课题点进行深入讨论和开发，这样就避开了前期岗位系统知识庞杂的梳理过程。

以上的推进方式，在不少企业都得到了应用。2019 年，我们与某电子产品及移动互联网公司合作，该公司为了引入和应用组织经验萃取技术，邀请外部专家对公司的 COE 和 HRBP 进行了为期两天的赋能培训，目的是让公司负责学习发展工作的人员先了解方法论，普及组织经验萃取领域的相关研究理论，后续能在工作中应用。两天的赋能培训结束后，以研发岗为试点进行一天的项目管理知识领域经验萃取，形成了项目管理知识领域的系列案例。该企业就采用了渐进的方式来推进组织经验萃取工作。

关于课件包版本升级的案例其实有很多，包括教学内容的更新、教学活动的创新、版本套件的升级等。

6.4.3 讲师技能及角色升级

本书虽然聚焦于课程开发项目，但课程开发成果输出的那一刻，也是课程认证讲师诞生的时刻，所以说课程开发项目不仅是在开发课程，更是在培养讲师。这里涉及企业内训师管理的相关工作，可以说课程开发是企业内训师培养体系中的一项工作。

因此，提及课程开发项目的持续优化和升级策略，离不开讲师技能的升级，前文提供的讲师技能叠加升级表（见表 2-12）可为企业提供讲师技能的升级方向，在组织课程开发项目迭代的过程中同时关注讲师技能的习得和升级。

除了上述讲师技能的升级，课程开发项目还可以考虑角色技能的升级。这些角色之间有着清晰的成长路径，如图 6-5 所示。而本书提及的课程开发项目，主要培养其中 5 种角色：项目经理（课题组组长）、主题专家、教学设计师、课件开发师、讲师。后续升级可以培养经验萃取师、课程开发导师、课程开发讲师这几个叠加角色。

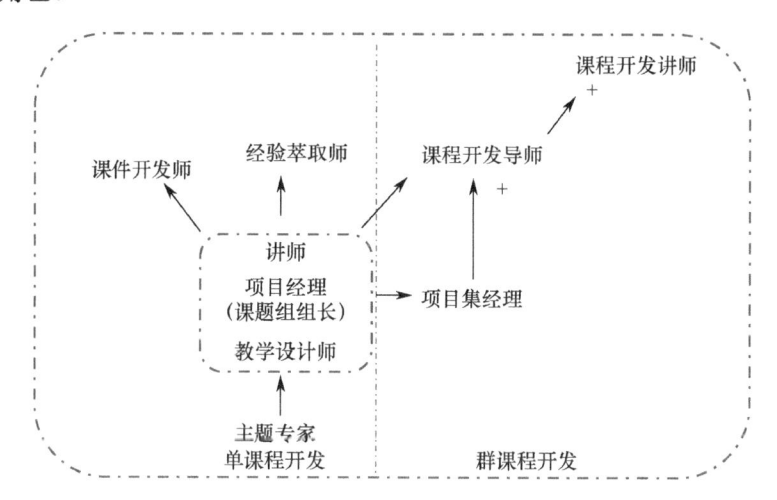

图 6-5 课程开发团队角色的成长路径

那么，企业如何培养经验萃取师、课程开发导师、课程开发讲师呢？这些角色又如何学习和成长呢？下面结合我们过往的项目经验，提供一个升级的思路供企业参考，如表 6-6 所示。

表 6-6 课程开发团队角色的培养思路

培养角色	角色要求	培养内容	培养方式
经验萃取师	1）自我价值认知 2）项目管理能力 3）快速学习能力 4）访谈提炼能力 5）开发呈现能力	利用访谈技能进行知识萃取，并掌握学习资源开发技能，从而输出或辅助输出案例、工具等学习和应用成果	1）专业理论学习：学习萃取专业的知识技能，如专家的知识层次、挖掘经验的 4 化（流程化、要素化、原则化、等级化）原则、知识萃取成果的载体、访谈技能、案例编写等 2）实操技能/项目实践：提交知识萃取报告，报告内容包括知识模型或案例 3）强化训练—回炉：不断深化对知识体系的认知，包括知识原理、理论体系和相应的方法论、萃取技术等；实现由易到难，由一种类型的组织经验萃取向多种类型的组织经验萃取过渡 4）认证：根据经验萃取师的能力标准进行认证，纳入企业专业角色队伍管理

续表

培养角色	角色要求	培养内容	培养方式
课程开发导师	1）辅导意愿 2）专业知识 3）逻辑思维 4）沟通影响 5）学习创新	通过掌握专业的引导和辅导技巧，对他人的课件目标、逻辑结构、内容呈现提出专业的改进建议，使他人的课程开发过程更加科学和专业	最好的培养模式是通过项目赋能来： 1）学习课程开发的流程和方法 2）参与课程开发的入组实践，并完成实践报告 3）回炉强化课程开发理论及辅导场景的案例分析（案例分享及辅导点评） 4）根据课程开发导师的能力标准进行认证，纳入企业专业角色队伍管理
课程开发讲师	1）分享意愿 2）专业知识 3）流程把控 4）呈现能力 5）学习创新	在教学活动和课堂互动的设计上非常熟练，能从课程演绎的角度对课程开发这门课进行呈现交付	最好的培养模式是通过能力考核和试讲评审来进行： 1）过往经验盘点考核。亲自开发的一门课程的质量评估+过往讲课经验评估 2）专业理论考试。确认课程开发理论的掌握程度 3）模拟实操考试。考核特定辅导场景下的课件辅导能力 4）课程开发试讲。完整讲授课程，并接受评审 5）认证。根据课程开发讲师的能力标准进行认证，纳入企业专业角色队伍管理

温馨提示：组织经验萃取是知识管理和学习设计领域的一项专业任务，专职工作者很少。因此，要选择勇于承担相关职责，并且对组织经验萃取感兴趣的员工进行培养。课程开发讲师与课程开发导师的能力要求比较相似，只是对课程开发讲师更关注其课程开发工作坊现场的流程把控和多团队引导协调，同时还关注其授课呈现能力。

这里重点以课程开发导师这个角色的能力做深入的阐释，其他角色的技能标准会在相应的咨询和认证体系中展开讲述。

课程开发导师的胜任力模型如图 6-6 所示。

基于课程开发导师的胜任力模型，表 6-7 所示的课程开发导师的胜任力描述可供企业选拔或考核导师时使用。

图 6-6　课程开发导师的胜任力模型

表6-7 课程开发导师的胜任力描述

能力项	具体描述
辅导意愿	愿意主动地分享课程开发的专业知识、专业技能及自己的相关工作经验。主要体现在： 1）具备开放的心态，愿意与他人分享自己的工作经验 2）愿意主动分享课程开发方法和经验、过往辅导实战经验 3）认为加入课程开发导师队伍是一种荣誉，有帮助他人/成就他人及为企业做好知识管理的使命感和责任感
专业知识	课程开发辅导既是一门技术，也是一门艺术，既要有课程开发的专业知识，又需要具备辅导教练的专业和艺术。主要体现在： 1）了解成人学习的特点及企业培训相关专业知识 2）熟悉课程开发的流程和方法（含需求分析、目标设定、结构搭建、内容设计、方法选择、版面设计等） 3）熟悉被辅导者的心理及专业需求，善用科学的辅导专业知识 4）在特定情况下，还需要导师具备被辅导课题领域的相关专业知识
逻辑思维	善于辅导课程开发人员总结提炼所在岗位/专业的工作过程和方法经验，辅导思路清晰，有层次，有逻辑，并且能把握关键点，从而归纳升华出有价值的经验、方法论、模型等。主要体现在： 1）熟悉岗位知识、技能及个人工作经验提炼总结的流程、方法、工具 2）能够为课题开发人员提供有效的分析工作任务的方法、工具，辅导课题组提炼关键点和问题场景 3）善于用逻辑化的结构和图形辅导课题组呈现内容
沟通影响	辅导他人时能有力地呈现自己的观点和建议，做到清晰、流畅、准确；在辅导过程中善于借助引导技巧轻松自如地表达，且表达具有影响力和感染力。主要体现在： 1）能够清晰、流畅地表达自己的观点 2）能够准确地反馈课件的优化建议，适当采用引导技巧，不会把自己的建议强加于人 3）辅导语言具有感染力，辅导内容具有针对性和建设性，对课程开发成果的有效输出具有影响力
学习创新	只有不断学习创新，才能确保课程开发辅导技术不断更新，促进课程开发成果与时俱进，从而更好地促进业务发展和密切推动人才培育发展。因此，该能力不可或缺。主要体现在： 1）学习热情高，好奇心和求知欲强，能够持续地学习 2）对新的知识、信息有很强的敏感性，能快速学习新的任务、记住信息 3）善于学以致用，反思总结所学内容并将其运用到实际的课程开发辅导工作中

6.4.4 开发模式的多样选择

推动企业具备内部自主开发能力是本书的目的。企业一开始可以基于不同的发展阶段和不同的需求，酌情选择不同的课程开发模式。更准确地说，企业可以考虑不同的课题，采取不同的课程开发模式，从而发挥不同课程开发模式的最大价值。当拥有更强的课程开发组织能力时，可以选择内部自主开发模式。

为了让大家更好地理解内部自主开发模式，下面将分享一个案例。

案例 6-2　课程开发模式的多样选择

背景：

J 企业是国内大理石瓷砖品类的开创者，获得了 ISO 4 项认证（质量、环保、健康、节能）。J 企业是一家崇尚"人才为本""客户至上""技术创新""学习增效"的企业，在董事长的带领下，致力于打造学习型组织。

J 企业每年都会引入一些咨询项目和培训项目，用于打造企业的精益管理和卓越绩效。2022 年上半年，基于前期任职资格项目的推动，J 企业发起了基于任职资格的学习地图构建项目。

需求：

J 企业在供应商洽谈阶段，对课程开发模式还没有形成清晰的概念，需求很简单：希望开发营销条线任职资格对应的初、中、高级课程各一门，其中营销条线分为零售线和工程线，共开发 6 门课程。

J 企业通过与供应商沟通发现，除了这 6 门课程，还要重点考虑以下两个要点：营销条线的专家业务繁忙，没有太多的时间投入到课程开发工作中；希望外部老师赋能内部的学习发展人才，推动他们成为内部顾问，从而推动专家输出课件成果，同时使组织沉淀方法论和工具，为未来的学习型组织发展奠定基础。

行动：

基于以上需求和 J 企业关注的 2 个要点，供应商的顾问前后设计了 3 套方案：方案 1 是 6 门课程完全由 J 企业的专家开发，外部专家辅导；方案 2 是 6 门课程完全由外部专家开发；方案 3 是一部分课程由内部专家开发，另一部分课程由外部专家开发。

经过沟通及对目标和费用等的综合考虑，J 企业选择了方案 3，即 5 门课程由内部专家开发，外部老师辅导且赋能；最后一门课程由外部专家开发，沉淀定制化开发的流程和体验定制化开发的效果。J 企业据此敲定了以下项目关键阶段。

- 阶段 1：项目调研计划及调研报告。
- 阶段 2：学习地图工作坊和学习地图成果辅导、学习地图构建流程和工具包赋能。
- 阶段 3：课程开发工作坊及课程开发流程与工具包的交付和赋能。
- 阶段 4：5 门课程辅导、1 门定制化课程开发。
- 阶段 5：课程大赛。
- 阶段 6：项目总结汇报。

成果：

该项目如期实现了预定的项目成果，这里不再赘述。下面只结合本小节的主题"开发模式的多样选择"对定制化课程开发进行分享。

J 企业在该项目中同时体验了引导式开发和定制化开发两种课程开发模式。在整个定制化开发过程中，以外部顾问为主、内部业务专家为辅的方式输出成果。

第一步：外部顾问的资料研究和行业标杆研究。

第二步：初拟课程纲要，访谈业务专家，确认框架。

第三步：在工作坊现场萃取专家案例，补充课程内容。

第四步：补充教学活动及外部案例，撰写讲师手册备注。

第五步：通过说课赋能内部业务专家/内训师。

第六步：拍摄教学活动示范视频。

第七步：内部业务专家/内训师试讲呈现。

第八步：课件包交付。

评价：

要想保障定制化开发成果，离不开以下 3 个要素。

（1）主导顾问要开发思路清晰，逻辑框架清晰。

（2）内部业务专家要参与智慧贡献。

（3）阶段性成果的验证和交付要明确。

最终客户评价：定制化开发与引导式开发各有千秋，这次定制化开发让他们体验了不一样的水平和风格，并让他们认识到，找到与组织当下匹配的开发模式最重要。

6.4.5 软件技术与平台应用

随着互联网的发展及线上学习的兴起，在课程开发项目升级中，需要考虑软件、工具及平台的应用。例如，掌握了课程开发的流程和方法后，很多课程开发者会借用幕布、脑图等软件工具让课程结构更加逻辑化地呈现出来，借助PPT美化大师、iSlide等PPT插件的功能，实现内容的视觉化呈现等。因此，善用一些软件技术可以让课程开发更有效率，让课程开发成果的呈现更直观、形象和有吸引力。

在课程开发领域，国外很早就研发了一款软件叫George。该软件内置了大量开发资源和模板，可以一键生成全套课件包，但该软件在国内并没有得到大范围的推广。近年来，国内优秀的课程开发者也在探索研发相应的软件，而且将软件直接升级为线上版，可以在网络上实现多人协作开发。其中比较知名的软件有朱春雷老师推动研发的培根软件和江焕勇老师推动研发的简课软件（见图6-7）。

图6-7 可实现协作开发的简课软件

接下来我们就以简课软件为例，介绍一下课程开发软件的主流功能。大家也可以从该软件的基础功能中找到课程开发技术的未来升级方向。

简课是一款全流程、全品类课程开发和全品类课程学习的SaaS平台软件，包含内容开发平台端和学习平台端两部分。其课程开发的关键功能如下。

集成式的课程开发环境

简课平台上的课程开发工作总体上可以在一个页面完成。在这个开发环境中，可以完成几乎所有的课程开发工作，包括以下内容：

- 岗位建模。
- 岗位知识图谱设计。
- 学习地图设计。
- 标准面授课程设计与开发（自动生成 Office 文档的面授课程包或 HTML5 格式的电子课程包）。
- PPT 页面、视频、测试题、课堂活动、图文材料等知识材料的编辑。
- 各种资源、方法的引用。
- 多人协作开发一门课程。
- 微课设计与开发。
- 考试与测评管理。
- 闯关式在线训练营设计。
- 在线学习项目设计。
- 课程发布及学员班级管理。

各类方便易用的课程开发资源库

课程开发资源库包含学习资料库（如培训方法库、知识库）、岗位或主题任务的知识图谱等 PPT 模板库。

- **学习资料库**。这里包括平台提供的各种免费培训方法库、知识库，也支持企业创建适合本企业的各种学习资料库。
- **知识图谱**。可以方便地引用系统提供的知识图谱或企业自己开发的知识图谱，从而灵活地为知识图谱创建课程。
- **PPT 模板库**。系统平台内置了 PPT 页面模板库功能，也内置了 PPT 课件模板功能。

总之，应用新技术可以使原有的课程开发工作更加高效，知识成果更加容易管理，项目管理与监控工作也更加直观方便，使课程开发工作焕发巨大的生机，这是企业课程开发项目的一个重要升级方向。

一站式完成岗位学习地图的设计和岗位课程的开发

简课平台还有一项与课程开发联系非常紧密的功能：岗位学习地图。大多数情况下，岗位学习地图是课程的需求来源。在传统的课程开发方法中，岗位学习地图设计和课程开发被视为两项工作，这是开发效率低下导致的一个问题。

简课平台将这两项工作打通，并连成一体，大大提高了学习地图落地开发的效率。

课程开发项目管理功能

课程开发项目管理涉及方方面面的事项，包括人员的管理、知识的管理、开发进度的管控等。

借助简课平台，可以很方便地管理课程开发教研组，监控各个小组、成员的开发进度和参与度，还可以跨时空协作、评审，为远程多点开发、实时管理提供了可能性。

在知识管理方面，可以在简课平台上传管理素材，沉淀内训师开发的课程知识点、各种知识材料，企业教研人员可以重复利用，实现积木式课程开发。这种积累效果非常可观，一家中型企业开发300门课程后，知识点可以达到5 000个左右，知识材料可以达到2万件以上，其中PPT页面可达2万页，试题库可以达到1万道题以上。

所谓"数字化学习"，就是将组织经验萃取和培训赋能的专业经验与先进的数字化技术融合，从而更高效地提升组织能力。简课平台就是课程开发领域迈向数字化学习时代的一把新钥匙。

6.4.6 配套机制的优化升级

在课程开发项目中，通常会制定项目的激励制度。根据我们的项目经验及对标杆企业内训师队伍管理机制的研究，建议企业通过课程开发项目，对课程开发和讲师管理的机制进行优化与升级。课程开发的机制需要包括课程优化的频率，讲师管理的机制需要包括选、育、用、留的各个环节。

案例6-3 课程开发及讲师培养的机制优化升级

背景：

某民营企业处于快速发展阶段，人力资源部一直很重视投入TTT培训。通过连续多年的培训，目前该企业已经拥有了一支讲师队伍。该企业前期有讲师激励制度，然而随着讲师队伍的扩大和讲师的持续应用，该制度渐渐无法支撑现有的课程管理和内训师管理，对内训师的激励不够，因此需要通过对原有的讲师激励制度进行分析和优化，形成最新版的讲师管理办法。

行动：

项目前期调研与讲师访谈—提出改善方案—顾问团拟定制度文稿—评审验收—验证迭代。

成果：

最新版的讲师管理办法相比原来的讲师激励制度，优化升级之处如下。

1. 更加系统：原有的讲师激励制度只涉及讲师激励（含荣誉激励和物质激励）；优化后的讲师管理办法从选、育、用、留4个模块进行规划，让讲师在选拔、培养、运用、认证、激励等环节都得到了专业有效的管理。

2. 更有针对性：原有的讲师激励制度没有对讲师进行分类管理；优化后的讲师管理办法根据特聘讲师、新人培训班讲师、专业知识讲师、销售体系讲师、管理体系讲师、外部讲师等不同的讲师类别进行有针对性的管理。

3. 更有指引性：原有的讲师激励制度没有讲师培养的指引（讲师的学习成长路径）；优化后的讲师管理办法对讲师的培养有了明确指引，具体如下。

（1）TTT相关的专业培训（如课程开发、课程呈现等）。

（2）专项培训（如课程认证，未来课程认证可以设置"种子讲师+其他老师"的组合，种子讲师有权利颁证给其他老师；认证后会有课程对应的讲师编号，用表格进行登记、归档管理）。

（3）日常学习交流，构建讲师学习及活动平台，届时与积分管理制度挂钩。

4. 评估更全面科学。

（1）评估包括评级和评优两部分，讲师等级的评定不仅要考虑课时数和平均分，还要考虑日常学习交流的参与度、对公司知识管理的贡献度，如参与课程开发或案例开发等。

（2）评级和评优需要定期、定性相结合，如一年一评或两年一评。评优可以结合企业文化和特点设置不同的评优选项，如课程开发专项奖、授课最佳呈现奖、培训最佳满意度奖、学习交流平台活跃奖等，并出台积分管理制度进行讲师管理。

> 5. 激励更科学有效。
> （1）增加考核的相关制度和标准，如选拔标准、认证标准等。
> （2）除了正向激励，也可以考虑对"不合格、不作为"的讲师进行"再培训""降级"等处理。
> （3）增加/优化讲师队伍平台的人际互动机会，构建不同的学习共同体，从而达到讲师激励的作用，如×××主题学习小组、线上分组打卡计划、×××行动竞赛等。
>
> **评价：**
> 该企业通过对讲师激励制度的优化升级，为后续的讲师培养和管理起到了保驾护航的作用。因此，对企业来说，要定期更新迭代课程开发及讲师培养的配套机制。

6.4.7 学习理念的更新升级

实践性学习

很多企业员工对培训的理解仅停留在参加课堂培训上，实际上，目前世界500强企业的培训管理者和高管更加注重实践性学习。在课程开发中增设的挑战性发展任务和评审型任务就属于实践性学习的重要范畴。在项目过程中倡导实践性学习的概念，可以让学习者的学习参与度和对学习过程的满意度大大提高，课程辅导者也不再把课程开发及课程评审任务当成负担和浪费时间的举动，而是更多地将其看作个人反思和技能提升的关键机会。

此外，实践性学习还强调课程开发的内容要高度逼近实际工作，就如华为公司的创始人任正非反复强调的，"仗怎么打，兵就怎么练"。近年来，以华为公司为代表的"训战"方法论框架逐渐在中国大型企业中传播开来。对标业务需求，最大限度地贴近实际工作场景，在训练中植入实战场景，采用虚拟仿真、对抗演练、卡牌仿真游戏、答辩评审等创新的学习模式，在提升学习有效性的同时，也给课程开发项目的过程管理和成果产出提出了更大的挑战。

过程即学习

常规的培训需要经历输入—输出的过程，学员在学习后再实践，取得学习成果后才能感受到知识的价值和学习的成就感。在课程开发项目中，专家们在碰撞研讨的过程中即刻就能感受到协作学习和知识互换的快乐。"过程即学习",企业内部专家们不用再苦苦寻找外部知识,而是在课程开发过程中进行知识碰撞,从而创造浓厚的学习互动氛围。

此外,策展技术也是知识管理领域需要关注的一个新的方法论。策展是识别、收集、组织和准备传播相关内容或信息的流程,具体有聚合、提取、升华、混搭、大事记等多种操作模式。未来的课程开发项目管理者可以在选取开发课题和整理开发素材阶段引入策展技术,让主题专家在相应的领域快速探索,并做好知识维护,为后期的课程开发工作做好铺垫,同时也为专家的学习成长增加一种更有效的模式。这种模式既绕过了课程,又服务于课程,充分体现了"过程即学习"的理念。

敏捷管理

知识型员工高度依赖团队协同。企业外部环境的快速变化和产品创意的复杂性,意味着员工需要更快速、更多方位地了解客户反馈、团队成员反馈,并集聚更多的创意。这也意味着知识型员工必须依赖团队应对任务的复杂性和不确定性。很多知识型企业都引入了"敏捷"的理念和工作方法,将很多知识型员工统合到临时的项目团队中,快速交付符合客户需求的产品。

"敏捷"精神源于 2001 年几位敏捷软件开发专家在美国犹他州的雷鸟滑雪场所起草的《敏捷宣言》,在此基础上,诞生了很多相关的方法论。在课程开发领域,最先引入敏捷理念并将其总结为模型的是美国电子课程开发领域的先驱迈克尔·艾伦博士。他和理查德·赛茨博士在相关著作中对敏捷课程开发做了详细的阐述,并制作了相应的操作手册。

在升级的课程开发项目中,可以引入和借鉴更多的 SAM[1] 敏捷课程开发理念,如敏捷开发的价值观,包括交流重于过程与工具、课件成品重于分析文档、团队协作重于指令服从、随机应变重于循规蹈矩。在升发过程中宣导价值、团队、迭代的理念,让员工的行动力和适应力不断增强。

结合 SAM 模型及其相关方法论,我们总结了课程开发中 3 个非常重要的敏捷理念。

> **价值**:倾听客户的声音、解决核心问题、应用原型/情境草图、应用 PPT 草图/脚本、"裸奔"(先忽略美化问题,快速制作内容)、精益交付(围绕关键价值交付)。

> **团队**:团队协作、碎片化分工、视觉化引导、平等沟通。

---

[1] SAM:英文全称为 Successive Approximation Model,一般是指持续性逼近开发模式。

> **迭代**：说课验证、持续逼近、增量交付。

在开发课程的过程中，加上对这些理念的传播，有助于促成敏捷理念与企业文化的融合，不断提升组织的适应力。

绩效改进

从培训到绩效改进，是当前组织发展的一个重要趋势。20 世纪 80 年代以后，教学设计技术在美国的企业中开始展现优势，但同时也有很多研究者发现培训的投入和实际的收益不成正比。大多数培训都无法迁移到实际的工作情境中去，期望的培训绩效和实际的培训绩效之间存在很大差别。一部分教育技术专业人员认识到组织中的培训系统缺乏效率且不适当，需要综合考虑培训之外的其他因素，如组织发展、人事选择等，从而跳出了"教学系统"，引入了"绩效系统"的概念。

绩效改进是发现和分析重大绩效差距，规划绩效改进计划，设计和开发能够消除（或缩小）差距、符合成本—效益且遵循伦理道德规范的解决方案、实施方案，并对方案的经济和非经济效果进行评价的系统化过程。从通常意义上讲，导致绩效差距的原因有 3 类：知识与技能的缺失，动机不强，组织环境的缺失。有研究表明，企业 80%的绩效问题并非由员工知识与技能的缺失导致的，培训并不能解决大多数绩效问题。剩下 20%的绩效问题，是由员工知识与技能的缺失导致的。对于这部分绩效问题，培训仍然是一种有效的办法。培训的形式多种多样，根据媒体的不同，可以分为远程培训与面授式培训；根据学习方式的不同，可以分为案例教学、情境教学、角色扮演等。非教学型绩效支持方法也有很多，如电子绩效支持系统、工作帮助、知识管理系统、绩效反馈、辅导、学习型组织、行动学习、团队学习、员工选拔与配置、轮岗……

这就意味着以绩效改进为概念引入的学习项目，会对业务及其环境进行更深入的系统分析，改进和干预的方法很多，要生成的培训材料或绩效支持材料也会多样化。这就要求培训管理人员在推进绩效改进项目的过程中，能组织相关人员开发出有针对性的培训方案和非教学型绩效支持方法。这又要求培训管理人员对多种材料开发模式有更多的了解，并能组织内外部的专业人员相互配合，将相关材料开发出来，放入到培训系统和非教学型绩效支持系统中。本书提到的课程开发项目管理知识有助于这一开发过程的有效展开。但同时也要注意，在一个项目中应用多样化的载体形式，会对项目管理人员的项目设计和执行提出巨大的挑战。

知识管理

知识管理起源于 20 世纪 80 年代。1986 年，知识管理的概念首次在国际劳工组织大会上提出。知识管理学家认为，知识分为组织知识和个人知识，而企业的知识管理不仅是对企业中的个人而言的，更是指企业作为一个组织整体，对知识的获取、存储、学习、共享、创新的管理过程，目的是提高组织中知识工作者的生产力，提高组织的应变能力和反应速度，使企业能顺应市场的挑战，并且相比竞争者，能够保持至少一步的领先优势。中国的很多大型企业越来越重视知识管理，往往设有专门的部门和岗位负责知识管理工作，部分企业由培训中心承担这项工作。

从知识管理的定义可以看到，知识管理工作更重视知识的即时挖掘、多样化呈现、专业化的平台系统承载和广泛传播与应用，这样才能充分发挥知识的宝贵价值。以知识管理为核心推广概念的课程开发项目，在前期一定要做好推广部门的角色定位，选好知识管理平台和信息系统，确认知识承载的模板，请企业的顶级专家参与，并通过一次次的活动拉动知识的应用和知识管理习惯的培养，鼓励大家协作创新，促成职场问题的快速解决和知识成果的快速转化。

让课程开发成为组织习惯，可以更好地推动知识型员工将个人的岗位知识、项目知识有组织地沉淀下来。知识管理理念的植入，可以让企业更加重视知识资产的管理和不断增值，从而彰显新世纪创新型企业的成长本质。

最后以一个综合案例来结束本节内容（见案例6-4）。该案例在体系建设、开发模式、学习平台的应用、配套机制、学习理念这几个方面能给大家带来很好的启示。

案例6-4　投小钱办大事——S科技技术学院获奖案例

项目背景：

S科技技术学院（以下简称S科技）制定了"科技引领业务和助力经营"的战略目标。经过10年的发展，S科技已经发展成为一家拥有3 200名以上员工的物流行业优秀科技公司，公司的专业技术类人员占比90%以上。随着公司的发展壮大和员工数量的增加，人才的培养和发展工作亟待体系化建设，专业技术人才的培养和发展体系更是重中之重。其中，基于专业岗位的学习地图设计与学习资源开发尤为重要。

过去，S科技的学习资源绝大部分依赖外采，内部经验无法沉淀成有效的学习资源，形成的学习资源未能起到相应的作用。因此，内部学习资源建设成为S科技全面实现企业培训自主化进程中至关重要的一环。目前，

S 科技在这方面面临的挑战有以下几个。

挑战 1：课程开发量大，技术内容细分庞杂。

挑战 2：项目参与人员广泛，包含 8 个部门，近 300 人，还需要承担课程开发者和课程 BP 的角色。很多课程开发者本身也是程序员，平时的开发工作特别繁忙，很难抽出时间参加培训，更难全身心地制作全套课件包。

挑战 3：资源有限，公司给予的经费支持与项目范围的差距较大。

挑战 4：公司各部门领导对项目的关注度高，对课程体系的系统性和建设速度都有较高的期待。

项目目标：

基于上述背景及对挑战的分析，S 科技发起了极课项目，希望通过这个项目实现以下目标。

目标 1：以专业岗位为出发点，通过明确岗位能力要求、绘制岗位技能图谱，解决挑战 1 中的"技术内容细分庞杂"问题，从而让学习资源建设有逻辑、有体系地开展。

目标 2：根据技能图谱规划岗位课程清单，与开发课程资源融为一体，为专业技术人才提供充分、有针对性和高匹配度的课程资源及发展通道。

目标 3：将个人的隐性经验转化为组织的显性价值，通过课程开发沉淀出优秀的工作流程、方法和知识，将点状经验串连成流程线、知识面和价值体。

解决方案：

以课程体系建设"四化"模型为依托，从结构化搭建、混合化应用、制度化保障和平台化运营 4 个结构方向进行 S 科技专业类课程体系的建设。

1. 结构化搭建：以纵分领域、横分层级为结构主线，辅以"必修+选修"方式，形成课程体系矩阵化模型。

2. 混合化应用：课程资源开发完成后，通过"线上+线下"渠道，选用全面和定向相结合的形式，按照不同的学习对象进行有效应用。

3. 制度化保障：课程开发与运营环节根据标准流程和制度进行规范，同时将课程开发和学习效果的应用与人才发展及人才管理制度打通，形成多维制度保障。

4. 平台化运营：以线上技术学院平台为重点依托，学习资源和学习过程全部线上化，同时辅以线下"平台—技术开发日"进行重点/热门课程的推广运营，形成"高空+地面"的整合化运营。

关键步骤：

主要包括极课品牌和原创 IP "黄兰兰"的打造、极课 100 "精品课程开发"、极课 500 "共创孵化课程开发"、课程使用运营等关键环节。

1. 极课品牌和原创 IP "黄兰兰"的打造：通过对极课品牌内涵和品牌理念进行定义，以用户为中心，打造符合专业人才需要的学习资源专属品牌。同时为了避免专业课程体系枯燥、乏味、单调，原创性地打造了亲近化的"黄兰兰" IP 及互动性运营活动——"全民寻找'黄兰兰'"（见图 6-8）。

2. 极课 100 "精品课程开发"：针对 S 科技专业类课程规划，精选 100 门员工需求程度高、业务结合性好的课程进行优先开发、认证和运营，同时投入集中性优势资源，培养开发者成为课程 BP，为后续孵化课程做好前置准备，以多环节赋能、混合式辅导、实战化比赛、统一性认证为策略，全方位保障精品课程开发的进度和质量。

3. 极课 500 "共创孵化课程开发"：针对 S 科技专业类课程规划的各岗位技能所需的 500 门专业类课程，以标准化的开发规范和流程来实现孵化开发，满足专业人才学习发展的资源要求，以"种子"辐射、部门"比武"竞赛、在线标准化认证策略，结合课程 BP 与孵化开发者利益共享的模式，保障课程顺利实现孵化。

图 6-8 极课项目的原创 IP "黄兰兰"与"全民寻找'黄兰兰'"活动

项目管控：

极课项目在整个运营过程中，主要从以下几个方面进行管控。

1. 制度保障层面：梳理并形成了《S 科技专业类课程管理制度》《S 科技专业类课程开发激励办法》等，作为专业类课程体系建设的基本保障。

2. 资源融通层面：将课程开发和学习结果与人才发展机制（如年度专业认证、晋升晋级客观分等）相结合，同时设立干系人激励机制，并将组织/部门的课程开发与学习维度设置为考评指标，将组织/部门的激励机制与课程体系建设融通。

3. 措施运用层面：极课项目在运营过程中充分并有效地运用了共创孵化、比赛（创课大赛）、挑战+PK（部门"比武"）、线上社群、线下工作坊等多种措施来进行项目运营管控，这些措施是根据项目不同阶段的特点有针对性地设计的。

项目成果1：

1. 统一建设和打造了S科技专业课程体系品牌"极课"和原创IP"黄兰兰"。

2. 以个人激励和发展为引力，以组织绩效和发展为推力。

3. 为组织发展沉淀经验，为员工学习发展提供资源和晋升晋级的客观通道。

4. 为人才发展和人才管理提供专业能力标准、通道和客观数据。

项目成果2：

1. 构建了8纵3横（8个岗位序列、3个层级）的矩阵式专业类课程体系，为人才能力提升和发展提供针对性、高匹配度的学习资源。

2. 共计绘制56个专业岗位的技能图谱和课程清单，明确了岗位技能标准与学习目标。

3. 共计开发并通过认证课程565门，通过率为94.17%，覆盖56个岗位，覆盖率90%以上。

4. 沉淀了260多万字的专业知识，其中典型知识点9 931个，方法/工具5 536个，流程/要素3 144个，案例/举例4 556个，为组织沉淀了重要并可复制的经验与方法。

5. 针对102门专业岗位精品课程进行重点运营，1个月内实现累计学习7 664人次，累计学时13 306.36小时，平均评分4.95分（满分5分）；针对463门专业岗位孵化课程进行运营，2周内实现累计学习15 394人次，累计学习时长13 254.1小时，平均评分4.89分（满分5分）。

6. 为S科技培养了500多位专业课程开发者、300多位后备专业讲师。

7. 通过技能图谱明确能力标准，并为2019年晋升晋级提供能力举证参照依据，并使此能力标准成为人才发展与管理的专业标准。

8. 共计超过 1 000 人次参与了极课项目的研讨、规划、开发、评审等环节，超过 20 000 人次参与了极课学习，在公司内部形成了浓厚的开发课程和学习课程的组织氛围。

项目成果 3：

1. 进阶孵化模式：在 600 门课程开发量这一巨大的挑战面前，在资源有限、时间紧迫的条件下，将整个课程开发项目拆分为极课 100 和极课 500 两个子项目，将重点资源投入极课 100 "精品课程开发"中。同时严格要求，培养出 100 位课程 BP 作为极课 500 子项目的课程顾问。在共创孵化过程中，将课程产出的进度和质量作为课程顾问与课程开发者的共同指标进行利益捆绑，保障了课程孵化的进度和质量。

2. 课程体系建设"四化"模型：围绕结构化搭建、混合化应用、制度化保障和平台化运营"四化"模型，从结构、应用、运营等方面建设课程体系。

3. S 科技课程运行"年轮"模型："年轮"模型的第一层（核心层）是用户（内部员工），第二层为产品/平台层（用户所能触及的产品/平台），第三层为开发层（产生产品/平台的方式），第四层为规划层（连接用户和产品/平台的针对性规划），第五层为需求层（用户需求产生的范围和途径），第六层为循环层（第一层至第五层形成可持续循环）。

4. 知识变现模式：为了保障课程资源能够得到有效运用，同时鼓励课程开发者持续开发和迭代课程，极课项目运用了知识变现模式，通过认证的课程无论是在线上学习平台使用还是在线下培训项目中使用，相应的课程开发者都将得到相应的收益。线上学习平台根据课程学习点击量、评分等维度给予收益兑换，线下培训项目根据课程评分给予收益兑换。

该项目在数字中欧主办的"2019—2020 TOP 企业数字商学院"评选中获得了"最佳数字化学习项目奖"，同时还获得了由《培训杂志》评选的"2019—2020 中国人才发展菁英奖"和由 CSTD 评选的"学习项目设计金奖"。

从案例 6-4 中，我们发现了几个重要的学习点。

➢ 项目设计轴线长。在一开始就想好了课程未来的上线和运营问题，避免了课程开发成果的积压和浪费。

➢ 分两个项目阶段实施，在两年内渐进地实现了项目总体目标。

➢ 过程运营非常精细,既保障了课程包成果按照课程大纲—授课PPT—讲师手册—线上课程的方式进行有序交付,又充分理解了课程开发者,精准匹配了课程开发者的时间节奏和精力投放。

➢ 充分调动企业内外部资源,做到了精打细算,让投入的资源实现了收益最大化。

➢ 激励方式创新。物质激励并没有使用太多,但是都用到了点子上,充分调动了大家的好奇心和关注度。

互联网人在线学习社区"三节课"的联合创始人黄有璨在《运营之光》一书中提到了撬动用户互动参与意愿的8个指导原则。

指导原则1:物质激励。

指导原则2:概率性事件。

指导原则3:营造稀缺感。

指导原则4:激发竞争意识。

指导原则5:赋予用户某种荣耀、猎奇的可能性。

指导原则6:营造强烈的情绪与认同感。

指导原则7:赋予尊崇感与被重视感。

指导原则8:通过对比营造超值感。

S科技的项目运营就充分运用了这些指导原则,而且在此基础上做了新的组合运用。例如,给按时完成开发任务的开发者发奖金属于物质激励,由多人平分奖金包,则意味着这成了一个概率性事件。从理论上讲,如果最后只有一个人提交了课件包,那有可能是一个人独自领取1.2万元的奖金包,这个奖励措施给了不少开发者猎奇的感觉。优秀的课程开发者还会被邀请去专属的菜园种菜(见图6-9),从而体验到一种强烈的被重视感和参与感。

图6-9 项目中的优秀成员可以获得"做地主"的农场体验权

总之，互联网时代的项目设计与运营对人性的挖掘比马斯洛的五层次需求更加精准，设计感也更强。只有了解互联网时代人们的心理特征，才能进一步做好课程开发项目的运营工作。

> **思考题**
>
> 1. 项目收尾常见的 4 个误区分别是什么？
> 2. 项目收尾的 4 件要事分别是什么？
> 3. 项目总结报告通常包括哪些模块？
> 4. 项目复盘的方式有哪些？内部复盘会是按哪 4 个步骤操作的？
> 5. 成果宣传及后续推广的 5W1H 要素是什么？
> 6. 持续优化和升级策略 7 星模型中的 7 颗星分别代表什么？
> 7. 课程开发成果版本迭代有哪几个版本？每个版本有什么特点？
> 8. 课程开发项目主要培养了 5 个角色：项目经理（课题组组长）、主题专家、教学设计师、课件开发师、讲师，随后的项目升级可以培养哪几个叠加角色？
> 9. 经验萃取与课程开发的区别有哪些？
> 10. 学习理念的更新升级涉及哪些理念？还有哪些前沿学习理念可以整合到升级的课程开发项目中？

第 7 章 角　　色

项目经理是整个项目的负责人，是项目组织的核心，是项目团队的灵魂，负责项目的规划、启动、执行、监控、收尾全过程。因此，项目经理的管理理念、能力水平及个人魅力等对项目的成败起着关键作用。本章将从课程开发项目经理的能力模型出发，结合能力发展给予项目经理学习成长的参考建议。

课程开发项目经理的成长应在以下 3 个大方向上进行延展。

1. 在 5 力领域深挖内功。
2. 沿着角色成长路径拓展技能。
3. 带动企业课程开发组织能力的提升。

用一句比较夸张的话来讲，课程开发项目的终极目标是"消除课程开发项目经理"。当课程开发组织能力足够成熟时，课程开发就成了企业文化的一部分，成了员工的工作习惯，这时候课程开发项目经理的组织功能就不再重要了，这是一个企业的理想状态。项目经理应该为不断逼近这个理想状态而不懈地努力。

7.1 课程开发项目经理的 5 力模型

为了给课程开发项目经理一个能力修炼的参考，我们结合多年的项目经验并对标行业项目经理的胜任力，创建了课程开发项目经理的 5 力模型，如图 7-1 所示。

> **设计规划力**：作为课程开发项目经理，需要根据企业的需求和特点明确课程开发目标，界定项目范围，从而规划整个项目过程，设计每个项目里程碑的相关细节。例如，在做课程开发项目的规划时，项目经理需要根据企业的发展阶段和需求，规划项目任务：是只开发课程还是需要认证讲师？是只开发授课 PPT 还是需要开发整套课件包？是开发面授课程还是开发线上课程？是先选题还是先选人？基于不同的课件载体形式，

如何排序？……项目中不同的排序会带来不同的影响，不同的规划会设计不同的项目时间和项目内容。

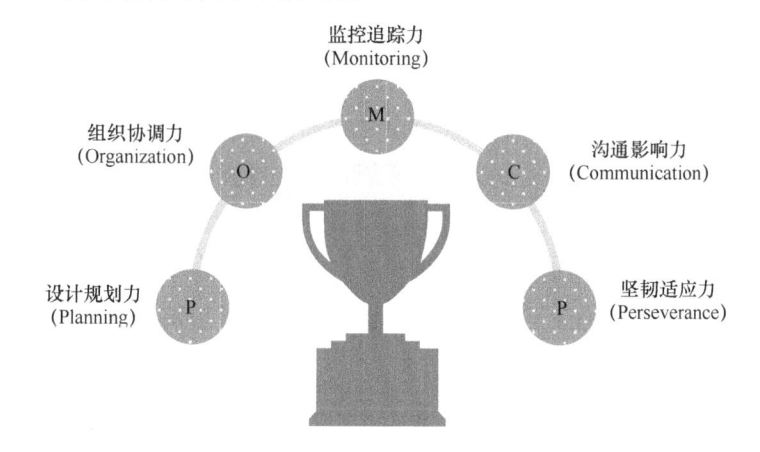

图 7-1　课程开发项目经理的 5 力模型

> **组织协调力**：课程开发项目涉及不同层面的团队成员和资源协调，作为项目经理，需要争取企业相关领导和课题专家的支持，激励业务部门领导和课题开发团队的投入，调动外部专业资源（如教学设计专家、宣传物料供应商等）的参与，这需要项目经理运用组织协调力。这个能力不仅包括根据项目任务对资源进行分配利用，还包括激励和协调各大团队的活动过程，使之相互融合，从而实现组织项目目标。因此，一般认为组织协调力包括组织能力、授权能力、冲突处理能力、激励团队能力。

> **监控追踪力**：项目过程即监控纠偏过程，基于目前很多企业在实施项目前没有做好规划工作，在整个项目实施过程中，监控和追踪纠偏显得异常重要。监控追踪力具体体现在：追踪所有任务及项目分工委派的结果；考虑团队成员的技巧、知识、经验及项目本身的特性；针对过程中的风险点和遇到的问题进行有效的纠偏。例如，作为课程开发项目经理，要非常明确整个项目会经历选题、选人、课程初稿说课辅导、课程优化稿试讲、课程评审验收等关键里程碑，要向利益相关者明确这些关键里程碑的监控数据和成果等。课程开发项目中的关键里程碑可以通过项目群、专题会议、专项工作坊来进行相关信息的分享、沟通和收集。同时也要注意在推行监控系统时尽量不影响其他项目流程的运作。

> **沟通影响力**：这里的影响力更多的是从项目的宣传和影响角度来阐述的。

课程开发项目经理需要根据待开发课程的定位、课程开发的主客体及未来课程的推广应用来设计相关的呈现、汇报、宣传等策略，让项目的利益相关方能及时、全面地了解、接受和认同项目的内容与成果，同时强化课程开发项目本身在整个培训体系与企业人才发展过程中的定位和价值。例如，利用企业平台、公众号、朋友圈及相关社交群宣传项目关键里程碑和成果。随着多媒体的发展，课程开发项目的宣传和包装成为项目经理的一项重要任务，有不少项目经理会借助视频制作和发布的多媒体，将每次项目的组织情况进行宣传，从而提升项目的影响力，使项目获得企业内外部更多人的关注，同时提升项目的知名度，强化企业的人才发展品牌。

- **坚韧适应力**：之所以把这个能力设为课程开发项目经理的一项胜任力，是因为项目管理的职责不仅多变，还面临不断的调整和创新，需要项目经理在面临工作内容或环境改变时，仍能维持效能，有效地适应新的组织结构、流程、文化及业务需求。

7.1.1 设计规划力

拟定准确的项目目标：分析各方需求，根据需求拟定符合 SMART 原则的项目目标，并完整地考虑敏捷项目管理的成本、进度和范围、质量和价值等目标的合理设定。

设定任务并确定次序：分辨项目中较重要及次重要的任务；明确每个任务之间的逻辑关系；适当地调整优先顺序。

任务细分与资源匹配：将关键任务细分为工作细项，并找出所需的资源支撑；列出所需的设备、物料及人力；预估匹配的资源投入，进行相关的项目费用规划。

排定行程进度并呈现：分配适当的时间来完成每个工作细项，避免时间冲突；确定完成期限和里程碑，并用合适的工具呈现计划，便于项目成员了解项目进程和分工。

设计评估结果的标准：清楚整个项目和每个关键里程碑的评估标准，设定促进每个关键里程碑顺利、保质完成的标准。

7.1.2 组织协调力

积累与识别资源的可用价值：发展并建立合作伙伴关系，并运用和谐的关系匹配和调动相应的资源，促进项目目标的达成。

寻找机会建立良好的人际关系：积极与他人建立有效的合作关系；阐明现状，

探讨并提供信息以厘清所处状况；让他人感到有价值、受尊重并愿意参与相关项目话题的讨论，从而贡献自己的经验和想法。

协调自己和他人的建议：探求并延伸项目的相关想法；支持他人的想法和建议，并提出自己的想法和建议，让项目团队成员的想法和建议得到充分交流。

适当的授权和成员培养：在适当的项目范围内分派制定决策的权力和/或责任给适当的人（考虑潜在正面与负面影响、组织的价值观与结构、个人知识/技巧的提升），为项目成员提供培训与辅导的机会和资源。

促进共识的达成：组织信息和数据来确认/解释重大趋势、问题及原因；比较与整合信息来确认根本议题，用充分的理由来解释行动的价值；获得他人的共识与行动承诺，即时给予支持和鼓励。

7.1.3　监控追踪力

清楚并确认监控需求：邀请企业高层与内部专家参与项目监控工作，让每项任务的委派有责任人、有期限；就重要里程碑及所期望的成果达成共识；明确应该追踪哪些层面和要素，应该收集哪些方面的信息和资料。

选择并建立监控系统：选择好用且能提供及时、准确信息的系统（如OA办公系统、网盘的共享文件夹、邮件系统、会议系统、线上社群系统等）来追踪任务或结果。

节点跟进并收集执行信息：与项目相关人员一起检视项目任务或责任委派的结果，运用专业的方法对监控获取的数据进行及时的评估，根据评估结果继续执行或调整项目的相关策略。在项目收尾阶段组织利益相关方参与项目的复盘评估。

7.1.4　沟通影响力

运用多种媒介影响目标对象：运用不同的媒介清楚地将信息或想法传达给个人或团队、组织，使其完全了解项目的目的、意义、进程、成果和应用价值。

根据沟通对象设定途径与影响目标：根据受众的经验、背景与期望，阐明目标及其重要性，强调项目重点遵循的逻辑和程序，使用适合沟通场景的术语、比喻、材料、示例等，呈现关键内容和有价值的细节。

确认沟通影响的结果：寻求受众的参与，确认其理解程度，用不同的方式予以说明，以加深受众的理解；重视受众的回应和反馈，达成沟通影响的双向性，总结讨论结果并促进对方的承诺与后续行动。

7.1.5 坚韧适应力

尝试了解改变：试着了解项目内容、环境的变化及改变的原因和逻辑；主动寻求变化后环境的相关信息。

对改变采取正面态度：视变化和新状况为学习与成长的机会；看重变化给项目带来的好处；用正面的语言向项目的利益相关方谈及相关改变。

根据变化及时调整行为：在项目实施推进过程中，迅速调整行为来响应改变；随时准备好尝试新的方法来面对不同的状况；一旦确定原有目标无法达成，就调整重心，将精力转移到可达成的相关目标上；根据变化，影响管理层及时调整对项目的预期。

坚持努力：在达成计划目标或宣告失败之前，能坚持到底；不畏阻挠或困难，坚持努力达成目标；通过调整策略、加倍努力或尝试不同的做法等来克服障碍。

以上就是课程开发项目经理需要不断修炼的"5力"，下面通过案例7-1来帮助大家形象地理解这几个胜任力的表现和价值。

案例 7-1　认真是一种领导力，是项目经理胜任力的综合体现

背景：

R物流公司是广州的一家国有企业物流公司，该公司发展历史悠久，在物流行业业务稳定，各项管理体系都在有序建设中。R物流公司过往引入了TTT培训，并且给企业的内部讲师做过课程开发的知识培训，但效果并不理想。主要原因是物流行业员工素质参差不齐，并不是所有员工都是大学生，而且大多数员工都是理工科和技术类背景，对人力资源方面的知识有种天然的陌生感和距离感。根据过往给R物流公司授课的老师的反映，很多学员听课后一脸迷茫，不知道听懂与否。如果连听懂课都很难的话，开发课程肯定是难上加难。

挑战：

小马是R物流公司新到任的培训专员，是"90后"员工，过去在外资企业积累了一定的培训管理经验，R物流公司今年的TTT项目设计和运营就交给了小马。同时，人力资源总监反复强调：这次引入TTT项目一定要开发出培训课程，因此过程要跟紧，要求每个人都输出一门课，每个人都有课可讲。这次的内训师代表都是从R物流公司的高潜人才队伍中选拔出来的，公司的总经理也非常重视这批人才，希望能看到他们优秀的学习表现。总之，这个项目只许成功，不许失败。

小马穿着物流公司的传统工装，戴着大大的眼镜，看起来像沉稳的"70后"。得知这个项目的期待后，她并没有慌张，只是轻轻地点了点头，收起了手上的笔记本。她若有所思的神情中流露出了坚定和决心。

过程：

在后续的项目管理过程中，小马凭着非常严谨的风格，有序地推进每个项目步骤，而且让每个步骤都严丝合缝地衔接起来。她的设计与跟进措施主要有以下几项。

1. 找几家咨询培训公司对比方案，向咨询培训公司反复强调实际现状和本公司的期待，最后找到性价比高、项目方案最贴合的一家咨询培训公司，而不是价格最低的那一家。

2. 提早锁定各个顾问参与项目的时间，按照顾问的建议定好每个阶段上课和交课件的节奏，并反复确认本公司总经理的时间，提前两个月就把总经理的出席时间定了下来。

3. 在项目前期请咨询培训公司的主顾问带上其他几位顾问一起参与调研。在调研过程中对课程开发者进行一对一指导，让他们从一开始就明确课程选题，找好素材。

4. 预估了学员们的PPT技能会影响课程开发质量这一项目风险，请咨询培训公司的顾问提前开发专属于这个项目的特制PPT课件模板。

5. 组织了线上启动会，又在工作坊中安排了现场启动会，让每个学员都当场发言，表明自己的期待和对讲师角色的理解。

6. 及时通过网盘共享课件模板资料、团队积分、会议信息，方便学员查询资料，并及时赶上开发进度。

7. 在每次工作坊前和工作坊后都会亲自找到老师逐条确认下阶段或下节课的操作细节，每次确认的细节操作问题都达到20个以上。

8. 在课堂上郑重宣布交课件的时间。交稿前不厌其烦地在微信群中通知，并通过私信的方式进行一对一跟踪。

9. 按项目阶段特征调整微信群名称，让学员未打开群信息就可以通过群名称了解项目的阶段状态。

10. 精心设计毕业典礼的各个流程步骤，认真选购定制每个奖项和奖品。亲自化妆、写稿，主持隆重的颁奖典礼。

成果：

该项目终于在 2 个多月的时间里完成了，原先设计的项目七大步骤都按时完成了，没有一天延后或临时调整。30 门课程全部开发出来了，而且每个课程都提交了课程大纲、授课 PPT、讲师手册、学员手册和工具箱，文件夹内容整整齐齐。

小马在过程中还"偷师"了不少，同时运用新学的审题技巧和辅导技巧，推动了 R 物流公司两个分公司的课程开发，同期开发了十几门课程。大家在讲台上的表现让部门领导眼前一亮，总经理也做了细致点评，特别表扬了人力资源部有序的项目组织工作。

咨询培训公司的主顾问在最后的总结发言中打趣地说："有个寓言故事叫《小马过河》，我们这次在 R 物流公司也见识了一版小马带着大家过河的故事。在全项目过程中，我们没有看到小马有大喜大悲的情绪波动，也没有看到小马着急生气的样子，但小马就是用这种锲而不舍的精神推动全班 30 门课程如期圆满地开发完成了。看来认真就是一种领导力，更是项目经理胜任力的综合体现。"

分析：

这个案例中的项目经理鲜活地展现了她的 5 项胜任力。

- 设计规划力：根据领导的期待，参照咨询培训公司的方案和计划，有条不紊地设计和规划项目。
- 组织协调力：协调公司领导的时间，协调外部咨询培训公司的资源等。
- 监控追踪力：运用一切可以运用的方法和渠道跟催内训师的开发成果。
- 沟通影响力：采用语言、工具等明确呈现项目目标，与利益相关方沟通关键节点，用积分机制和考核机制影响内训师的动力和执行力。
- 坚韧适应力：整个项目中都表现出认真、坚持的态度，把控每个细节，不惧怕过程中的任何变化。

所以说，一个项目的成功离不开项目经理"5 力"的综合体现。

7.2 课程开发项目经理的成长建议

课程开发项目经理也许管理过多个不同类型的学习项目。因此,除了围绕上述 5 力模型修炼自己的项目管理能力,项目经理还可以在课程开发专业领域不断学习成长。

课程开发项目经理在专业线上的成长路径有两条。

第一条成长路径被称为"课程开发团队的成长路径"(见图 7-2):作为项目经理可以亲自参与一门课程的开发全过程,掌握全过程中的流程和方法,逐步具备课程开发团队成员的全角色技能。

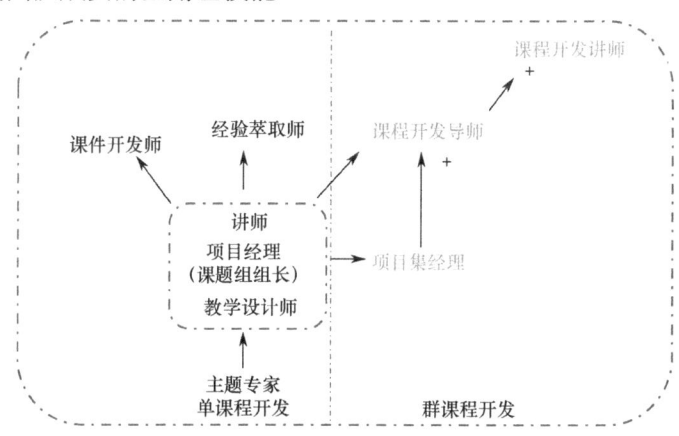

图 7-2 课程开发团队的成长路径

第二条成长路径被称为"项目集经理的成长路径"(见图 7-3):在项目集经理的角色基础之上,不断叠加课程开发导师和课程开发讲师的角色。

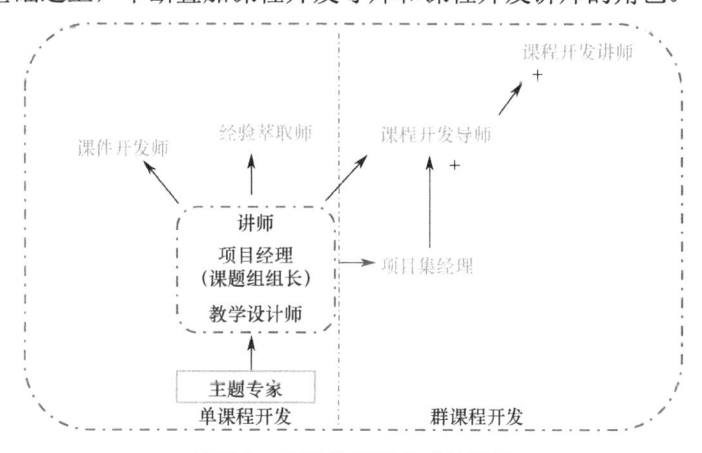

图 7-3 项目集经理的成长路径

7.2.1 课程开发团队的成长路径

第1步：主题专家

首先要努力让自己成为一名主题专家，也就是在自己的业务领域内，可以排到公司前3名，成为公司在组织课程开发项目时必邀的主题专家。如果不能进入前3名，也应该让自己有突出的亮点，如在本区域表现突出、是潜力明星、是单项产品的销售冠军、有一项绝技（如PPT做得非常好）等。

第2步：教学设计师+讲师

在进入正式组织的课程开发项目后，可以首先确立教学设计师与讲师的角色目标，在第一次正式的课程开发项目中重点对教学目标设置、课程结构设计、教学方法设计有基本的了解，并能按照讲师的授课规范讲授课程。

第3步：课件开发师（选修）

在课件开发师的角色上进行强化，对PPT设计和PPT细分技能进行强化（将第5章所列的PPT页面的美化原则全部通过PPT技能自如地展现），建立自己的PPT动画模板库，备好常用的PPT小工具，将日常的PPT素材整理实现常态化操作，使授课PPT的开发效率越来越高。

我们之所以把课件开发师技能作为选修课，是希望主题专家将更多的时间放在个人主题经验的积累上，而PPT美化的工作可以交给团队成员来协作完成。然而，在一种情况下，课件开发师的技能应成为必修课：企业要推行个人独立开发微课或采用简课平台协作开发课件，此时，课件开发师技能就变成了必修课。

第4步：经验萃取师

当课程开发晋级为经验萃取型项目，需要对细分领域的课程进行精细化开发时，就需要学习经验萃取师的知识，掌握经验萃取的思考技巧和访谈技巧，进一步挖掘个人专长领域的细分知识，让课程开发的成果更丰富、更实战。

7.2.2 项目集经理的成长路径

本书中反复提到的项目经理角色，在项目管理领域的专有名词是"项目集经理"。因为项目集经理往往要管理整个课程开发项目，督促6门以上（甚至是30门）课程同时开发。要想从容地管理好这么大的项目，并在企业内重复开展项目，建议项目集经理通过"项目集经理的成长路径"来管理个人的成长。

这条成长路径的成长过程比较复杂，需要组织多次项目，叠加多个角色，经历以下几个关键成长阶段。

预备阶段

其实这个阶段是项目集经理的第一条成长路径。

在企业内部以课题组的形式完成第一条路径，也可以通过公开课的形式系统学习课程开发知识，再通过个人实践熟悉单个课程的项目经理和教学设计师的角色，独立开发一次课程，并形成5件套的成果。通过体验这样的过程，特别是体验素材收集、协调访问主题专家、采集案例、迭代课件、写讲师手册等关键步骤，可以更加熟悉课程开发的整体进程和开发者在各个阶段遇到的难点，建立对课程开发者的同理心，便于未来设计完整的项目，及时辅助课程开发者渡过各个难关。

实践阶段

引入咨询培训公司的服务，借用对方的项目设计框架，开始运营整个大项目，双方共同设计和运营整个项目的关键环节。本书提供了大量的知识和工具，都是用来辅助咨询培训公司和项目集经理共同运营好双方首次合作的项目的。在这一阶段，培训管理者重点学习和实践的就是项目集经理的角色。

融入阶段

在公司年度预算允许的情况下，可以每年引进小范围的课程开发项目，在过程中联合设计，甚至联合交付课程开发项目。在精力允许的情况下，项目集经理可以尝试一些乙方角色（往往是咨询培训公司中的角色）。例如，尝试课程开发导师角色，在课程中入组辅导。还可以尝试PPT技术讲师甚至课程开发讲师角色，从而为将来独立运作课程开发项目做好准备。

独立阶段

结合自己多年积累的课程开发项目经验，独立设计与运作课程开发项目，培养内部课程开发团队分饰各种角色，利用内部力量运作课程开发项目，让课程开发在组织内实现常态化运作。

晋级阶段

了解课程开发领域的新动态，采用外购培训的方式，邀请细分领域的专家，引入新知识，升级项目操作。

由以上过程就能看出，课程开发项目经理或培训管理者实际上可以在课程开发团队和项目集经理的两条路径上螺旋式成长，通过借用外力和学习成熟经验的方式，逐步成为组织内部的课程开发顾问，在不依赖外部咨询培训公司的情况下，独立运作自己企业的课程开发项目，让课程开发逐步成为自己企业的组织能力。

因此，培训管理者在完成课程开发项目实施的同时，也要关注相关项目成员的成长，让每个成员角色都各司其职，互补技能，共同成长。在每个角色都胜任后，下次课程开发项目的成功就有了更多的保障。久而久之，课程开发和知识管理就成为企业文化的一部分，在企业扎根，让课程开发的组织能力成为企业稳步发展的保障。

案例 7-2 综合展现了能力未达到"独立阶段"的项目经理在组织大型课程开发项目过程中可能遇到的全面挑战。

案例 7-2　焦头烂额的项目经理小 K

背景：

A 公司是知名的国际直销公司。尽管直销行业经历了几次政策震荡，但借助中国的大好经济发展形势和从业人员的热情，A 公司的业务一直保持着持续上升的劲头，在国内的产品总销售额已经达到整个集团全球业务量的一半以上。当前，国家对直销行业的管理渐趋严格，要求直销公司为经销商提供正式的培训，并要求所有的培训讲师和培训记录都登记备案。

A 公司培训中心正是在这样的政策背景下建立起来的，而且公司高管也有意愿将经销商培训做得更加系统和完善，持续提升品牌实力和社会美誉度。在培训中心全体人员的努力下，不到两年时间，培训中心就搭建和运营了针对营销经理的基础管理训练营（为期一周），培训了近 1 万名营销经理，该培训获得了营销人员的诸多赞誉。

随后，该培训中心继续拓展，逐步把从营销员到营销总监的全部进阶培训体系搭建了起来。在营销经理以下级别的经销商培训项目中，助理、主任、高级主任 3 个晋升阶段的培训是由整个培训中心联合业务部门的几大专业团队联合开发的，在全面上线运营之后取得了比较好的反馈。首版的课程更加体系化和规范化，让全国的经销商培训实现了更高的一致性和标准化，同时内容也更加丰富和专业了。

但首版的课程经过一年的使用后，也收到了执行单位和学员的各种反馈。培训中心领导做出了新的决策，计划在第二年培训执行前对这批课程进行全面更新，升级为 2.0 版本。

但与以往不同的是，原来的整体项目开发工作是由培训总监亲自挂帅领导的，这次的改版更新工作则由新晋升的高级培训主任小 K 负责。培训中心的几个大项目都在如火如荼地并行开发设计中，在团队讨论分工的过程中，新晋升为高级主任的小 K 毅然接下了这个独立项目，他也很想借这个大项目证明一下自己的实力和担当。小 K 的风格跟他的英文名 Smile 一样，亲切可人，很重视大家的感受，做起事来不紧不慢，细心尽责。在上一版课程的开发中他就是重要成员，这次系统改版工作，他肯定是最适合的项目经理人选。

本次营销系列培训全景图如图 7-4 所示。

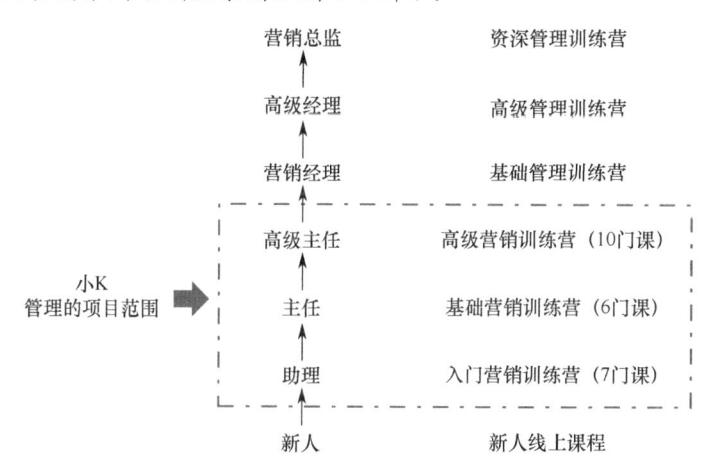

图 7-4 营销系列培训全景图

挑战：

项目真正的挑战在接下来的 3 个月中逐一显露了。

1. 项目范围庞大

营销系列培训的项目实施范围如表 7-1 所示。

表 7-1 营销系列培训的项目实施范围

项目名称	举办部门	培训地点	培训对象	课程时长
入门营销	各省/市级业务部	各省会城市或直辖市	营销助理	1 天（6～8 小时）
基础营销	3 个地区业务部	北京、上海、广州等城市	营销主任	3 天 2 晚（10～12 课时）
高级营销	全国业务部	广州	高级主任	4 天 3 晚（14～16 课时）

营销系列培训 1.0 版分为四大系列：企业文化与营运、业务与守则、产品与销售、个人素养，共 20 余门主要课程，具体设置如表 7-2 所示。

表 7-2　营销系列培训的课程清单

培训名称	企业文化与营运	业务与守则	产品与销售	个人素质
入门营销	企业靠什么成功	• 经销商培训晋升制度（一） • 经营事业的正确理念 • 营业守则典型案例警示	• 走出产品销售的误区 • 走进销售	礼仪讲堂（入门）
基础营销	诚信守法、自律是金	全面认识营业守则	• 品牌营销 • 产品推广活动策划与执行 • 顾问式对话模式	礼仪讲堂（基础）
高级营销	企业文化大家谈典型问题、看营运税务须知	• 经销商培训晋升制度（二） • 市场违规现象探讨 • 直销概论	• 美丽女性科技——美容产品知识 • 自然的精华、科学的精粹——营养产品知识	• 礼仪讲堂（高级） • 营销沙龙（沟通技巧、营销技巧等）

每套课程要开发的内容除了授课 PPT，还有视频、讲师手册、学员手册、试题等。而且全套课程包的 PPT 模板风格、培训现场物资、培训执行手册的内容都需要更新改版。三家视频制作公司、一家课件制作公司和一家负责设计与执行的供应商也参与了这个庞大的项目。

2. 需要协调的外部人员众多

参与这些课程开发的大多数核心讲师和内容提供者都不在培训中心内部，而是分布在业务部和市场部不同的小组内，需要进行大量的跨部门沟通。而且这几个部门还不在同一个办公地点，相距十几千米。此外，开发团队的很多成员都有着不同的个性和需求，资历和职级都比小 K 高，所以在跟催的时候既要有紧迫感，又要展现对他们的尊重，很考验小 K 的情商和沟通能力。

3. 需要培养和带领下属

如此大的项目，一个人肯定是无法完成的，所以培训总监给小K安排了两位助理小谢和小邝参与和支持本项目。但两位助理也是首次参与该项目，对项目背景不太清楚，所以需要小K反复讲解。两位助理与其他部门的同事也不熟悉，所以跨部门协调工作主要由小K来完成。

4. 需要亲自开发课程

有两门课程是在1.0版的基础上增加的新课程，小K看到无人认领，就自己承担了这两门课程的开发工作。其中一门课程委托高校老师开发核心知识内容，需要与其反复碰面沟通和反馈。

5. 项目时间紧

项目必须在3个月内完成，在教师节的大型活动上发布，这让项目看起来像一项为重要节日献礼的"政治任务"，如果不能及时完成，就错过了最好的发布时机。

在这个项目实施的同时，培训中心的其他项目也在高速运转。而且参与过1.0版开发的其他成员都觉得这个系列的课程已经有1.0版本了，有很好的基础，开发2.0版不会那么复杂，可以交给一个高级主任来独立统筹。更重要的是，多个新项目都在同时开展，这个"旧"项目也只能由小K一个人负责了。

过程：

小K在刚开始接手项目工作的时候，信心满满。在几次跨部门沟通会议上，他都邀请了培训总监过来参与，业务部和市场部的同事职业素养很高，对内容也很熟悉，而且很乐意来山清水秀、风景如画的培训中心开会，所以刚开始一切看起来都非常顺利。项目助理小谢善于研究，他对课件PPT的制作有很多心得，在第一次部门汇报过程中展示的PPT设计样例得到了公司副总裁老马的认可。因此，小K非常信任小谢，让小谢继续研究，把其他课程的PPT也一页一页地做出来。

转眼时间已经过去了一个月，小K明显感觉到小谢的PPT改版进度已经无法支撑整个大项目20多门课程的整体开发进度。小K在自己负责开发的那门课程的一堆案例材料里死磕，打印出来的案例材料有厚厚的一沓，但整个课程的理论框架一直都梳理不出来。很多课程看上去是迭代，实际上都需要重新开发，以致多门课程的进度不尽如人意。部门总监追问各门课程的阶段成果时，小 K 都拿不出像样的东西来。小 K 的压力越来越大，每天面对一大堆邮件需要逐一回复，这让他很焦虑。他每天半夜 3 点才睡，团队成员第二天到办公室时，总能看到邮箱里闪出一封封由小 K 发出的邮件，这也给大家带来了不少压力。

部门总监及时看到了这些情况，认为这是很不好的苗头，所以他及时找小 K 谈了一次话。在这次谈话中，两人达成了以下共识。

（1）排除干扰。小 K 不用参加最近一次团队会演排练，中午也不需要参与喂狗的轮班（培训中心在校区集体喂养了一只叫小宝的大狼狗）。

（2）增加供应商。增加了一家新的 PPT 设计供应商，以加快 PPT 制作和美化的进度。

（3）增加搭档。找来一位熟悉业务、结构化思维很强的搭档来帮小 K 一起开发课程。

（4）分层次沟通。其他几个部门总监级别的领导由培训中心部门总监亲自协调，尽快让业务部和市场部的团队成员再次来培训中心开会，与供应商见面，加速完成培训课件的制作。

（5）减轻开发负荷。课件包中介绍手册的内容不需要按原来所说的增加一倍，只抽检上一年的关键内容就可以了，并重点做新开发课程的操作指引。对于介绍手册中的很多行政执行内容，如课程候场和开场播放的音乐，其实各地做培训会务的伙伴已经非常清晰了，不需要再放入手册了。

（6）参加项目管理培训。部门总监还安排小 K 参加了他以往参加过的一个项目管理培训。小 K 在培训老师的指导下，用软件列出了长长的项目进程表。当进程表列出来的那一刻，大家的心都跟着安定了下来，感觉整体项目重新进入了正轨。小 K 根据进程表来推进每项工作，在催促供应商时也适当地强硬了起来，说出了自己的期限要求。供应商得到清晰的指示后，工作效率也高了很多。这次项目管理培训成为小 K 当年职业成长过程中收到的一份最好的礼物。

结果：

在领导的干预和所有项目成员的集体努力下，项目终于按期完成了。在 2.0 版的课程包中，每门课程之间的内容区隔更清晰，案例内容更加丰富，还增加了很多幽默的漫画。视频拍摄精良，并配了专属的光碟和木盒子，装取也特别方便。各地业务培训伙伴对这次课程开发项目的成果非常认可，对培训中心的培训工作也增加了更多的信赖。整套课程在 9 月的教师节大型活动上如期发布。小 K 因为亲自担任高级营销培训的讲师，还获得了年度优秀讲师的奖项。副总裁老马上台亲自为小 K 颁发了奖项，发完奖还重重地在他的肩头捶了一拳说："好样的！"

启示：

小 K 在初次担任大型项目的项目经理时，对整体工作量预估不足，对项目成员的能力和交付水平判断不清晰，对项目中的风险预判不足，而且没有清晰的整体计划，所以在项目中期出现了明显的项目停滞，需要部门领导干预。同时，由于刚担任高级主任不久，小 K 在系统思考方面仍有不足，不清楚整个组织的需求和领导的期待，也不能充分用好身边的资源，而是按照自己的标准和进度来开发课程。小 K 应对压力的模式是默默承受，在压力巨大时选择自我封闭，独自承担，实际上此时他更需要与他人及时沟通，把自己的感受、需求和想法及时报告给部门领导。把事情和责任全揽在自己身上看似负责任，实际上，如果自己的能力和精力都不够，却不把问题暴露出来，反而是不负责任的表现。此外，项目推进还依赖日常人脉的积累，如果小 K 过去与其他部门的同事有很好的情谊积累，在项目过程中跟催起来也会更加容易，不用每次都需要部门总监亲自出面协调。

总之，大型课程开发项目的执行，是一件调用组织资源实现巨大组织目标的大事，不仅需要调用个人的课程开发专业能力，更需要调用个人在项目管理中的领导能力。

7.3 让课程开发成为组织习惯

7.3.1 学习型组织的呈现形式

让企业具备内部自主开发课程的能力是本书的其中一个目的，本书更大的愿景是"让课程开发成为组织习惯"。

一个人的习惯养成至少需要 21 天的不断努力，还需要在过程中接受持续的反馈，不断改进和坚持。那么，一个组织的习惯需要多少天、多少年才能养成呢？或许没有一个标准的答案，唯一可以确定的是：相信并坚持执行。

将课程开发培养成为组织习惯后，企业状态是怎样的？其中一个明显的变化是课程开发工作（知识管理工作）无须培训部门管理跟进，课程开发团队的角色和技能全部落实到企业的各个部门，甚至落实到企业的各个团队，任何一个团队都可以随时启动课程开发工作。每个团队都能写培训课件，每个团队内部每周进行课程分享与课程沉淀。

国内知名房地产企业碧桂园提出的理念是"学习常态化""常态化培训，撬动的是思考，带来的是实践，促进的是成长"。碧桂园通过和区域上下联动，以多样化学习模式为牵引，打造了良好的学习成长环境。

案例 7-3　碧桂园"人人为师"的理念

碧桂园自 2013 年推动"人人是老师，人人是学生"工作以来，通过开展常态化培训，迈出了探索和尝试学习型组织的第一步，其中就包含了"课程开发工作常态化"的雏形。"人人是老师，人人是学生"，作为老师，第一件事就是设计和开发自己的分享内容。碧桂园打造学习常态化的路径值得大家学习。

第 1 步：聚焦主题。围绕公司战略、当前核心业务、主推产品，制定培训主题。

第 2 步：经验萃取。梳理经验策略，萃取实践经验，小技巧、小方法、小窍门也很珍贵。

第 3 步：人人分享。借用平台，巧用时间，随时随地分享。

第 4 步：学习巩固。使用多种方式强化学习效果。

第 5 步：转化应用。学习转化，应用反馈。

从课程开发工具的角度而言，配套的工具软件支撑到位。例如，完全可以在企业的课程开发平台上操作，团队成员之间可以随时协作开发，从而让课程开发工作的效率更高。

从绩效管理的角度看，课程开发工作成为每个职场人的工作习惯。例如，定期提交各种形式的知识成果。彼得·德鲁克（Peter Drucker）在描述知识型工作者的特征时也提到了这一点。这是课程开发成为一种组织习惯的标志。

总之，课程开发工作未来的愿景是不需要专门的管理部门，也不需要专门的绩效考核指标，那个看似夸张的课程开发项目终极目标——"消灭项目经理"，会自然而然地实现，项目经理可以扮演更高层面的组织学习官的角色。

7.3.2　在组织变革前就进入角色

最后还要留意，当企业发展到一定的规模后，就会朝着生态化或平台化的方向发展。很多产品和业务都会以项目组的方式展开，培训管理者作为组织变革的重要影响者，需要优先在自己发起的课程开发项目中进行试验，发挥先锋引领作用。课程开发项目的成功开展，能让临时项目组的工作方式成为大家的工作习惯，也能让企业中的更多骨干人员提前适应这一组织变化趋势。由课程开发项目带来的这一前置变化将成为企业组织变革和文化转型的重要推动力量。

思考题

1. 课程开发项目经理的 5 力模型包含哪些能力？各项能力中包含哪些细分能力？

2. 课程开发项目经理的第一条成长路径是怎样的？

3. 课程开发项目经理的第二条成长路径是怎样的？与第一条成长路径的关系是怎样的？

4. 将课程开发培养成为组织习惯后，企业状态是怎样的？

5. 国内有哪些企业已经进入了全面自治的课程开发组织管理模式？

6. 如何理解"课程开发项目的成功开展可以让企业员工在组织变革前就进入角色"这一观点？

参 考 文 献

[1] 彼得·德鲁克. 成果管理[M]. 朱雁冰, 译. 北京: 机械工业出版社, 2009.
[2] 安德森. 布鲁姆. 教学目标分类学[M]. 蒋小平, 译. 北京: 外语教学与研究出版社, 2009.
[3] R.M.加涅, W.W.韦杰, 等. 教学设计原理(第5版修订本)[M]. 王小明, 庞维国, 译. 上海: 华东师范大学出版社, 2018.
[4] W.迪克, L.凯瑞, 等. 系统化教学设计(第6版)[M]. 庞维国, 译. 上海: 华东师范大学出版社, 2007.
[5] 钟启泉, 汪霞, 王文静. 课程与教学论[M]. 上海: 华东师范大学出版社, 2008.
[6] 王世英, 吴能全, 闫晓珍. 培训革命[M]. 北京: 机械工业出版社, 2008.
[7] 威廉·J. 罗思韦尔, H.C.卡扎纳斯. 掌握教学设计流程[M]. 李洁, 李元明, 译. 北京: 北京大学出版社, 2007.
[8] K.琴纳莫, D.考克. 真实世界的教学设计[M]. 蔡敏, 译. 北京: 中国轻工业出版社, 2007.
[9] 杰克·吉多, 詹姆斯·P.克莱门斯. 成功的项目管理 [M]. 张金成, 译. 北京: 电子工业出版社, 2007.
[10] 吉姆·海史密斯. 敏捷项目管理: 快速交付创新产品(第2版)(修订版)[M]. 李建昊, 译. 北京: 电子工业出版社, 2019.
[11] 马成功, 梁若冰, 鲍洪晶. 培训管理从入门到精通[M]. 北京: 清华大学出版社, 2019.
[12] 卡维塔·古普塔. 需求评估实施指南[M]. 北京: 北京大学出版社, 2007.
[13] 杨思卓, 林海. 职业培训师的8堂私房课[M]. 杭州: 浙江工商大学出版社, 2019.
[14] 大前研一. 专业主义[M]. 裴立杰, 译. 北京: 中信出版社, 2006.
[15] 尼尔·雷克汉姆. 销售巨人: 大订单销售训练手册[M].石晓军, 译. 北京: 中华工商联合出版社, 2010.
[16] 罗伯特·西奥迪尼. 影响力[M]. 陈叙, 译. 北京: 中国人民大学出版社, 2006.
[17] 陈功, 梅霖. 赢: 无处不用的谈判术[M]. 南京: 江苏凤凰文艺出版社, 2020.
[18] 黄有璨. 运营之光: 我的互联网运营方法论与自由[M]. 北京: 电子工业出版社, 2016.
[19] 劳动和社会保障部, 中国职工教育和职业培训协会. 企业培训师培训教材[M]. 北京: 新

华出版社，2008.

[20] 迈克尔·艾伦，理查德·赛茨. SAM 课程设计与开发[M]. 仁脉学习技术研发中心，译. 北京：电子工业出版社，2015.

[21] 刘美凤，方圆媛. 绩效改进[M]. 北京：北京大学出版社，2011.

[22] 庞涛. 华为训战[M]. 北京：机械工业出版社，2021.

[23] 赵树良. 专业的力量：在自己的领域成为专家[M]. 北京：机械工业出版社，2017.

[24] 李文德. 课程交付标准与评估逻辑[J]. 培训，2012（3）：104-107.

[25] 朱春雷，雷煜. 参考培训成熟度模型，成功构建培训体系[J]. 培训，2008（1）.

[26] 王英彦，杨刚，曾瑞. 在线学习者的激励机制分析与设计[J]. 中国电化教育，2010（3）：62-66.

后　记

写到这里，我感觉自己终于可以松一口气了，因为这代表本书的撰写工作接近尾声。可以用一句话来形容这次写作经历："事非经过不知难。"我和王可老师在梳理编写大纲时，感觉这些内容都是我们日常的研究内容、工作经历和项目经验，应该不难写。真正写起来，却经历了不少"纠结"，遇见了不少"脑塞"，熬过了不少"深夜"。很庆幸，我和王可老师坚持把本书完成了，也终于达成了两三年前"要在课程开发项目管理这个专业领域出版一本书"的心愿。

这个心愿的达成，让我的内心充满了感恩和感动。感恩2008年踏入企业培训行业时启蒙我的众行集团及众多良师益友，让我从此爱上企业培训这份职业。刚从职业教育转入企业培训的那段时间，可以用"如饥似渴"来形容我对"成人学习""企业培训"等相关知识的学习。在公司的引领下，我践行了"致力于为企业构建实效的人才培养体系"理念。用一句话总结这段职业生涯："六年潜心做培训，恰似小学刚毕业。"

记得那几年，培训式咨询、咨询式培训的理念刚刚兴起，我因缘进入益言普道咨询公司（PCI），开始了另一段职业生涯。在PCI，我把企业培训与人力资源咨询进行了紧密和有效的结合。在PCI，有信赖我的领导和支持我的同事，使我在课程开发与培训体系领域更加专注和深入，越发热爱课程开发工作，坚信这不仅是一项专业的工作，更是一种思维的习惯和沉淀。在PCI，我遇见了王可老师，一位与我志同道合的课程开发爱好者和实践者，我们一起操作了各式各样、大大小小的课程开发项目，目前已经研发到了课程开发导师培养项目阶段，在项目中遇见了各种问题，产生了非常多的感悟和经验，于是就有了本书的诞生。

感恩在这十几年的培训咨询生涯中遇见的企业和客户，是你们的需求和陪伴让我们一直前行。在前行的道路上，我们需要总结一些经验，无论是为了自我复盘还是为了行业交流。王可老师提醒我：是否可以总结一条顾问的学习成长路径，供读者参考？

后 记

在担任项目经理之后,我负责过大量的项目方案和项目建议书的撰写工作,毫不夸张地说,我"不是在写方案,就是在去写方案的路上"。如果遇到投标高峰期或紧急方案,更是每天加班加点到凌晨,还不断地被人催方案。有人问我的感受,那就是"痛并快乐着"。在这个过程中,我锻炼和提升了不少能力,其中一些能力在培训咨询人士的职业生涯中很重要,我称它们为"元能力",如图后记-1所示。

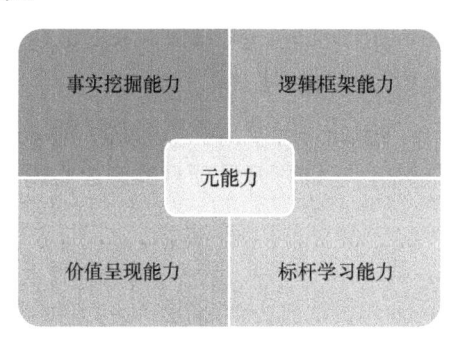

图后记-1 培训咨询人士的4项元能力

> **事实挖掘能力**:也称"讲依据的能力"。作为培训咨询顾问,首先要把握"尊重事实,解决问题依靠事实"的原则,把握和分析客户需求这一事实,基于事实来提供解决方案,而不是草率地给企业下各种定论。因此,提供方案的第一步是企业背景分析、需求分析。

> **逻辑框架能力**:这里说的逻辑框架能力有两层意思。第一层意思是大家耳熟能详的分类、排序和基本的逻辑关系。因此,撰写方案时的提炼、归纳总结很重要,要时刻想着如何才能让客户更容易理解,针对不同的客户对象可以采用不同的逻辑框架。第二层意思是要有演绎的逻辑,将方案的某些部分进行细化、具体化,如对项目操作流程的细化、对应用场景的具体化。演绎逻辑也可以用来追问客户需求的细节,追问问题背后的真正原因等,还可以将演绎理解为推理,即对后续成果应用的说明、推演等。

> **标杆学习能力**:我认为培训咨询属于专业服务行业,有着专业的流程和方法论,需要对标学习经典的、有效的方法论、模型和项目操作模式。面对客户所在的行业,也需要研究行业标杆,进行对标学习和借鉴。不要片面地理解"对标",很多人一说到对标就认为是全方位对标。其实不然,对标可以是结构性的、过程性的、类比性的。例如,有些企业任职

资格体系做得好，就对标其任职资格体系；有些企业课程开发做得好，就对标其课程开发；有些企业项目品牌和运营做得好，就对标其项目运营；等等。

> **价值呈现能力**：如何为客户创造价值，是一个贯穿项目始终，需要被持续回答和重视的问题。产品的价值、项目的价值、团队的价值、公司的价值、服务的价值等都要体现在方案中，用足够的数据、例证让客户信赖。至于对价值的全面理解，我们在本书中也有所提及。对客户价值的挖掘和呈现，是顾问终身的使命。

以上这 4 项元能力，为我后续的专业发展奠定了基础。之后我在扮演项目经理这一角色的过程中，感悟出了课程开发项目经理 5 力模型，可供学习类培训项目经理参考。

此时此刻，我在想，我未来 10 年的职业生涯会如何发展？又会发生怎样美好的事情？期待中……不过有一点可以肯定的是，当我在更专业的路上行进时，就是在呼应"项目经理的成长路径"，也是对这本书所涉及的"专业定义"模型的践行。不管未来怎样，我坚信身边依然会有你们的信赖和陪伴，就像最近这几年我做自由顾问期间你们对我的支持一样，感恩有你们！未来的路，我们共勉共进！

当然，本书还不够完美，或许逻辑不够严谨，或许语言不够易懂，或许案例不够丰富，等等。然而，我们真心希望读者朋友们能悦纳它的不完美，因为你们的宽容和鼓励是我和王可老师在未来的课程开发领域不断精进的最大动力，期待本书内容的迭代！期待更多衍生品的出现！期待我们在交付过程中的共创和共赢！

最后，还要感谢我的家人在我写书期间对我的鼓励和支持。他们经常调侃我是"韩大作"，还说"放心，我们家会专门给你留一个位置存放这本书"。正是有了你们的鼓励，我才能坚持把书写完，期待更多的读者朋友阅读。其实写这本书的一个更重要的目的是对自己过去十几年的工作进行梳理和总结，这也将激励我在未来继续努力，保持好奇、保持学习、保持进步。

在本书完稿时，《项目管理（第 7 版）》发布，其主创人员杰西·福韦尔（Jesse Fewell）在发布会上的演讲中提到了一个很重要的观点：方法论不重要，重要的是思维。

希望未来与各位读者有更多的交流机会，除了一起交流我们的专业领域（见图后记-2），也邀请各位读者与我们一起不断精进思维的品质。

后 记

在担任项目经理之后，我负责过大量的项目方案和项目建议书的撰写工作，毫不夸张地说，我"不是在写方案，就是在去写方案的路上"。如果遇到投标高峰期或紧急方案，更是每天加班加点到凌晨，还不断地被人催方案。有人问我的感受，那就是"痛并快乐着"。在这个过程中，我锻炼和提升了不少能力，其中一些能力在培训咨询人士的职业生涯中很重要，我称它们为"元能力"，如图后记-1 所示。

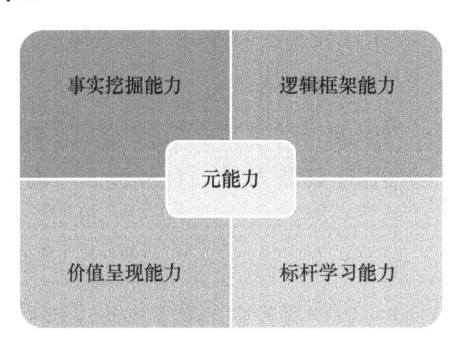

图后记-1　培训咨询人士的 4 项元能力

> **事实挖掘能力**：也称"讲依据的能力"。作为培训咨询顾问，首先要把握"尊重事实，解决问题依靠事实"的原则，把握和分析客户需求这一事实，基于事实来提供解决方案，而不是草率地给企业下各种定论。因此，提供方案的第一步是企业背景分析、需求分析。

> **逻辑框架能力**：这里说的逻辑框架能力有两层意思。第一层意思是大家耳熟能详的分类、排序和基本的逻辑关系。因此，撰写方案时的提炼、归纳总结很重要，要时刻想着如何才能让客户更容易理解，针对不同的客户对象可以采用不同的逻辑框架。第二层意思是要有演绎的逻辑，将方案的某些部分进行细化、具体化，如对项目操作流程的细化、对应用场景的具体化。演绎逻辑也可以用来追问客户需求的细节，追问问题背后的真正原因等，还可以将演绎理解为推理，即对后续成果应用的说明、推演等。

> **标杆学习能力**：我认为培训咨询属于专业服务行业，有着专业的流程和方法论，需要对标学习经典的、有效的方法论、模型和项目操作模式。面对客户所在的行业，也需要研究行业标杆，进行对标学习和借鉴。不要片面地理解"对标"，很多人一说到对标就认为是全方位对标。其实不然，对标可以是结构性的、过程性的、类比性的。例如，有些企业任职

资格体系做得好，就对标其任职资格体系；有些企业课程开发做得好，就对标其课程开发；有些企业项目品牌和运营做得好，就对标其项目运营；等等。

> **价值呈现能力**：如何为客户创造价值，是一个贯穿项目始终，需要被持续回答和重视的问题。产品的价值、项目的价值、团队的价值、公司的价值、服务的价值等都要体现在方案中，用足够的数据、例证让客户信赖。至于对价值的全面理解，我们在本书中也有所提及。对客户价值的挖掘和呈现，是顾问终身的使命。

以上这4项元能力，为我后续的专业发展奠定了基础。之后我在扮演项目经理这一角色的过程中，感悟出了课程开发项目经理5力模型，可供学习类培训项目经理参考。

此时此刻，我在想，我未来10年的职业生涯会如何发展？又会发生怎样美好的事情？期待中……不过有一点可以肯定的是，当我在更专业的路上行进时，就是在呼应"项目经理的成长路径"，也是对这本书所涉及的"专业定义"模型的践行。不管未来怎样，我坚信身边依然会有你们的信赖和陪伴，就像最近这几年我做自由顾问期间你们对我的支持一样，感恩有你们！未来的路，我们共勉共进！

当然，本书还不够完美，或许逻辑不够严谨，或许语言不够易懂，或许案例不够丰富，等等。然而，我们真心希望读者朋友们能悦纳它的不完美，因为你们的宽容和鼓励是我和王可老师在未来的课程开发领域不断精进的最大动力，期待本书内容的迭代！期待更多衍生品的出现！期待我们在交付过程中的共创和共赢！

最后，还要感谢我的家人在我写书期间对我的鼓励和支持。他们经常调侃我是"韩大作"，还说"放心，我们家会专门给你留一个位置存放这本书"。正是有了你们的鼓励，我才能坚持把书写完，期待更多的读者朋友阅读。其实写这本书的一个更重要的目的是对自己过去十几年的工作进行梳理和总结，这也将激励我在未来继续努力，保持好奇、保持学习、保持进步。

在本书完稿时，《项目管理（第7版）》发布，其主创人员杰西·福韦尔（Jesse Fewell）在发布会上的演讲中提到了一个很重要的观点：方法论不重要，重要的是思维。

希望未来与各位读者有更多的交流机会，除了一起交流我们的专业领域（见图后记-2），也邀请各位读者与我们一起不断精进思维的品质。

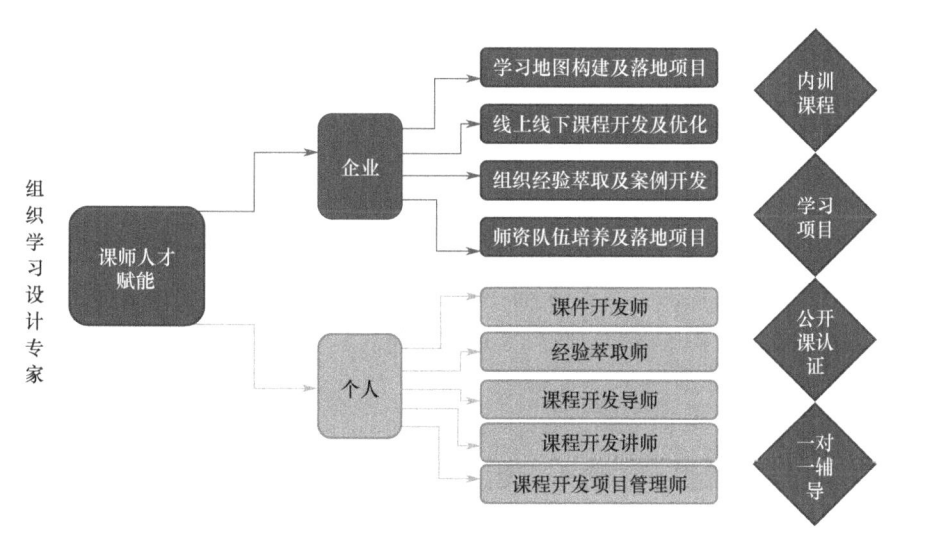

图后记-2　未来精进的专业领域——组织学习设计专家

欢迎关注和选择我们的系列版权课程：
"课程开发总动员"（课程开发项目管理）2天公开课/线上训练营
"敏捷课程开发" 2天
"组织经验萃取" 2天
"场景化领导力课程开发" 2天
"课程开发辅导技术" 1天
"专业型讲师授课技术" 1天
"直播讲师授课技术" 1天

韩静

感谢清单（排名不分先后）

特别感谢各位老师、同事、同行一路上给予我们的指导、切磋、关注、理解和包容，没有与你们的一次次精彩碰撞，就不会有这本书的诞生。还有很多一直默默关注和支持我们的客户、伙伴、朋友、学生、亲戚，我们会在寄书的过程中一一表示感谢。

学术交流：
李文德　朱春雷　江焕勇　庞涛　马梅　金才兵　罗胜飞　张海　马岩　张峰　戴朝昕　郑鑫岩　梅霖　沈亦周　付丛

书稿审核：
权利　杜妍琼　徐婧芬　侯颖　叶丽嫦　方芳　谢秀辉　林燕平　唐桐现　邱阳　杨长军　莫城标　周珊　谢碧红　梁华芳　陈莹君　胡颖乔　郭新星　沈洁　翁维　童静　陈月兰　林顺丽　顾景愉　王世莲　余凯鹏　叶灵　司权　林雪峰

职场支持：
工业和信息化部：谢少锋
佳能中国：李钧　张紫霓
安利中国：刘明雄　刘国庆　魏颖　叶凯　严毓晖　王奕斐　李双杰　李倩　邝松顺　谢滕　余伟强
中国广核：乔军平　别必凡　夏霞　史清峰　曲红
益言普道：王志刚　骆超　黄玉　茹欣
众行集团：刘永中　叶敬秋　杨迎　杜丽阳　陈晓燕

成长导师：
郑雪　邝耀均　张军照　杜杰　张培华　张原

项目碰撞：
奥托立夫中国：赵亚　张庆怡　曹玉澄　洪烨
广东移动鼎湖培训中心：吴超　齐闯
南方航空培训中心：高周刚　温长虹
中信卡中心培训与发展中心：姚敦隽
华为大学：陈秋如
白天鹅学校：陈晞

时代中国营销学院：夏春婷

时代中国：栾福田

达能中国：蔡淑娇　刘正平

广州移动：汪晓红　林燕平

江门移动：彭淑薇

顺丰科技：李达

广日物流：曾伟清　马颖贤

北京外服：裴为民

中交四航局：刘顺云

简一大理石瓷砖：曾锐辉　肖蓉

九江银行：梅良程　温雅婷　谭文霞

北控水务：赵龙

广东欧珀（OPPO）：吴迪

百度中国：王霞

电连技术：梁学刚　卢强　李雪芳　王亚　陈聪

华南师范大学：黄道鸣

广东省企业培训研究会：赵红波　方雁璇　何颖珊　罗洁灵

广东省企业培训研究会成立于2016年5月22日，由来自华南理工大学、中山大学、华南师范大学、广东外语外贸大学、广东省委党校、华南农业大学、广东技术师范学院及羊城培训师俱乐部的多位企业管理专家、教授、企业培训师共同发起。该研究会以"聚天下才智，助企业腾飞"为使命，汇聚高校、企业、政府、培训机构多方精英，为会员提供一个学习交流、资源对接的高端平台。该研究会还将承接本书出版之后的公开课、研讨会、讲师认证等分享与传播工作。

反侵权盗版声明

电子工业出版社依法对本作品享有专有出版权。任何未经权利人书面许可，复制、销售或通过信息网络传播本作品的行为；歪曲、篡改、剽窃本作品的行为，均违反《中华人民共和国著作权法》，其行为人应承担相应的民事责任和行政责任，构成犯罪的，将被依法追究刑事责任。

为了维护市场秩序，保护权利人的合法权益，我社将依法查处和打击侵权盗版的单位和个人。欢迎社会各界人士积极举报侵权盗版行为，本社将奖励举报有功人员，并保证举报人的信息不被泄露。

举报电话：（010）88254396；（010）88258888
传　　真：（010）88254397
E-mail： dbqq@phei.com.cn
通信地址：北京市万寿路 173 信箱
　　　　　电子工业出版社总编办公室
邮　　编：100036